한국 속 타인, 타국 속 한인

포스트 디아스포라시대 민속학 패러다임의 변화

김 면

연세대학교 독어독문학과에서 학사 및 석사를 졸업한 후 독일베를린(T.U.)대학교에서 문학박사(Dr.Phil)학위를 취득했다.

연세대 연구교수, 통일연구원 기초사업부 연구위원으로 근무했고, 현재 한국문화관광연구원에서 부연구위원(문예실)으로 재직 중이며, 한국평화연구학회 이사로 활동 중이다.

주요 저서로는 『독일민속학』, 『구술로 본 해외통일운동사의 재인식: 독일편』, 논문으로는 「분단구조의 동·서독 민속학」, 「독일 한인통일운동의 형성과 전개과정」, 「복주머니 민담모티브의 수용양상」 등이 있다.

서강학술총서
094

한국 속 타인, 타국 속 한인

포스트 디아스포라시대 민속학 패러다임의 변화

김면 지음

서강대학교출판부

서강학술총서 094

한국 속 타인, 타국 속 한인
포스트 디아스포라시대 민속학 패러다임의 변화

초판 1쇄 발행 | 2016년 12월 30일

지 은 이 | 김면
발 행 인 | 유기풍
편 집 인 | 우찬제
발 행 처 | 서강대학교출판부
등록 번호 | 1978년 9월 28일 제313-2002-170호

주 소 | 서울특별시 마포구 백범로 35(신수동)
전 화 | (02) 705-8212
팩 스 | (02) 705-8612

ISBN 978-89-7273-324-9 94380
ISBN 978-89-7273-139-9(세트)

값 15,000원

* '서강학술총서'는 SK SUPEX 기금의 후원으로 제작됩니다.

책머리에

2016년 6월 국내에는 총 200만 명의 외국인이 체류하고 있다. 국내 거주 외국인 중 조선족을 포함한 중국 출신의 비중이 절반을 넘으며, 한민족의 후손이 절대다수를 차지하고 있다. 이주의 동기와 맥락은 다양하지만 한국 사회 공간에서 중요한 구성원으로 더불어 살아가고 있다. 그러나 주위의 편견으로 인하여 정서적 고통을 받는 경우가 많이 나타나고 있다. 이들은 조상의 조국으로 돌아왔으나, 오히려 자신들을 차별하는 한국 사회 속에서 그들의 정체성을 고민하고 있다.

본 저서 『한국 속 타인, 타국 속 한인 - 포스트 디아스포라시대 민속학 패러다임의 변화』는 재외 한인 디아스포라와의 내적 통합문제를 다루면서 국내 이주 재외 한인의 이질적인 생활양식을 살펴보고 문화다양성 시대 새로운 통일문화로 극복해 나아가야할 방법을 제시해 보고자 한다. 저자는 국내 거주 한인들이 낯선 환경에서 어떻게 새로운 문화양식을 형성하여 왔고 정체성의 변화를 겪어왔는지 인식하고자 노력하였다.

해방 이후 한반도는 국제 정세의 갈등으로 통일된 조국을 이루지 못하고 국제사회의 이해에 따라 분단의 아픔을 겪었고, 남・북한의 단절된 상황은 재외 한인들에게도 영향을 미쳤다. 서방 진영과 공산체제로 갈라져서 독자적으로 상이한 정치, 경제 제도를 전개시켰고 사회문화적 간극을 만들었다. 분단은 정치체계뿐 아니라 생활양식 및 가치관까지 양분하였다. 이로 인해 오랜 기간 이어온 민족고유의 문화와 풍속에도 큰 변화를 초래했다. 물론 민족문화가 역사적인 변화를 떠나서 영구히 불변되는 것은 아니지만, 냉전체제는 한국인의 삶을 규정해 왔던 전통문화와 생활양식을 급격히 바꾸어 놓았다.

분단으로 인해 재외 한인들은 생활문화에서도 서로 다른 길을 걸어 왔고, 상이한 체제 하에서 민속문화의 방향 및 역사의식도 다르게 나타났다. 그러나 이러한 문화적 차이는 있지만 민족공동체가 가지는 기층의 근원적인 정서와 아이덴티티를 서로 공유하고 있는 점을 부정할 수 없을 것이다. 수천 년간 지속되어 온 민속문화는 70여 년간의 단절 기간 동안 변형되었고 상이한 정책이 시행되었지만 정서적으로 같은 동질성을 지니고 있어 왔음을 인정해야 한다.

분단된 현실 속에 형성된 재외 한인과 한국인의 문화적 차이와 그 실체를 인식하면서 민족의 문화창조력을 바탕으로 상호이해의 폭을 넓혀가는 민속학을 준비해야 할 필요가 있다. 그리고 분단 이전의 과거 민속원형에 집중하기보다는 현대 환경에서 어떠한 형태변화와 새로운 변용된 의미를 갖추는지 그 실체를 파악하여 새로운 민속문화의 정체성을 찾아가는 과정이 필요하다고 본다.

이 저서는 우리 민속학계에서 시도하지 않았던 재외 한인에 대한 민속학적 영역 확장을 방법론적으로 도입한 연구서로서 국내 학계에 민속문화적 안목의 열림을 주창하고자 한다. 독일에서는 바우징거를 필두로 독일주변의 다양한 독일계 주민의 문화변용 측면을 담고자 민속문화이론에서 패러다임 확장을 정립시킨 바 있고, 이러한 민속학의 변화는 독일

통일을 이루는 데 큰 토대가 되었다고 볼 수 있다. 국내에서도 이러한 학문적 논의를 통해 과거 학풍을 넘어 중국 조선족, 고려인, 재일조선인의 다양한 문화적 변용 현상에 주목할 필요가 있다. 그리고 포스트 디아스포라 시대에 합당한 민속학 개념의 재구성 시도는 민족주의를 중심으로 한 국내 학계에 신선한 자극이 될 수 있을 것으로 본다.

이 책을 완성하는 것은 어려운 일이었다. 저자의 한정된 지식도 문제였지만 문화다양성의 주제를 민속학 영역과 접목하여 출간한다는 부담감으로 인해 만족스러운 결과로 보기에 부족하다고 느낀다. 향후 보다 나은 수정판이 나올 수 있도록 독자 여러분의 조언과 편달이 있기를 바라는 바이다. 바쁜 연구원 생활로 한정된 시간 저서집필을 이루는 데 큰 역할과 도움을 준 아내에게 고마움을 전하며, 이 책의 출간이 가능하도록 집필을 지원해준 서강대 출판부에 진심으로 감사드린다.

2016년 10월

김 면

목 차

1장

서론;
"한국 속 타인, 타국 속 한인"

1장

서론;
"한국 속 타인, 타국 속 한인"

1. 재외 한인의 민속학적 접근 시도

본 연구는 과거 냉전과 분단에서 비롯한 재외 한인들의 문화적 이질성과 배타성을 극복하고 민속학의 새로운 패러다임 정립을 통해 우리 속의 타자로서 생활하는 이들과 사회 통합의 길을 찾아보고자 한다.

한인디아스포라의 역사는 한 세기 전 동북아 지역정세의 격랑 속에서 시작되었고, 1945년 이후 한반도의 분단체제는 재외 한인과 이들 가족의 상봉은 물론, 서신 교환이나 생사 확인조차 어렵게 만들었다. 많은 한인들은 이방의 땅에 정착하면서 소수민족으로 차별, 핍박과 같은 현실적인 삶의 고통을 견디며 중국, 러시아 사할린, 중앙아시아(우즈베키스탄, 카자흐스탄 등), 일본에 잔류해 각자의 처지에 따라 정주의 공간을 선택해야 했다. 이들은 30년 전부터 국내에 들어오면서 문화적 이질성으로 인해 한국인과의 관계 속에서 차별적 시각을 경험하였고 타자정체성을 확인하게 되었다.

기존 재외 한인의 민속학 담론은 민족, 국가 중심의 시각을 통해 재외 한인들이 다른 타지 공간 영역 안에서 우리의 고풍적 전통문화가 어떻게 변질되었는지, 얼마나 변형되어 잔존하는지를 밝히고자 하였다. 이는 민속문화가 점차 소멸되어 간다는 위기감의 관심으로서 한인들의 생활양식을 살피는 것이었다. 그 과정에서 여전히 전승되고 있는 전통민속에만 집중하였고 대한민국을 기준으로 전통과 귀속의식이 약화되어 있다고 평가한다.

그러나 재외 한인사회공동체를 유심히 살펴보면, 과거로부터 우리와 같은 문화양식을 전승하고 있을 뿐만 아니라 이주, 정착하는 과정에서 새로운 가치규범, 생활양식 및 인적 관계를 형성하고 있음을 알 수 있다. 이처럼, 재외 한인들은 국경을 넘어 새로운 정착지에 터전을 이루고 살면서 나름대로의 민속을 가지고 있는데 이러한 문화양식은 한반도 내에 이전에 존재치 않은 것임을 확인할 수 있다. 이제는 재외 한인들이 새로운 이국적 환경에 적응하며 나타난 정체성의 변화를 살펴볼 필요가 있으며, 동시대 사회라는 조건 속에서 현재의 관점으로 재해석하여 그것에 새로운 의미를 부여하는 계기를 마련할 때인 것이다.

본 연구는 한민족의 민속문화에 어떠한 변화를 초래했는지 살펴보고, 새로운 한국 민속문화를 지향하기 위해 이념과 체제로 갈라진 분단문화를 민속학적 측면에서 어떻게 극복해 나아가야 할지 모색해 보고자 한다. 구체적인 연구내용으로 한국에 체류 중인 재외 한인들 중 조선족, 고려인, 재일조선인이 각각의 이주지에서 다른 문화와 접촉하고 충돌하며 오늘날 어떠한 양식을 이루었는지, 그 사례를 고찰하고 그 변이요인을 분석함으로써 미래의 한민족 생활문화 통합 방안의 가능성을 타진해 보고자 한다. 특히 국내 이주 한인들의 문화적 생활방식들을 탐색하면서 과거 전통적 가치가 현재 이들에게 어떠한 유효가치로 자리 잡고 있는지 실증적으로 주목하고자 한다. 나아가, 재외 한인과의 문화 접촉 과정에서 발생하는 문제와 새롭게 생성되는 재외 한인의 다양한 문화적 요소를 깊이 있게 고찰함으로써 서로를 이해할 수 있는 방향에 대해 고민해 보고자 한다. 이를 통해 다양한 민족구성원들이 향후 어떻게 새로운 한민족문화로 나아가야 할지 살펴보고자 하는 것이다.

2. 디아스포라 문화창조력의 발견과 민속학 방법론의 재고(再考)

한반도는 해방 이후 국제정세의 갈등으로 통일된 조국을 이루지 못하고 국제사회의 이해관계에 따라 분단의 아픔을 겪었다. 남·북한이 단절된 상황에서 재외 한인들도 이념과 체제의 영향으로 서방진영과 공산체제로 갈라져 독자적으로 상이한 정치, 경제 제도를 전개시켰고, 이는 사회문화적 간극을 야기했다. 분단은 정치체계뿐 아니라 생활양식 및 가치관까지 양분하였다. 또한 오랜 기간 이어온 민족 고유의 문화와 풍속에도 큰 변화를 초래했다. 물론 민속문화가 역사적인 변화를 떠나서 영구히 불변되는 것은 아니지만, 냉전체제는 한국인의 삶을 규정해 왔던 전통문화와 생활양식을 급격히 바꾸어 놓았다.

분단으로 인해 한인들은 생활문화에서도 서로 다른 길을 걸어 왔고, 상이한 체제 하에서 민속문화의 방향 및 역사의식도 다르게 나타났다. 그러나 문화적 차이가 있더라도 민족공동체가 가지는 기층의 근원적인 정서와 아이덴티티를 서로 공유하고 있다는 점을 부정할 수는 없다. 따라서 수천 년간 지속되어온 민속문화는 70년간의 단절 기간 동안 변형되었지만 상이한 정책 속에서도 정서적으로 같은 동질성을 지녀 왔음을 인정해야 한다.

본 연구는 민속학적인 차원에서 재외 한인과 한국인의 정서적 이질감을 해소하고 상이한 생활문화를 어떻게 통일문화로 나가도록 해야 하는지, 그리고 어떠한 매개적 노력이 필요한지를 다루고자 한다. 이를 위해 우선, 민속문화와 관련한 기존개념을 재설정할 필요가 있다. 과거 민속학은 릴(Riehl)이 설정하였듯이, 취락지(Siedlung), 언어(Sprache), 풍속(Sitte), 혈연(Stamm)을 중심으로 향토의 고유문화가 어떻게 전승되는지를 연구[1]하는 일종의 박물관학으로서 역할을 했다. 즉, 민속학은 과거와 현재를 매개시키는 유형 혹은 무형의 대상물을 통해 민족양식에 기반을 둔 생활문화를 찾는 것이 주목적이었다. 이러한 민속학의 학문적 조류는 아시아 내에서 특히 일본과 한국의 학문적 정립과정에 크게 영향을 미쳤다.

그러나 오늘날 기술문명의 진보와 함께 농경 중심의 전통사회는 해체되었고 이는 민속학 흐름에도 큰 변화를 가져왔다. 민속학 연구 흐름도 잔존문화의 연구에서 산업화, 도시화된 현대사회의 변화 현상에 주목하는 것으로 변화하였다. 독일의 바우징거 교수와 튀빙겐학파는 현대사회가 새로운 민속개념을 도입시켰다고 보고 '시간', '공간', '계층'에서 기존의 좁은 틀을 깨는 확장이론을 제시하였다. 그는 전통사회의 풍속이 사라지는 것을 안타까워하는 대신에 사회 환경의 변화에 따라 민속의 동력은 변할 수 있음을 이론화하며 민속학의 새로운 지평을 열었다.

1 Wolfgang Kaschuba(1999), *Einführung in die Europäische Ethnologie,* München, p. 43.

바우징거는 전통에 집착하는 관습적 연구경향에서 벗어나 실증적인 일상문화를 탐구하는 방향을 제시했다. 즉, 그의 연구대상을 과거와 농촌의 낭만적 변용으로부터 현재의 시점과 도시생활공간으로 옮겨 놓고 있다. 민중이 근대 이전 과거전통에만 살고 있는 것이 아니라, 현대사회에도 살고 있음을 주장하였다. 바우징거는 민속학의 초점을 불분명한 과거 속에 두지 않고 현재의 사회와 활동영역으로 옮겨 놓았다. 이후 현대 독일민속학은 정지된 시공간에 한정된 학술연구의 자세를 견지하고 시간변화와 사회 변동 속에 동적으로 끊임없이 움직이는 흐름을 연구하는 질적인 변화를 보여 왔다.

따라서 저자는 현대민속학의 초석이 된 확장이론의 동력을 계승하여, 과거에 집중되어 왔던 기존 민속학의 틀을 넘어 재외 한인의 상황을 고려한 통일민속학을 새롭게 모색해 보고자 한다. 본문에서 과거 민속학의 절대규범처럼 간주되고 있던 '취락지', '언어', '풍속', '혈연'이란 구성 요소에 문제점을 제기하고 조선족, 고려인과 재일조선인이 나타낸 민속문화의 역동성과 통시성의 의미를 논하고자 한다.

〈표〉 민속학의 주요개념과 파생된 문제점

규범 요소	개념적 의미	문제점
취락지 Siedlung	지리적으로 특정한 지역에 모여 사는 공동체의 생활 근거지	한반도 지역을 벗어나 중국, 러시아, 일본 등의 외지에 정착 · 거주
언어 Sprache	같은 언어를 통해 특별한 소속감을 확인시키는 의사소통매체	모국어의 소실 및 타언어의 영향에 따른 제3의 언어 형성
풍속 Sitte	오랜 세월에 걸쳐 관습적으로 내려온 생활습관이나 사회적 문화 양식	새로운 외지 환경에 따른 변용된 생활문화의 생성
혈연 Stamm	같은 핏줄로 연결된 인간관계	주변 타민족과의 자연스러운 혼인

먼저, '취락지'는, 민족구성원의 공간적 범주를 나타낸다. 인간은 주변환경 조건에 따라 맞춰 살아가며 자연스럽게 자신의 생활근거지를 조성한다. 즉, 환경과의 조화를 이루거나 극복하는 과정을 통해 그 주변의 조건에 부합되도록 살아가며 특유의 고장을 형성하는 것이다. 한국의 민속학은 과거 한반도를 중심으로 지방의 기후나 풍토에 따라 형성된 가옥이나 마을을 근거로 삼았다. 이에 따라, 팔도강산의 자연적 조건이나 사회적 조건으로 지방 특색이 담긴 주거형태의 특징들이 각인되었고, 일정한 권역의 지역성은 민속문화의 독특한 지방색으로 평가되었다. 그러나 이러한 범주는 조선족, 고려인과 재일조선인에게 적용하기 어렵다. 이들은 낯선 타지에서 그 자연적, 사회적 조건에 따라 나름의 공동체를 형성하였고 우리 방식과는 다른 가옥을 짓고 취락지를 이루었다. 따라서 재외 한인의 취락지는 한국 민속학의 전통범주에서 벗어난 상태에서 형성되어 온 양식이기에, 전통문화의 틀 안에서 규정하기 어렵다고 할 수 있다.

두 번째 요소인 '언어'로서의 '한국어'는 오랜 세월 사회적 의사소통의 기능을 하며 민족구성원을 단합시켰다. 즉, 다른 민족들과 차별된 우리말을 통해 동일언어 사용 집단인 '한국인'의 특별한 소속감을 확인시켜 주었다. 그러나 타국 내 특정지역에 정착하여 거주하게 된 재외 한인들은 우리말과 함께 거주국의 언어를 사용하여야 했다. 때론 오랜 기간 우리말을 금지당하여 모국어를 버려야 했으며 모국어를 사적 공간 내에서만 쓰기도 하였다. 이와 같은 경험으로 인해 낯선 환경의 조건 아래 이전세대로부터 전승되어 온 많은 언어를 소실하거나, 타지의 토착어의 영향을 받아 생소한 제3의 소통언어가 형성되었다. 따라서 오늘날 많은 재외 한인의 후손들은 국내 이주 후 일상 속에서 언어적 소통에 어려움을 겪고 있다.

세월에 따라 관습적으로 반복되는 생활양식의 전승성을 의미하는 '풍속'은 음식, 관습뿐 아니라 설날, 대보름, 단오나 추석과 같은 명절놀이와 전통행사를 포함한다. 예로부터 내려온 전통은 민족구성원들이 공통된 가치를 지향하도록 하여 일체성을 확립할 수 있게 하는데, 재외 한인들의 전통은 이주과정을 통해 여러 변화를 경험했다. 풍속은 고정된 내용이나 틀을 가진 불변의 실체는 아니지만, 특히 고국을 떠나온 한인들은 현지 적응을 통해 우리 민족의 단일한 정체성을 벗어난 생활문화를 나타낸다고 할 수 있다. 그렇다고 생존하기 위해 새로운 문화환경에 적응해야만 했던 재외 한인들의 변형된 전통을 이전 조상들의 토속적 가치를 기준으로 평가절하할 수는 없는 것이다.

넷째 요소인 '혈연'은 과거에 같은 민족을 이루는 귀속감의 근거였다. 특히, 순수혈통을 중시하는 한국인들은 강한 혈족의식과 혼례 관행을 유지하였는데, 다른 인종이나 종족과의 교류가 비교적 적었던 한반도의 지리적 특성상 오랜 세월 타 민족과의 혼인을 금기시하였고 혼혈인을 한민족의 일원으로 받아들이지 않으려는 성향이 강했다. 반면, 타국에 정착한 한인들은 이념과 체제의 장벽으로 한국인과 구별된 종족정체성을 형성하게 되었는데, 외지의 소수민족으로서 주변 이민족과 자연스러운 교제를 통해 가정을 이루는 경우가 많았다. 국제결혼과 이민자의 수가 급증하는 현대사회에서 재외 한인을 혈연적 범주에서 일탈된 그룹으로 평가하는 순혈주의의 배타적 규범에 대한 인식의 전환이 요구되는 시점이다.

민속학은 연구방법에 있어 주로 전통문화의 잔존물에 주목하여 연구되어 왔다. 기존의 재외 한인 연구에서도 과거 한민족의 민속 실체를 파악하고 전래의 향토적 고유관습이 어떻게 지속되고 있는지를 파악하고자 했다. 그러나 한반도의 옛 조상들의 문화를 기준으로 재외 한인들의 문화양식을 평가하는 것은 올바른 접근법이라고 볼 수 없으며, 낯선 정착지에 거주하면서 새로이 형성된 민속현상에 주목하여 어떠한 독자적 민속이 생성되는가를 관찰하는 시선의 전환이 포함되어야 할 것이다. 즉, 재외 한인의 민속연구는 이들의 생활을 살피면서 과거 전통적 생활양식이 전승, 변용된 양상을 조사할 뿐만 아니라, 현지의 새로운 사회적 상황에 대응하여 생성된 특유의 민속양식도 연구대상에 포함되어야 한다. 디아스포라의 민속학은 민속문화를 정적인 대상이 아닌, 동적인 대상으로 보는 관점에서 출발을 한다. 민속문화를 시간과 사회 변화 속에서 지속·유지될 뿐만 아니라 끊임없이 변화하는 대상으로 보고, 고정된 특정 문화요소보다 민중의 생활양식을 역동적인 대상으로 다루는 것이라 할 수 있다. 문화가 사회환경의 영향을 받으며 변화되는 것처럼, 동일한 차원에서 잔존하는 민족문화에 초점을 맞추기보다는 하나의 문화소통과정으로 인식하여 볼 필요가 있는 것이다.

3. 문화공동체와 민속문화의 다원성 인식

분단된 현실 속에서 형성된 재외 한인과 한국인의 문화적 차이를 인식하면서 다양한 구성원의 문화창조력을 바탕으로 상호이해의 폭을 넓혀가는 "통일민속학"을 준비해야 할 필요가 있다. 그리고 분단 이전의 과거 민속원형에 집중하기보다는 현대 환경에서 어떠한 형태 변화와 새로운 변용된 의미를 갖추는지 그 실체를 파악하여 새로운 민속문화 정체성을 찾아가는 과정이 요구된다.

민속문화의 범주 확장

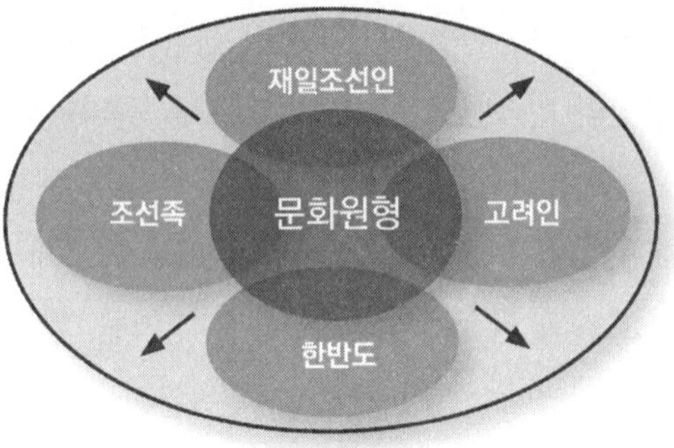

1) 통시적 확장

일제로부터의 해방, 그리고 남·북한 분단이전 시대의 민속문화의 전승모체를 추구하며 동질성을 찾는 것은 의미 있을 것이다. 그러나 과거의 동질성을 회복하는 것도 중요하지만, 현재 동시대의 사회로 연구를 확대할 필요가 있다. 재외 한인들은 동북아지역 격동의 정세 속에서 개별적으로 사회적 조건에 맞게 민속문화를 변화시켜 왔다. 이들은 실향의 아픔을 간직한 채 새로운 현실에 뿌리를 내려야 했다. 불필요한 경쟁의식으로 한반도의 체제 대립과 같이 문화유산조차도 그 속에 녹아 있는 고유한 동질성을 추구하기보다는 적대적 이데올로기를 바탕으로 이질화를 심화시켜 온 것이다. 통일 논의를 위해서는 우리 민족이 과거의 민속원형을 어떻게 유지하여 왔는가 하는 잔존문화에만 집중하기보다 민속학을 통해 현대 환경에서 어떠한 형태 변화와 새로운 의미를 갖추는지 구체적으로 살펴보아야 한다. 방법론에 있어서도 분단 이전의 과거를 기준점으로 삼는 것이 아니라 민중의 생활양식이 어떠한 질적 변화를 겪어 왔고 지금도 변화가 지속되는지 민속양식의 실태를 파악할 필요가 있다. 따라서 통일민속학은 과거와 현재를 매개하는 대상을 통해 민속양식에 기반을 둔 생활문화를 분석하고자 한다. 민속문화의 원형에 무게중심을 두고 이를 재구성하려는 데 집착하는 일은 생산적이라 할 수 없으며, 변화하면서 적응하는 가운데 전통을 이어가는 전승의 원리를 주목하는 것이 더욱 긴요한 과제이다. 민속문화는 역사적 전통성을 지니면서 현실적응력을 발휘하는 전승문화일 뿐만 아니라 미래의 대안까지 제시할 수 있는 문화자산으로서 내일을 설계하는 전망문화이기도 하다. 미래에 대한 창조적 설계는 항상 전통의 분석과 현실의 진단이라고 하는 탄탄한 토대 위에서 가능한 것이다.

민속학은 문화재 보존 및 잔존문화가 지닌 변용의 의미를 찾는 것과 함께, 체제이념에 따라 분단되어 교류 없이 오랜 시간 공존하고 있었음을 인정하고 현재의 시점에서 한반도 민족구성원의 생활양식 및 문화현상, 이질화된 가치관에 대한 연구로 패러다임을 확장할 필요가 있다. 다시 말해, 통일지향적 민속학은 분단 이전의 민족동질성을 재건하려는 과거지향적 시도가 아니라, 한겨레가 함께 미래를 설계하기 위한 문화학이 되어야 하기 때문이다.

2) 공간적 확장

과거 중앙정부의 권위주의적 리더십은 체제의 정당성을 확보하고자 대한민국을 중심으로 한민족의 정체성을 확립하는 자세를 견지해 왔다. 민속학계는 관(官)주도적인 정책통제의 환경 속에서 직간접 영향을 받아 제한적으로 연구를 수행했었다. 과거 민속연구는 체제이데올로기와 결합되어 국가주의적 정체성에 따라 북한, 중국 및 극동 주변지역을 공산권에 예속된 적대국으로 간주하는 반공논리를 전개하였고 이들 지역의 한인을 우리 민족구성원에서 배제하는 등, 지리적 범주를 스스로 옭아매어 왔다.

이와 달리 분단된 독일의 상황에서 민속학자들은 다른 정치, 체제이념으로 파생된 동독의 이질적 요소와 변화과정을 살폈고, 연구 범위를 확대하여 동부유럽에 정주하던 독일인 커뮤니티와 이들 촌락을 주목하여 변용된 생활양식과 모국의식을 함께 조사하였다. 독일 본토와 달리 각각의 사회적 조건에 적합하게 변화한 문화유산이 민족의 전승력을 찾고 고유한 민속 실태를 밝힐 수 있는 주요한 토대가 된 것이다.

민족공동체와 통일문제는 정치체제와 이념의 문제로만 볼 수는 없다. 한반도는 식민, 분단과 전쟁으로 인하여 수백만의 민족구성원이 이산 및 정착을 경험했다. 재외 한인들은 특정한 사회적 환경에 살면서 차별화된 생활문화를 내재화하였고 다양한 양식을 만들어 왔다. 중국, 러시아, 중앙아시아, 일본 및 미주 지역 등에 700만 명이 넘는 한인들이 집단적으로 함께 살고 있으며 거주국의 일원이면서도 모국에 대한 정체성을 일정하게 유지하고 있음을 확인할 수 있다. 따라서 한국 민속학은 한반도의 어두운 정세 속에서 조국을 떠나야 했고 타향살이를 감내해야 했던 한인들의 다양한 문화양식과 문화적 실체를 포착하고 연구할 필요가 있다.

탈냉전의 연구 흐름에 맞춰 통일민속학은 지역적, 공간적으로 한반도 민족구성원뿐만이 아니라 당시 시대적 정세에 의해 해외로 이주했던 한인집단의 문화양식을 포괄해야 한다. 즉, 서로 다른 거주국에 살고 있는 코리안 디아스포라도 폭넓은 민족구성원으로 고찰되어야 하는 것이다. 민속학은 지역의 범주를 한반도에 제한할 것이 아니라, 국경에 국한되지 않는 새로운 시각을 갖춰야 한다. 통일민속학은 해외에 산재한 재외 동포들을 대상으로 국제적인 학술협력 아래 연구하는 비교문화학으로 발전시켜 이질성과 공통성을 발견하고 보편성과 다양성을 추출할 필요가 있는 것이다.

3) 대상의 확장

한국의 민속학은 일제 강점기를 배경으로 시작되어 고유한 민족정체성을 지키기 위한 저항적, 배타적인 성격을 강하게 띠었다. 민속학은 이후에도 강력한 민족이데올로기와 순수한 단일혈통을 토대로 민족고유의 정체성을 강조하는 방향으로 나아갔지만, 세계화의 진전 속에서 한 민족의 문화는 더 이상 자폐적인 민족주의를 고수하기 어려운 상황을 맞이하게 되었다. 문화 간 접촉과 교류가 심화되고 변화하는 시대의 흐름에 맞추어 민속문화를 어떻게 변화시킬지에 대한 새로운 담론이 필요할 때이다.

과거 독일민속학이 전후 파시즘정권의 편협한 민족성의 개념을 벗어나 탈민족화를 지향하였고 자신의 민족에 집중하였던 연구 범주를 국가경계를 넘어 주변 유럽지역으로 확대한 점에 주목할 필요가 있다. 독일은 전후 동부유럽지역 출신의 독일계 실향민에서 경제개발 시 이주해 온 터키계 노동자 및 다문화가족까지 새로운 사회구성원으로 인정하고 받아들였다. 물론 문화적 갈등이 동반되기도 하였다. 민속학계가 자신들의 문화 속에 유입된 다문화에 대한 이해 및 소통과정을 연구하고 통일 이후 동독 주민의 생활양식까지 독일 사회의 문화변용으로 고찰하는 모습은 우리에게 많은 점을 시사하고 있다.

우리의 민속학연구도 단일민족이라는 신화에서 벗어나 기존의 정체성과 태도를 변화시켜야 한다. 우리 사회로 유입된 이주민은 이국적인 타자가 아니라, 혈연적으로도 상당수가 중국, 중앙아시아와 러시아로 이주되었던 한인 동포의 후속세대이다. 이들은 한 세기 전 한반도를 떠나 타지에서 흩어지고 각자의 처지에 따라 적응해야 했다. 탈냉전 이후 조국으로 돌아올 수 있는 기회가 생겼지만 그리워했던 고향은 낯선 곳이 되었고 이방인처럼 생소하게 느껴지는 아픔을 느끼고 있다. 민속학은 새로운 발전적이며 창조적인 개념 정립을 통해 한반도로 이주해 온 해외 한민족인 조선족, 고려인, 재일조선인에 대해서 열린 자세를 취할 필요가 있다. 재외 한인들은 상이한 문화환경에서 살아왔고 다른 양식의 삶을 살아왔기에, 새로이 형성된 이들의 생활양식은 문화변용의 의미 있는 연구대상이 될 수 있기 때문이다.

본 논문에서 재외 민족구성원들이 국내로 정착하는 상황이 증대하고 있고 이에 대한 적절한 대응이 필요한 다문화시대를 맞아 한국 사회의 근간이 되어 온 단일민족의 보수적 시각과 다문화주의가 서로 충돌하지 않고 공존하며 이를 통해 사회적 통합을 이룰 수 있는 방안을 모색해 보고자 한다.

2장

한국 속 타인;
재외 한인 '전통'담론과 민속문화의 재인식

2장

한국 속 타인;
재외 한인의 '전통'담론과 민속문화의 재인식

대한민국의 2014년 내외국인 출입국 전체규모는 6,165만 명으로 한 달 평균 500여만 명에 달했다. 2014년 한 해 동안 총 1,427만 명의 외국인이 한국에 입국한 것으로 나타나고 있다. 불과 5년 전인 2010년 총 2,180만 명 규모에 불과했던 것에 비하면 매년 평균 100만 명씩 체류 외국인 규모가 증가하면서 2015년 9월 대한민국에는 총 187만 명의 외국인이 체류하고 있다.[1]

1 곽재석(2015), 재외동포의 사회통합 및 내국인의 인식, 『이민정책』, Vol. 02, p. 16.

〈표〉 외국인 입국통계

국적별	체류자격별	2013			2014			2015.08		
합계	총계	계	남자	여자	계	남자	여자	계	남자	여자
	재외동포	360,473	201,044	159,429	407,063	223,706	183,357	43,611	20,092	23,519
중국	총계	28,587	13,936	14,651	40,802	18,788	22,014	3,515	1,531	1,984
	재외동포	178,606	92,777	85,829	192,858	97,151	95,707	20,315	8,477	11,838
일본	총계	19,817	9,892	9,925	32,130	14,934	17,196	2,528	1,063	1,465
	재외동포	5,891	2,084	3,807	4,736	1,368	3,368	730	144	586
카자흐스탄	총계	61	15	46	50	8	42	6	1	5
	재외동포	1,130	484	646	1,431	755	676	468	219	249
키르기스스탄	총계	162	91	71	138	84	54	19	8	11
	재외동포	897	499	398	1,003	571	432	182	95	87
우즈베키스탄	총계	42	20	22	75	37	38	19	6	13
	재외동포	12,333	8,283	4,050	12,920	8,528	4,392	1,321	856	465
러시아(연방)	총계	920	464	456	843	389	454	99	54	45
	재외동포	2,846	1,128	1,718	3,207	1,262	1,945	731	300	431

출처: 국적, 체류자격별 외국인 입국자(2014-2015.8), 통계청, 국제인구이동통계

전 세계 150여 개국 660만 명의 재외동포가 있으며, 이들 대부분은 중국 240만 명, 미국 210만 명, 일본 90만 명, 구소련 53만 명(러시아 18만 명, 우즈베키스탄 23만 명, 카자흐스탄 10만 명)에 거주한다. 모국 거주 인구(남북한) 대비 해외동포들의 비례로 보면 거의 10%에 해당하는 수치로, 이탈리아, 이스라엘 다음으로 높은 비율이다.[2]

재외동포들은 지리적으로 먼 타국에 살면서도 강한 민족의식을 갖고 고향을 생각하며 언어와 전통풍속을 잊지 않았다. 그러나 국내 이주 후

2 최진욱(2007), 『남북한 재외동포정책과 통일과정에서 재외동포의 역할』, 통일연구원, p. 3.

이들은 한국인들에게 낯선 이방인으로 느껴져 차별적인 시선을 받는 것이 현실이다. 새로운 환경에서 형성된 이들의 문화양식과 정체성은 많은 차이점을 노정하고 있는 것이다. 현재 이들은 상점 점원, 식당 종업원, 가사도우미, 건설업 인부, 건물청소원, 공장노동자, 간병인 등 다양한 직업군을 보이며 우리 사회에서 일을 한다. 이들은 처음에 코리안 드림을 안고 조국의 땅을 찾아왔으나, 이주노동자로서 차별과 멸시를 겪으며 냉혹한 현실을 인식하게 된다. 귀환동포들이 한국 사회에서 겪는 사회적 배제의 경험은 한민족으로서의 소속감을 느끼지 못하게 하고 주변화 될 위험성을 높이고 있다.

따라서 본 연구는 재외 동포들과의 내적인 문화 통합의 가능성에 초점을 맞추어 한국인의 자문화중심주의에서 벗어나 이들이 보이는 정체성과 생활문화의 성격을 고찰해 보고자 한다. 나아가 재외 동포와 한국인 사이의 문화적 이질감을 해소하기 위한 사회통합의 지향성을 제시하고자 한다.

이장에서는 '전통' 개념에 비추어 재외동포의 문화정체성과 생활문화의 양상을 살필 것이다. 구체적으로 재외 한인들이 느끼는 고향의 의미는 무엇이며, 귀환동포들의 공동체가 보인 집거지 형성과정과 특징, 그리고 이들이 사용하는 우리말의 형태와 다른 점은 무엇인지, 과거 전승되던 민속현상에 어떠한 변화과정을 겪고 현재의 문화양식으로 표출되고 있는지와 이들이 한국에서 겪는 일상의 경험이 개인의 정체성에 어떤 영향을 미치는지, 끝으로 이들이 지닌 귀속의식에 대한 생각과 결혼관을 고찰할 것이다.

그리고 상이하게 변용된 재외 동포들의 생활문화의 차이에 대해 문화통합을 지향하는 담론을 구상해 보고자 한다. 조선족과 고려인, 사할린한인과 재일조선인, 이들은 자신의 고향과 조상의 고향의 사회적 전통들 사이에 위치하는 존재이기에 문화적 경계선을 넘나들며 불안정한 정체성을 형성해야 했다. 시간적으로 과거와 현재, 익숙함과 낯설음을 아우르는 경계성의 위치에 자리하고 있음을 부인하기 힘들다. 이들의 유동성과 이중성은 우리의 시각에서는 수용하기 어려운 요소였다. 또한 우리와 민속문화를 공유하는 내적인 관계임에도 다른 문화권에 속한 외지인처럼 존재하였다. 이들이 한국인과 상호 공존을 위해 문화적 간극과 정서적 이질감을 어떻게 받아들이고 상호 이해의 폭을 넓혀갈 것인지 살펴보고자 한다.

1. 중국 조선족

1) 고향의 복수성(複數性)

국내 암울한 정세 속에서 많은 조선인들은 100여 년 전 만주지역 일대로 건너가 척박한 땅을 개간하고 삶의 터전을 일구었다. 자신들이 태어나 성장하고 가족과 함께 했던 고향산천을 떠나 도피하는 심정으로 이국땅에 정착하였다. 이들은 중국의 변경지역에서 민족 고유의 단결력을 바탕으로 집단공동체를 이루며 살아왔다.

고향에 대한 애착이 클수록 지역공동체 안에서 전통적인 삶의 방식을 온전하게 유지하고자 했다. 이주한인들은 중국 동북지역인 길림성, 헤이룽장 성, 요령성에 함께 모여 조선족자치주의 전통마을을 지었고, 연해주 주변지역으로도 고유의 취락지를 짓고 어렵게 삶을 개척하였다. 한인들은 낯선 이주지에 새로운 정착촌을 건설하면서 고향을 그리워하며 기억 속 고향마을의 표상을 담아 민속촌을 고스란히 재현하였다. 마을 운영에 있어서도 동향인들과 연대의식을 이루며 전통문화를 계승 보존하고 민족공동체의 정체성을 유지하였다.

'고향'이 지닌 의미는 사회학 사전은 다음과 같이 서술되어 있다.

> 고향은 사람이 특별한 소속감을 느끼는, 개인적으로 체험한 공간의 영역을 통칭한다. 대개 유년기 시절의 특별한 생활환경과 전통이 새겨진 경험들이 종합된 곳이다. 좁은 의미로 사람이 인성을 키우며 처음 결정적으로 사회적 관계를 맺는 산천이고 취락지이다. 고향의 기억과 체험은 이후의 사회적 경험과 소속감에 방향과 가치기준을 갖는 데 (대개) 긍정적으로 영향을 준다.[3]

사람은 '고향'이라는 향토지리적 환경을 배경으로 자신의 자아 형성 및 내면성을 성장시키게 된다. 개인들은 유년기 시절을 보내고 성장기 사회화 과정을 겪으면서 인생에서 가장 기초적이고 결정적인 인성 및 세계관을 갖추게 된다. 지역구성원들과 더불어 자신들의 정서, 가치관, 행동양식, 언어 및 정체성을 오랜 시간 전승된 민속체계에 맞추게 되고 공동체 안에서 심리적 안정감을 갖게 되는 것이다. 전원에 대한 동경은 고향이 주는 주관적 느낌과 같이 집단적인 기억을 통해 과거에 존재했었던 것 같은 안정감, 친화성, 소속감을 찾는 맥락으로 볼 수 있다.

고향에 대한 그리움은 고향을 떠나 타지에 머무르면서 보다 깊어져, 한인들은 기억 속 고향의 모습을 재현하고자 했다. 여러 한인마을은 지리적으로 이국땅에 속해 있지만, 언어와 생활환경에 있어서 주변 지역과 경계를 설정하며 민속문화를 유지하였다. 부모의 삶을 변함없이 그

3 Karl-Heinz Hillmann(1994), Wörterbuch der Soziologie, Aufl.4, Stuttgart: Kröner, p. 327.

대로 반복하지는 않지만, 마을공동체는 낯선 사회환경에서도 공동체 내부의 일체감으로 앞선 세대의 전통과 생활양식을 공고히 하였다. 마치 독립된 '언어섬'처럼 주변 다른 민족의 마을과 차별화된 문화를 지닌 고립된 촌락을 형성한 것이다.[4] 연변에서는 온돌, 초가집, 농기구, 식관습, 부업양식이나 세시민속이 보존되고 있고 국내에서 이미 생명력을 잃은 어휘들이 여전히 쓰이고 있으며, 한 세기 전 옛말의 흔적이 확인되기도 한다.

오늘날 중국연변 조선족 마을주민은 소수로 남아있는 이주1세대 노년층을 제외하고 한반도에 대해 직접적인 기억을 가지고 있는 사람은 드물다고 볼 수 있다. 후속세대들에게 있어서 한반도는 직접적인 고향이기보다는 부모나 조부모가 떠나온 고향일 뿐이다. 이들의 고향은 과거지향적인 기억 속에 있지 않고, 현재 자신들이 삶의 터전을 이루고 있는 새로운 연변 고장일 것이다. 물론 많은 2, 3세대 한인들은 어려서부터 한반도에 관하여 많은 이야기를 들어왔기에, 선조의 고향에 특별한 애착을 지니게 된다. 그럼에도 한국은 자신들과는 동떨어진 낯선 공간일 수밖에 없을 것이고 별다른 기억을 가지고 있지 않다. 조선족의 고향은 태어나 어린 시절을 보내고 자란 현재 중국 동북3성의 연변촌락이나 만주 주변 마을이 해당할 것이다.

20여 년 전부터 중국연변 조선족자치주지역의 마을촌락은 큰 변화를 겪고 있다. 연변지역은 산업화와 도시화의 영향 속에서 노동력의 유출로 조선족공동체가 빠른 해체 양상을 보이고 있다. 과거 한인집거지

4 언어섬 개념의 의미는 언어사의 좁은 의미를 넘어서 거주사와 민족이동(이주사)의 틀 안에서 파악된다. 일반적으로 문화의 생활사측면에서 문화현상(문화역동성)으로 이해된다. Cf. Voigt, Vilmos(2000 / 2001), Bedeutung und Beleuchtung der Sprachinsel, *Acta Ethnologica Danubiana*, p. 211.

는 동질성이 높은 촌락공동체를 이루었으나, 현재 많은 농촌마을이 공동화되어 오랫동안 유지되어 온 결속력이 약화되고 있다. 그 과정에서 80년대 말부터 중국과 독립국가연합으로부터 한인동포들의 고국방문과 귀환이주가 큰 폭으로 증가하였다. 특히 이들의 귀환은 단기간에 큰 목돈을 쥘 수 있다는 코리안 드림과 같은 경제적 동기가 주요하게 작용한 것으로 볼 수 있다. 사실 후속세대들은 부모님의 고향인 한반도에 대해서 애틋한 생각을 가질 수 없었다. 그럼에도 다른 국가나 지역보다 한국을 선택한 것은 분명 자기 조상의 국적과 연관되어 있음을 부정하지는 않을 것이다.

중국 동포인 조선족은 92년 한중 수교 이후 개혁 개방의 흐름 속에서 본격적으로 한국으로 이주하였다. 이들은 국내로 들어와 체류하면서 한국인들과 많은 갈등을 겪게 되었다. 조상의 땅, 한국에서 경험하는 냉혹한 현실로 인해 그동안의 환경적 차이로 생긴 정체성의 간극을 인식하는 계기가 되었다. 국내 거주 귀환동포인 조선족들은 수도권 외곽 주변지역을 중심으로 새로운 공동체 주거지를 형성하여 본향의 사회문화적 환경을 꾸미고 밀집지역 안에 모여 자신들의 삶을 만들어가고 있다. 이주 후 현재 조선족이 머무르는 대표적인 생활공간은 과거 서울 외곽 공업단지의 주거지역인 구로구 가리봉동과 영등포구 대림동, 안산시 일대 주변에 집중적으로 마을공동체를 형성하고 있다.[5]

5 이정은(2011), 재중동포 사회의 차이와 소통의 문화정치: 한국 내 조선족 커뮤니티의 구성과 교류, 『민주주의와 인권』, 11권 제3호, p. 219; 국내 체류 조선족 중에서도 구로, 영등포에 전체의 36.3%에 이른다고 본다.

서울특별시 자양동 조선족 거리

조선족 동포타운은 입구부터 연변지역의 골목에 들어온 듯이 중국 간자체 간판이 내걸려 있고 각종 가게 및 상품을 쉽게 볼 수 있다. 주변에 조선족 식당, 식료품 가게, 노래방, 술집, 여행사, 환전소, 직업소개소 등 마치 중국 내 마을처럼 이국적인 경관을 보인다. 중국동북지역에 한인들이 마을을 개척하며 우리들에게 낯익은 민족적 경관으로 재현하였던 반면에, 가리봉동과 대림동은 한국에 있는 장소이지만 우리 일상적 삶의 경관과 동떨어진 낯선 공간으로 재현되는 것이다.[6]

국경 너머로 이주한 동포1세대들은 현지에 민속마을을 짓고 나름대로 전통유산을 지키며 민족성원으로서 자부심을 갖기도 하였다. 그러나 중국이나 중앙아시아 사회에서 태어나 자란 후속세대들은 귀환 이후 국내사회로의 진입을 주저한 채 주변적 존재로서 특정지역에 결집하여 사회적 경계를 지으며 그들만의 이주공간에 머무르고자 한다. 이

6 양은경(2010), 민족의 역이주와 위계적 민족성의 담론 구성- 조선일보의 조선족 담론 분석, 『한국방송학보』 24-5, p. 215.

들은 한국을 경험하면서 언어적 특징과 구별된 문화양식으로 같은 민족의 일원인 한국인들로부터 사회적 차별을 느끼면서 상대적 박탈감과 비애감을 갖게 된 것이다. 공통 조상을 둔 겨레이지만 오랜 시간 외지에서 체득한 말투와 방언, 식생활과 일상오락은 국내에서 이질적인 문화의 지표로 작용하였다. 따라서 이주민들은 일상생활에서 차별과 편견을 경험한 이후 한국생활에 섞여 어울리지 못하고 가능한 한국인과 접촉을 줄이게 되고 주변부에 머무른다.

조선족의 강력한 정서적 연대감은 국내로의 문화적 적응을 지연시키기도 한다. 조선족이 국내사회 속에서 인적관계망을 제한하고 조선족 커뮤니티에 깊게 의존할수록 타자화된 자신들을 보다 강화시키는 측면이 있다. 나아가 이들이 특정한 공간에 집중 거주하면서 결집하는 양상은 한국 사회에 흡수되지 못하고 한국인과 경계를 짓는 한 단면을 보는 듯하다.[7]

귀환동포들은 과거 우리 조상들이 현지 소수민족으로서 느꼈던 문화적 이질감을 국내에서 다시 마주하게 된다. 귀환동포들은 정서적으로 단절된 주거환경 안에서 출신지에 따라 동향인들끼리 모여 현실적 외로움을 벗어나 익숙한 생활양식을 누리며, 한정된 사회관계망 속에서 고달픈 한국살이를 감내하고 있다. 이들만의 공동체는 생계의 기반을 위한 취업정보센터로서, 혹은 고향음식과 값싼 숙소를 제공받는 쉼터로서, 또는 일상의 다양한 경험을 교류하는 커뮤니티로서 그리고 국경을 매개시키는 초국가적 마을 특구로서 기능하고 있다. 이들 밀집지역은 국내 주류사회의 가장자리에 위치한 낯선 이방인의 영역으로서, 소

7 김영경(2008), 한국 내 조선족 청년들의 사회문화 적응력 향상을 위한 요구 분석, 『한국기독교상담학회지』, Vol.15, p. 175.

위 '컨테이너'와 같은 공간적 분리를 점차 나타내고 있다.[8]

2) 언어

민족학교는 조선어의 말과 글을 가르치며 우리의 전통을 계승시키고자 노력하였다. 이러한 교육열의는 중국에서 다른 민족과 구별되는 민족정체성의 근거가 되었다. 특히 중국정부는 소수민족정책을 통해 조선족에게 자치권을 부여 민족학교를 건설하고 민족교육을 이행하는 데 지원하였다. 따라서 조선족은 큰 어려움 없이 고유의 민족정체성을 지켜올 수 있었다고 볼 수 있다. 1990년대부터 연변자치주 내 많은 조선족의 민족학교가 통폐합되거나 폐교되고 있는데, 농촌지역의 낮은 출산율로 취학 아동의 수가 줄었고 산업화의 여파로 많은 농촌 주민수가 급감하여 단일민족학교가 운영되기 어려운 사정이다. 남은 아동들은 주변의 다른 학교로 전학가거나, 한족학교로 진학하는 비율이 늘고 있다. 조선족사회도 후속세대가 향후 중국 사회로 진출할 수 있음을 고려하여 교육의 개방성을 보다 넓혀가고 있어, 교육시스템도 자연스럽게 중국 사회로 편입되어가는 양상을 보이고 있는 것이다. 분명한 것은 조선족의 민족교육은 공동체의식을 유지하는 데 큰 역할을 해왔으나, 현재 민족정체성 측면에서 매우 큰 변화에 봉착해 있다.[9]

조선족 민족학교는 한어와 조선어의 의미를 함께 인정하고 통상 이중 언어교육을 진행하였다.[10] 조선어 수업시간을 배정하여 우리말의 학

8 최현덕(2009), 경계와 상호문화성. 상호문화 철학의 기본 과제, 『코기토』, 제66호, p. 305.

9 임영상(2012), 동북의 조선족 학교와 조선족 문화관-민족문화예술교육의 협력, 『백산학보』, 94호, pp. 198-199.

10 이○철은 민족학교 수업과 관련하여 전하길, "초등학교 때부터 조선족 학교가 따로

습을 장려하였고, 여타 수업은 중국어로 진행되는 경우가 많았다. 이들에게 교육정책상 민족어인 조선어가 강조되고 있지만, 엄연한 중국공민이기에 동시에 중국어 사용 또한 자연스럽게 이루어졌다. 조선족은 보통 중국 내 공식적인 사회생활에서 중국어를 사용해야 했고, 반면에 가정이나 일상생활에서 조선말을 자유롭게 사용하는 언어혼종화 현상을 보게 된다. 허○봉은 구술인터뷰에서 이와 관련하여,

조선족은 "한어와 조선어, 두 언어를 구분 없이 다 사용할 줄 알고 있으나, 조선족에게 좀 더 미세한 표현을 하려면 아무래도 한어보다는 조선말을 통해 말을 할 때 더 편안함을 느껴요."11라고 언급하고 있다.

조선족은 단일 언어만으로 생활하기 어려운 이중정체성의 생활환경 안에서 자라왔다. 따라서 이들이 한국행을 결심하게 하는 동기 가운데 우리말을 자유롭게 구사할 줄 안다는 요건이 중요한 자산임을 알 수 있다. 조선족이 국외로 나가서 취업을 생각하는 경우 생소한 외지보다는 말이 통할 수 있는 한국에서 비교적 쉽게 적응하리라는 막연한 기대를 한다. 조선족은 입국 이후 한국 사회로의 진입을 시도하다가 자신들의 말투에 대한 한국인의 태도에 대해 당혹하게 된다. 같은 한국어이지만 연변사투리 억양의 조선족 말씨로 인해 출신이 노출되기 때문이다. 같은 언어임에도 이들의 말은 한국인에게 낯선 방언일 뿐이다. 조선족은 생소한 언어 환경을 접하게 되면서 심리적으로 혼란을 느낀다.

있어요. 조선어로 강의를 해요. 책을 보면 다 한글이예요. 한어는 따로 배워요. 영어도 따로 배우고요. 강의는 조선말로 강의를 듣고, 한어를 배울 때는 한어로, 영어를 배울 때는 영어로 배워요."; 저자 녹취.

11 허○봉 구술/ 저자 녹취

한국어가 조선족과 한국인 사이의 민족적 동질성을 인식시키기보다는 오히려 이질성의 근거가 되는 것이다.[12] 언어는 사람 간 자신의 의사를 교환하는 일차적인 도구이다. 또한 언어는 한 사회의 문화를 고스란히 반영하게 된다. 같은 민족이라 하더라도 국가 간 장벽으로 접촉이 쉽지 않아 오랜 시간들을 교류 없이 보내면서 같은 언어는 서로 다른 문화상을 담게 되고 이질화 현상을 유발할 수 있는 것이다.

조선족의 언어는 국내에서 예기치 않은 갈등을 야기할 수 있는 요소로 작용하게 되는데, 중국 북방계통어의 방언 및 출신지에 따라 경상도 혹은 함경도 어투가 섞이게 되어 한국인이 낯설어 하는 말투로 들릴 수 있다.[13] 반면에 조선족에게 한국어는 영어식 일상화된 표현 및 서구식 스타일의 외래어가 많이 혼종화되어 생소하게 받아들여진다. 이○철은 언급하길,

> "저희는 이전에 사투리를 많이 썼는데, 여기서 한국에 와서 사투리를 바꾸려고 엄청 많이 노력을 했어요. 한국에서 보면 얘기를 할 때 영어를 많이 하잖아요. 예를 들어서 말할 때 '스트레스를 받는다'라고 하잖아요. 우리가 중국에서 얘기를 할 때면 조선말을 하면서 중국어를 많이 써요. 그런 차이가 있어요."[14]

한 민족으로 표면적 소통은 가능하다 해도 한국어 발음이나 억양, 어휘와 어감의 차이는 섬세한 정서적 교류에 걸림돌이 될 수 있는 것

---

12 임성숙(2004), 『한국 내 조선족 노동자의 민족정체성 재형성과정』, 한양대 석사논문, pp. 44-45.

13 임성숙(2004), 같은 논문, pp. 44-45.

14 이○철 구술/ 저자 녹취

이다. 자주 쓰는 단어라 하더라도 생활방식과 가치관에 따라 다른 동의어로 사용되고 있듯이, 다른 사회적 배경에서 조선어와 한국어는 이질성을 고스란히 드러내고 있다. 조선족은 우리말을 구사할 줄 알지만, 불완전한 언어적 소통으로 이들의 사회적 적응에 큰 영향을 받게 된다. 언어에 묻어나는 삶의 문화적 차이는 스스로를 주변인으로 만들고 우리 사회에서 타자화된 정체성을 변형시킨다고 볼 수 있다. 귀환동포의 언어 사용에 있어서도 복합적인 다중언어의 정체성을 확인할 수 있다.

조선족은 타지에서 민족의식을 지키고자 초등교육에서 고등교육까지 조선어의 말과 글을 가르치며 체계적인 민족교육을 실시하여 왔다. 중국 정부의 소수민족정책의 지원 속에 한어와 조선어를 함께 인정하고 이중 언어교육을 진행시켰다. 따라서 조선족은 통상 공식적인 사회생활에서 중국어를 사용했고, 반면에 가정이나 일상생활에서 조선어를 능숙하게 사용할 줄 안다는 이유는 그들이 한국으로 찾아오는 중요한 동기를 제공해 준다고 하겠다.

그러나 한국에서 비교적 쉽게 적응할 것이라는 막연한 기대는 현실적 어려움에 직면한다. 이전에 생활해 온 환경을 떠나 자신들의 언어에 대한 한국인의 태도에 대해 당황하게 된다. 조선족은 표면적 소통이 가능하다 해도 한국어 말투나 어휘의 차이는 섬세한 정서적 교류에 걸림돌로서 작용한 것이다. 조선족은 한국인과 같은 민족구성원으로의 처우를 기대했지만 공동체적 연대감을 느끼지 못한다. 같은 핏줄이라기보다는 다른 외국인노동자로 취급된다.

우리가 재외동포의 언어와 그 문화적 차이를 이질적 요소로 받아들이며 사회와의 소통과 관계 형성에 있어서 이들을 타자 즉, 주변인으로 위치시키고 있다. 그러나 이들 동포들이 쓰는 조선말은 주어진 상이한 언어환경에서 변용되어온 민족어로서 민족의 다양한 문화양식과 가치체계를 담고 있기에, 한국어를 기준으로 하여 재단하는 대신에 풍부한 민속문화유산으로 그 의미성을 부여할 필요가 있을 것이다.

조선족 구술로 본 언어 이중성에 관하여

조선족은 같은 조선족끼리 연대감을 이루고 자치구를 중심으로 모국어교육을 유지하여 왔다. 하지만 오랫동안 사회주의 블록에 속한 지역이었기에 이들은 우리와 소통 없이 살아 왔다. 자연스럽게 이들은 소속된 사회 안에서 우리말과 한어를 겸용하여 쓰는 언어환경을 조성하였다. 이러한 환경이 그들의 개인적인 생활문화에 어떻게 연관되어 있는지 구체적으로 검토하고자 한다.

> "한족친구들은 다 중국어를 쓰고요. 조선족 친구들은 중국어와 한국어를 다 같이 쓰지요. 그리고 지금 보면 학교를 나와서는 (사회에서) 조선말을 많이 쓰지 않습니다. 지금 많은 친구들이 상해나 다른 도시에서 만날 때는 중국어를 쓰지요. 왜냐하면 조선족이 한국어를 쓰다 보면 서열로 나누어지기 때문에 중국어가 굉장히 편하지요. 예를 들어 내보다 2살이 어리거나 몇 살이 위인 경우 한국어를 쓸 경우 무조건 존댓말로 오고 가는데 중국어는 그런 것이 없기에 중국어가 편한 것 같아요."
>
> \- 량○호

> "존댓말 쓰기가 불편할 때는 한어를 막 쓰는 것이 편하다 말이에요. 중국어는 존대어가 있긴 있지만 특별하게 없거든요. 중국어나 한국어가 별반 차이가 없어요. 도시 내 자란 아이들이 중국어 사용이 편하지요."
>
> \- 동○성

> "초등학교에서 고등학교까지 아예 조선어를 배우고 중국어도 배워

요. 한족 애들은 중국어만 배우잖아요. 저는 집에서도 중국말 하는 게 더 편해요. 옆 친구도 그렇고 밖에 나가면 다 중국어로 하니깐. 저희 세대는 중국어가 편해요. 조선족 친지, 가족 만났을 때는 한어를 섞어서 얘기해요. 조선어 존댓말이 오히려 불편해요. 저는 외동이고, 시내에 있는 아파트에 살아서 저만 빼고 다 중국어를 써요. 이전과 주위환경이 다르죠. 부모님이 일부러 조선말 배우라고 조선족 학교를 보냈는데, 학교 가면 다 조선족이지만, 집에 오면 저만 빼고 주위가 다 한족이라 중국말을 써요."

- 김○흠

영길현 조선족 실험소학교 1학년 조선어문수업

중국 연길 길거리 간판

출처: 중국조선족 중소학교 교육교학자원넷 교육현장 게시물, 연변에 부는 바람 – 2부 변방에서 중심으로(YTN, 2015.08.13)

"가끔 인터넷을 보면 이해하기가 힘들어요. 저는 뉴스를 자주 보는데요. 제목부터 무슨 뜻인지 모를 때가 있어요. (외래어와) 너무 섞어서 쓰니깐. 연변에도 방송이 있어요. 옛날 단어들을 많이 쓰는데 많이 달라요."

-허○봉

"중국어, 한국어는 기본이지요. 영어나 일본어도 배웠어요. 어려서부터 3가지 언어를 해야 했어요. 초등학교 때부터 조선족 학교가 따로 있어요. 조선어로 강의를 해요. 책을 보면 다 한글이에요. 한어는 따로 배워요. 영어도 따로 배우고요. 강의는 조선말로 강의를 듣고, 한어를 배울 때는 한어로, 영어를 배울 때는 영어로 배워요. (...) 저희는 이전에 사투리를 많이 썼는데, 여기서 한국에 와서 사투리를 바꾸려고 엄청 많이 노력을 했어요. 한국에서 보면 얘기를 할 때 영어를 많이 하잖아요. 예를 들어서 말할 때 '스트레스를 받는다.'라고 하잖아요. 우리가 중국에서 얘기를 할 때면 조선말을 하면서 중국어를 많이 넣어서 써요. 그런 차이가 있어요. (...) 조선족들 사이에서도 언어가 차이가 나요. 연변자치주 내에서 비슷해요. 그런데 흑룡강성과 말이 틀려요. 길림시와 연길시 조선족 사이가 틀려요. 그리고 심양과 연변도 틀리고요."

- 이○철

3) 풍속

전통의 개념은 '한 집단이나 공동체에서 형성되어 오늘날까지 전수받아 내려오는 사상, 풍속과 행동방식 같은 문화양식'을 의미한다. 내용상 과거 지향적이며 특별한 가치관념 또는 요구조건을 특징화한다. 과거 우리는 전통을 전근대성의 시간체제에 고정시켰고, 불변하지 않는 특정한 잔존문화와 동일시하면서 원형 그대로의 관행과 재현에 집중하여 왔다.

그러나 조상들이 살아온 옛 생활방식과 이전시대의 역사구성물을 따르는 것을 절대규범으로 여길 수는 없을 것이다. 전통은 물려받는 과거 유산의 흔적과 함께 현재 우리의 삶 속에 일부를 이루고 있는 수용성을 중요한 기본 요소로 본다. 전통문화는 여러 세대를 거치면서 다른 문화 및 환경과 접촉하는 가운데 끊임없이 변화하는 성격을 내포하고 있다고 할 수 있다.

이주한 동포들은 새로운 사회환경에서 다양한 문화관습의 변용을 이루어왔다. 한인들은 다른 환경 속에서도 집단고유의 결속력으로 전통문화를 유지하며 민족성을 지켜오고자 했다. 이들은 멀리서 고향을 생각하면서 공동체 안에서 관습적으로 반복되는 세시풍속을 예로부터 내려온 양식대로 따랐으며, 어려운 환경적 조건 속에서도 전통민속의 계승을 통해 집단적 일체감을 확인하면서 민족정체성을 유지하여 왔다.

조선족은 집성촌을 중심으로 오랜 고향의 명절풍속이던 설날(춘절), 정월대보름, 청명, 단오, 추석, 동지를 비교적 온전하게 지키며 민족응집력을 보여 왔다. 고려인들도 설날, 추석, 한식의 순으로 명절을 지내고 있으며, 중앙아시아 한인들은 특히 단오와 정월대보름을 쇠면서 세시의례를 따르고 있다. 현지의 사회문화적 배경으로 인해 전통민속의 진행과 특정한 절기음식은 내용면에서 적지 않은 변화를 겪었다. 오늘날 도시화가 진행되면서 현대사회의 생활리듬에 따라 많은 민속놀이는 사라지고 일정한 의례절차는 상당부분 간소화되어 상징적인 형식만을 잔존시키고 있다. 명절이 갖는 미풍양속의 의미를 인정하면서도, 편의성 추구로 조상숭배의 풍속이 축소되어 벌초나 성묘를 통한 추모행사로 변화되었으며 일가친인척이 모여 앉아 담소하는 것으로 보편화되어 있음을 확인할 수 있다.

민족고유의 식관습은 비교적 잘 전수되어 왔으며, 다양한 양식으로 전개되어 왔음을 알 수 있다. 연변지역 한인들은 주요 본향인 함경도, 경상도 지역의 전래 조리법을 보존하면서도 한족을 포함하여 소수민족의 음식문화와 자연스럽게 교류가 이루어져서 혼재된 전통양식을 발전시켰다. 명절음식과 관련하여 조선족은 설날에 떡국 대신에 중국의 춘절 음식으로 물만두나 깐 두부, 줄기콩, 여러 종류의 순대를 즐기기도 한다. 사회관습과 식재료의 차이에 따라서 한인들은 우리 전통음식의 고유성을 유지하면서 현지 외래음식을 받아들여 혼융화한 식탁을 차리

는 것으로 이해된다. 명절 때나 가족행사의 경우 전통음식이 상대적으로 선호되고 있음을 볼 수 있다.[15]

귀환동포들은 국내에 체류하면서 명절을 맞이하지만 자신들의 노동시간과 맞지 않기 때문에 명절의미를 크게 찾지 못한다. 이들은 사업장 내 고단한 라이프스타일로 인하여 명절을 누리지 못하고 있다. 휴가 삼아서 피로한 육체를 쉬기도 하고, 전화나 인터넷을 통해 고향에 남아있는 가족이나 친지와 연락하며 소일하기도 한다. 동포들은 지역주민과의 소통을 이루지 못하고 동족으로서 귀속감을 느끼지 못한 채 외국인노동자 그룹의 일상과 같이 사회주변부에 머물며 여가생활을 보내고 있다. 통상 이들은 외로움과 향수를 달래고자 같은 동향인들끼리 함께 어울려 집을 방문하여 명절음식을 해먹거나 음주를 즐긴다. 이들은 우리식 찌게나 장국과 같은 먹거리를 찾아 즐기기도 하지만, 본향에서 즐겨왔던 음식을 잊지 못하고 중국 슈퍼마켓이나 아시아 식료품 가게를 자주 방문하고 이국적 식재료를 구입하기도 한다. 국가 간 경계 없이 혼합된 형태를 발전시켰고 이중적 복합양식으로 단일문화성의 개념을 벗어나 있다고 할 수 있다.

15 정영숙, 박영선(2009), 우즈베키스탄 고려인의 한국 전통 음식에 대한 인식과 민족 정체성과의 관계, 『동아시아식생활학회지』 제19권 제5호, p. 680.

중국 조선족 사회내 전승된 풍속

출처: 정현수 박사 제공

조선족 구술로 본 음식 선호에 관하여

조선족은 이주했던 그곳의 현지화된 식관습으로 그들만의 독특한 취향을 갖게 되었다. 본 단락에서 일상생활에서 접하는 조선족 고유의 독자적 음식문화에 대해서 살펴보았다.

> "음식은 한국식, 중국식 둘 다 맛있어요. 엄마가 해주니깐. 젊은 세대는 중국에서 맞벌이 하니깐 아침에 장국 같은 것 선호 안 해요. 차라리 요리보다 잠을 더 자지요. (...) 음식은 진짜 짬뽕인 것 같아요. 한국에 오면 중국 음식이 댕겨요. 김치, 장국 먹다가 중국식이 계속 생각나요. 중국에 가면 김치가 먹고 싶기도 해요. 전통음식을 해먹지는 특별하게 않아요. 설만은 중요해요. 중국식 만두로 먹어요."
>
> - 김ㅇ흠

"저는 할머니와 함께 살았어요. 부모님은 러시아에 가 계셨고. 그래서 할머니께서 아침마다 주로 밥을 차려주셔서 저는 밥을 먹어왔어요. 원래 중국에서 아침에 간단히 '만토우'나 죽을 먹어요. 그런데 전에 (아침에) 죽을 먹었는데 입맛에 맞지 않더라고요. 중국에서도 한국식을 먹었고, 여기서도 중국식을 먹기도 해서 크게 차이를 느끼지 못해요."

- 이○철

"한국 음식, 중국 음식 혼합식으로 같이 해먹지요. 중국에서 온 사람들은 기본적으로 중국 음식을 많이 먹게 되지요. 고기류로, 기름에 튀기는 것, 족발 같은 것, 김치류는 여러 가지 다 보존되고 있죠."

- 동○성

중국식 양꼬치

자양동 조선족 거리 내 중국식 길거리 음식 판매점

"중국 음식도 좋아하는 분이 많으세요. 집에서 고기도 볶아먹고 김치나 된장찌개도 빠져 본 적이 없고요. 문화가 혼합된 게 많아요. 저희는 도시에 있어서 한국식도 쉽게 살 수 있어요. 다 같이 먹어요. 어려서부터 한국 음식과 중국식도 계속 접촉해서 한국에 와서도 입맛이 안 맞는 그런 적은 없었어요. 중국 음식이 생각나면 대림동 같은 데 가서 먹기도 하고 그래요."

- 장○진

"'한족 음식이다. 조선족 음식이다'라고 딱히 가리지 않아요. 볶음채가 사실 많이 (식탁에) 오르거든요. 명절엔 찰떡이나 여러 가지 떡이 많이 오르기도 해요."

- 량○호

4) 혈연

재외동포들은 민족구성원으로서 같은 혈통과 공통의 동족의식을 지녔다고 생각해 왔다. 조선족은 중국 사회의 주류민족인 한족과 비교하여도 주눅이 들지 않고 나름대로 민족성에 자긍심을 보여 왔다. 과거 60, 70년대까지만 해도 조선족 마을에서는 혈연을 바탕으로 한 공동체를 유지하며 배우자를 다른 민족구성원으로 하는 혼인이 쉽지 않았다. 단일민족이라는 순혈주의적 관념과 뿌리 깊은 혼혈에 대한 거부감으로 인해서 당사자들이 결혼을 주장해도 부모나 영향력 있는 마을연장자들이 반대할 경우 타민족 출신의 예비신랑이나 신부들이 혼인을 허락받기 힘들었다. 그러나 현재 급속한 인구 격감과 낮은 출생률로 조선족 후속세대는 한족과의 민족통혼의 비율이 상당히 늘고 있음을 확인할 수 있다. 오늘날에도 가능하면 생활관습과 문화적 전통을 이유로 조선족 며느리 혹은 사위를 맞이하려는 성향이 유지되고 있으나, 타민족과의 통혼이 자연스럽게 늘어나고 있는 추세다.

현재 중국 조선족의 종족정체성은 큰 변화를 겪고 있다. 소수민족 우대정책의 약화와 함께 상대적으로 한족 중심주의로 빠져들고 있는 것이 현실이며,[16] 개혁 개방 이후 도시화와 산업화로 인하여 조선족 총인

16 임재해(2012), 다문화사회의 재인식과 민속문화의 다문화주의 기능, 『비교민속학』 제47집, p. 157.

구의 60%가 자치구지역을 벗어나 있고, 70% 이상이 도시지역으로 유출되었음을 알 수 있다.[17] '이촌향도' 현상이 확산되면서 농업을 중심으로 형성되어 있던 조선족 촌락공동체가 점차 해체되어가는 위기를 맞고 있다. 한인들은 현지에서 타자적 소수자집단으로 독립적인 정체성을 위협받고 있고 주류민족으로의 동화가 가속화되고 있다. 전통적으로 족내혼을 통해 유지 존속하던 한인사회에서는 순혈의 동족만을 진정한 민족성원으로 간주하고 혈통의 순수성만을 고수하기 힘든 변화된 상황을 맞이하고 있는 것이다. 생활환경의 변화로 조선족 후속세대는 한족과의 민족통혼의 비율이 상당히 늘고 있음을 확인할 수 있는데, 최근 조사에 따르면 동북3성 연변조선족자치주에서 조선족의 비율은 점점 낮아지고 있는 추세이다. 인구비율에서 절대다수이던 조선족은 1953년 68%에서 2007년 37%로 31%가 줄어든 통계수치를 보이고 있다.[18] 이에 따라서 조선족자치주의 존속이 어렵고 점진적으로 한족마을로 동화될 수 있다는 전망이 나오고 있다.

1990년대 국가 간 노동인구의 이동현상이 증가하면서 조선족은 한국으로의 진출이 본격적으로 이루어졌다. 그러나 한국을 보다 가깝게 느꼈던 이들 동포들의 종족정체성은 국내 이주 후 심각한 위기를 겪게 된다.

이주동포들은 같은 민족일원으로서 다른 외모나 피부색을 지닌 외국인과 다르게 한국 사회 안에서 동등한 사회적 지위를 기대했었으나, 자신들이 민족의 범주를 벗어난 외국인노동자로 획일적으로 분류되는 차

17 박광성(2011), 세계화 시대 조선족을 이해할 수 있는 핵심적 키워드, 『미드리』 제6호, p. 74.

18 권향숙(2012), 조선족의 일본 이주와 에스닉 커뮤니티; 초국가화와 주변의 심화 사이의 실천, 『역사문화연구』 44집, p. 4.

별과 냉대를 받게 된 것이다.[19] 조선족, 이들은 한국인의 입장에서 보면 국적이 다른, 일자리를 찾아 건너 온 노동자일 뿐이다. 국내에서 이들 동포들은 고달픈 일상에서 언어폭력, 천시와 모멸감을 겪게 된다. 작업장에선 고용주와의 불편한 관계로 인해 과거 생활하였던 사회주의체제 내 평등한 인간관계를 기대하기 힘들다. 소규모 영업장 및 3D업종의 열악한 노동환경, 임금체불과 퇴직금문제, 국내 노동자들이 꺼려하고 일손이 모자라는 허드렛일에 매달려야 하는 각박한 노동현실은 이들의 타자화를 더욱 부추기게 된다. 더불어 자신들이 마치 불법 체류자나 취약 계층으로 규정되는 상황에 반감을 넘어 깊은 상실감을 경험한다.

또한 한국에서 이들에게 부가된 법적, 제도적 배제장치는 사회적 차별로 다가왔다. 조선족은 한국 사회에서 디아스포라의 다른 지역인 미주 및 일본 국적의 동포들과 비교하여 격하된 동포지위를 갖는 것이다. '조선족'이란 민족 호칭이 중국에서는 한족에 비해 우월한 종족이라는 자긍심의 표현이었으나, 국내에서는 이 단어가 부정적인 정서를 상당 부분 나타내고 있다. 한국을 접하고 한국인과의 관계 속에서 마주한 편견과 부정적 시각은 이들의 마음에 큰 상처로 다가오고 현지에서 지켜왔던 민족적 자부심과 조국의식에 대한 의미는 사라진다.

귀환동포들은 차별과 갈등을 겪으며 한국인과 동족이 아님을 깨닫는 것으로 정리한다. 이는 자민족에 대한 환멸적인 감정과 함께 환상이 깨짐으로써 종족성이 새로 만들어지는 것을 뜻한다. 개인적 체험들이 쌓이면서 자신들의 뿌리라고 믿었던 한국을 더 이상 조국이라는 낭만적인 관점에서 바라보지 않게 되었다. 한국인의 심한 배타성이 자신을

19 유명기(2002), 민족과 국민 사이에서: 한국 체류 조선족들의 정체성 인식에 관하여, 『한국문화인류학』 35-1, p. 83.

객관화시키게 하고 새로운 관점으로 자신이 처한 현실을 재인식하게 된다. 국내에서 느낀 귀환동포의 위상에 대한 인식이 자기정체성의 갈등 이후 한국인과 구별된 이들만의 종족정체성을 정립하도록 이끄는 것이다.[20]

한국인은 조선족과 일상생활에서 직접적인 접촉을 하는 경험은 매우 드물다. 주로 텔레비전, 라디오의 방송 보도, 신문, 잡지의 기사 혹은 인터넷이나 온라인 매체를 통하여 전해주는 속성들이 종합되어서 불법체류, 범죄, 조폭, 위장결혼 등 국내 조선족의 비뚤어진 이미지 형성에 큰 영향을 미쳤다. 미디어 매체들은 오원춘과 박춘봉의 잔혹한 토막살인 사건을 자극적으로 다루면서 그 초점에 조선족이 극단적 흉악한 범죄에 연루되었다는 점을 부각시켰다. '범죄자는 중국 동포'라는 짤막한 타이틀이 반복적으로 TV에 보도되면서, 사회에서 선량한 다수의 조선족에 대해 추악한 혐오감을 확산시키는 역할을 했다. 이처럼 개인차를 무시한 채 전체 조선족구성원을 동일화하고 부정적인 선입견을 일괄적으로 형성하는 데 일조했다. 영화 '황해', '공모자들', '신세계'는 조선족이 청부 살해와 장기매매 등에 관련되어 있다는 조직폭력배의 이미지를 확대 재생산하기도 했다. KBS개그콘서트의 한 코너 '황해'는 조선족이 국내로 보이스피싱을 하는 범죄를 풍자해서 웃음을 줬다. 조선족을 신종 스미싱 사기단의 주체로 상정하여 일반 시청자에게 사기꾼의 이미지를 매주 반복적으로 전달하기도 했다. 그러나 통계수치에 따르면 외국인들의 범죄가 특별히 심각해 보이지 않는다. 살인, 강도, 강간, 방화 등 강력범죄의 경우 2011년 총 25,346건 중 외국인이 저지른 범죄

20 이현정(2011), 조선족의 종족 정체성 형성 과정에 관한 연구, 『비교문화연구』7집 2호, pp. 92-93.

건수는 585건으로 2.3%에 해당한다.[21] 그리고 형사정책연구원의 연구에 따르면 2011년 기준으로 조선족을 포함한 중국인의 범죄율은 2.92%로 8위를 기록했다. 이에 비해 미국, 캐나다 등 우리가 선진국이라고 생각하는 나라에서 온 외국인의 범죄율이 각각 2위와 3위를 차지한 것으로 조사되었다.[22]

일부 매스컴이 반사회적 행동에 대해 취하는 선정적인 보도양상은 범죄자의 국적만을 강조하여 전체 조선족을 매도하는 분위기를 만들었다. 영화와 TV프로그램은 이들의 부정적인 이미지를 고정화시켜 한국사회 내 나쁜 평판을 확산했다. 주변 한국인들은 자신들의 안전을 위협당할 수 있다고 여기게 되고 외부로부터의 조선족 유입을 기피하거나 함께 거주하던 지역으로부터 벗어나려는 경향을 보이기도 했다. 이들에 대한 편견은 지역 사회구성원들과 연대감을 찾지 못하고 자신들의 밀집주거지에 집중하도록 더욱 부추겼으며, 한국 사회로의 진입을 하지 못한 채 주변적인 위치에만 머무르는 악순환을 만들어 왔다고 볼 수 있다. 이주동포에 대한 선입견과 몰이해에 근거한 배타적인 자세는 한 사회 내 분열을 고착화시키는 결과만을 가져오는 것이다.

조선족의 구술로 본 민족통혼에 관하여

중국에서 조선족은 주류민족인 한족과의 통혼비율이 점차로 늘고 있다. 본 장에서는 조선족이 같은 한국 사람과 결혼하는 것에 대해 어떤

---

21 신동준(2012), 다문화사회 범죄문제의 사회적 맥락: 외국인 노동자에 대한 차별을 중심으로, 『형사정책연구』 제23권 4호, pp. 184-185.

22 이명자(2014), 동시대 한국범죄영화에 재현된 연변/조선족의 로컬리티, 『영상예술연구』, 제24호, p. 23.

태도를 취하는지를 살펴봄으로써, 민족성원으로서 이들이 지닌 혈연에 대한 정체성을 측정하고자 한다. 이를 통해 같은 혈통에 대한 귀속감에 대한 변화상 및 한국인과 구별된 조선족만의 종족정체성은 어떠한 것인지 확인하고자 하였다.

"부모님은 웬만하면 조선족끼리 결혼하라고 하는데, 한족과 결혼해도 상관없어요. 저희세대는 결혼 시 사람을 보죠, 민족을 보지 않아요. (배우자가) 잘나가고 잘 벌면 한족이라도 상관없어요."

- 김ㅇ흠

"저희 부모님은 한족과의 결혼을 받아들이는 편입니다. 지금의 여자친구도 한족이에요. 나이 드신 분들은 아직도 반대를 하시는 분들이 계세요. 제 친구도 그런데 걔가 장손이거든요. 반대하는 것 때문에 여자친구랑 헤어졌어요. 그런 친구들도 있어요. '무조건 안 된다!' 그런 경우도 있지요. 요즘 크게 괜찮아졌어요. 아직까지는 꺼려하는 분들도 있어요."

- 장ㅇ진

"저희 부모님은 (한족과의 결혼을) 반대해요. 사실 많이 해요. 한국에 와서 한족 여자친구를 사귀었는데, 부모님이 반대를 했어요. 그런데 제가 마음을 먹고 결혼을 하겠다고 하면 자식을 이기는 부모님이 어디 있겠어요? 딱히 (반대하는) 이유를 대보라면 모르겠는데 민족 차이가 있는 것도 있고 저희 부모님은 이제 집에서 밥하고 집안일을 위주로 하는 여자를 원하는데 중국의 여자들은 집에서 밥을 잘 안하잖아요? 요즘도 남자가 집에서 밥을 많이 하는 것 같아요."

- 이ㅇ철

“10년 전 저희 누나가 한족과 결혼 했는데, 그때는 반대가 심했어요. 당시엔 저희 부모님은 선입견이 있어서 조선족을 지켜야 한다고 생각했어요. (...) 저의 여자 친구도 한족이거든요. 그것을 집에 얘기하니깐 이전같이 그런 건 없었어요. 조선족들은 애매한 것 같아요. 중국에서 조선족은 한국 사람이라고 생각하고, 한국에서는 조선족은 중국 사람이라고 생각하고. 역할이 애매한 것 같아요. 부모님은 아예 제가 중국에서 생활할 거면, 한족이랑 결혼해서 아예 2세들은 명확히 한족이 되고, 한국에선 한국인이랑 할 수 있으니깐, 누나 때보다는 심한 반대를 안 하고 있어요. 또 누나도 지금 잘 살고 있고요.”

- 허○봉

“우리가 결혼할 때에는 타민족과 결혼하게 되면 생활습성, 음식습관 이런 것이 다 다르니깐, 윗대 부모들과 아래 자신들이 맞지 않으니깐 충돌이 생기고 모순이 일어나니깐 부모들이 반대를 하는 것이지요. 자식들 결혼할 때 그렇게 주장을 하지 않았는데, 상황에 따라서 하는 건데 우리는 조선족과 결혼했어요.

내 주위에 사람들, 어떤 가족에선 한족 며느리, 한족 사위를 데리고 가는데 부모들 엄청 반대를 세게 하지요. (혼인을) 주장하면 시키기는 하지요. 그런데 결혼 후에도 부모들이 뒤 공론하는 것을 보면 ‘며느리 어떻다’, ‘사위 어떻다’ 자주 좋지 않게 생각하거든요. 그런 게 있지요. 중국분이 싫어서 그런 건 아닌데, 식습관이나 생활습관이 많이 다르고 하니깐 어려서부터 자란 환경이 다르잖아요.”

- 동○성

“부모님은 신부를 조선족과 하라고 많이 하시지요. 저는 크게 상관하지 않고요. 저의 친구나 친척 형님들 같은 경우는 한족들이랑 결혼이 굉장히 많습니다. 여러 친구들도 많아요. 큰 문제는 없는 것 같아요. 문화가 다른 부분에 그런 것 있는 것 같아요. 힘든 부분이 있지요. 사실 부모님들이 만나잖아요. 이게 실제 제일 큰 고민일거예요. 둘이 사는 데는 아무 문제가 없거든요. 옛날에는 굉장히 엄격했대요. 지금과 같은 경우는 사실 따로 나가서 사니깐 한 가족으로 살지 않잖아요. 많이 괜찮아졌고요. 그런데 부모님끼리 서로 소통이 안 되는 경우 그럴 때 문제가 많지요. 그리고 문화가 차이가 나니깐. 명절이나 예절 그런 부분을 잘 모르니깐 처음에는 조금 생활하는 데 거리낌이 있겠지요. 그런데 요즘 결혼이 많아요. 그리고 잘살고 있고요. 중국 전체 사회가 변하니깐 개인주의로 많이 가는 것 같아요."

- 량○호

조선족의 구술로 본 타자화된 심상에 대하여

한국인과 조선족에게 일상생활의 직접적인 접촉 경험은 매우 일천하다. 따라서 텔레비전, 라디오의 방송 보도, 신문, 잡지의 기사 혹은 인터넷이나 온라인 매체 등이 국내 조선족의 사회이미지 형성에 큰 영향을 미쳐왔다. 경우에 따라서 이들에 대한 부족한 정보나 왜곡된 인식은 현재 조선족을 이해하는 데 부정적 이미지를 형성시키는 데 일정한 역할을 했다고 볼 수 있다. 이 장에서는 일상의 사례를 중심으로 조선족에 대한 전반적인 이미지가 어떻게 연결되어 있고, 감정적인 편견으로 나타나는지 살펴보았다.

"(조선족을) 이미지로 일단 받아들이고, 지금도 (한국인) 그분들이 중국이 경제적으로 낙후하다고 알고 있는 것 같아요. 지금도 그래요. 중국에서 많이 고생했고, 못 먹어서 많이 드시라고 좋은 쪽으로 말하는데 가끔 저희들은 나쁘게 들리고 상처를 많이 받아요. (...) 언론이 바뀌어야 해요. 언론은 공격적인 것이 많고 뉴스 같은 데 보면 나쁜 것만 보도하고 그런 것만 보니깐 사람들이 서로서로 대적하는 그런 분위기가 많아요. 중국에 엄청 좋은 것도 많고 하는데, 보도할 때는 무조건 나쁜 것만 보도하니깐."

– 동○용

"6~7년 전만 하더라도 인신공격을 많이 하더라고요. '너 이거 먹어봤냐?', '중국에는 포도, 사과 있냐?' 이런 것 때문에 친구들이 화가 많이 나지요. 지금은 많이 바뀐 것 같긴 한데.

(중국) 친구들 중에 외국 유학파가 많거든요. 미국, 일본, 유럽이나 그 친구들이 중국에 들어오면 친미파가 되거나 일본에 갔다 오면 친일파가 되죠. 미국이 좋더라, 일본이 좋더라, 유럽에 갔다 오면 유럽이 좋다고 해요. 그런데 한국에서 유학 갔다가 오는 사람들은 한국이 좋다고 얘기를 하지 않거든요. 한국 편을 들지 않는 거예요. '왜 그렇지' 하고 궁금했는데 나와서 한국에 살다보니깐. '그럴 수 있겠구나'라는 생각이 들어요. 아마 한민족이라 그런 부분도 있겠고요. 다른 나라에서는 많이 존중해주거든요. 이 친구가 중국에서 왔던지, 인도에서 오더라도 굉장히 존중해 주는데, 저 같은 주변의 많은 친구가 와서 굉장히 그런 부분에 상처를 얻거든요. 그래서 졸업을 하면 바로 중국으로 가거든요. 한국에 대해서 이야기를 하면 좋다고 이야기 하지 않는 부분이 많습니다. 한국에서 유학을 갔다 오는 친구들은 오히려 그래요. 다른 지역은 선호하는데.

(...) 국적이 중국이고 항상 중국인으로 살아왔으니깐 사실 한국에서 한국인으로 대우를 못 받고 있지 않아요? 국적이 한국이라고 하더라도 (조선족은) 한국인으로 취급 못 받고 있잖아요! 차별이 많이 심한데. 중국에서 자랐으니깐 중국이 편한데 예민하지 않고. 민족이 많고 인구가 훨씬 많다 보니깐 살기가 편합니다. 기회도 많고 하니깐.

– 량○호

"처음 왔을 때 외국인 등록증 문제로 정규직 일자리를 얻기가 힘들었어요. 주야간 생산직만 가능했고요. 월급에서도 한국인과 차이가 났습니다. 조선족은 그래도 언어도 통하고 해서 필리핀이나 태국에서 온 제3국가 노동자보다는 낫지요. 한 달에 이틀만 쉬는 그들같이 그렇게까지 차별은 받지 않았습니다.

10년, 20년 전 오신 분들은 좀 무식하다고 들었던 것 같아요. 그런데 요즘 (조선족) 아이들은 교육도 받고 한국도 나와 보고 큰 도시에도 다녀보고 해서 그런 말은 안 듣거든요. 보면 50대 이후가 많이 선입견으로 당하는 것 같아요. 말투에서부터 티가 나거든요. '아 교포다'라고. 저희 세대 아이들은 정말 못 알아챌 것입니다. 특히 여자애들은 대화를 해봐도 모를 겁니다. 처음 만남에서 고향을 물어 볼 때 중국이라고 말하기가 부담스럽지요. 중국에서 왔다고 하면 보이는 표정이 있거든요. 그게 느낌상 그다지 반갑고 좋다는 표현이 아니라서요. 구체적으로 묻지 않으면 말하지 않아요."

– 장○진

"처음에 일자리를 구할 때, 제가 억양이 한국 말투가 아니니깐 우리가 아무리 한국말을 쓰려고 해도 딱 들어보면 물어봐요, '외국인이시죠?'라고. 그리고 '저희 외국인 안 써요'라고 짜증스럽게 얘기해요. 조선족 신분을 감추려고 해도 못 감추어요. 표가 말투에서 나니까요. 말을 하면 티가 나니깐 아예 감추려고 하지 않아요. 아예 먼저 알려줘요. '저 교포예요'라고 '이 일자리에 괜찮아요?'라고 묻죠.

다른 구청, 공사무소 갈 때는 (담당자) 태도가 엄청 좋아요. 제가 외국인이라는 느낌이 안 느끼도록 다 친절하게 해줘요. 그런데 출입국사무소는 아니에요. (담당자) 태도가 안 좋아요. 거기서 일하는 사람들이 중국 사람들이 많이 오는 것을 알아서 그런지 자세가 딱딱거리면서 말해요. 거기서 너무 심하게 느껴요. 가기 싫은 느낌이 들어요. 말이 되는 저는 따지면 (관련) 설명이라도 듣는데요. 옆의 친구는 말이 안 되니 그 사람들이 알아서 하고 옆에서 보면 당하는 것 같아요.

한국인보다 주로 조선족과 접하게 되요. 한국인과 친하려고 해도 뭐가 안 맞아요. 다툼은 없는데 문화가 틀리잖아요. 이야기를 하면 알고 웃고 그러는데 당연히 다르지요."

- 김○흠

조선족 일자리 전단
출처: 연합뉴스(2015. 2. 14)

"영화 황해나 다른 매체에서 (조선족을) 부정적으로 보는 게 문제지만, 20~30%는 현실적인 것 같아요. 조선족 부모님이 한국에 와 있어서 아이들이 옆에 없고. (부모님들이) 일하니깐 아이들 교육을 못하고 아이들한테 공부하라고 돈만 보내고 저희 세대가 가장 심각하죠. 옆에 부모님이 안계시니깐 이상하게 흐르는 경우가 있어요. 그런 친구가 많아요. 사랑을 못 받고 할머니랑 있는 애들이 있어요.

한국 사람은 그냥 조선족을 한국 사람이라고 하는데, 우리는 같은 민족이라 그러는 것보다는 아니라고 받아들이는 게 더 편한 것 같아요. 조선족을 중국 사람이냐? 아니냐? 가리지 않았으면 해요. 그냥 평등하게. 어떤 나라에서 왔던 어떤 배경을 가졌던."

- 허○봉

"어떤 교수님이 '소고기를 자주 먹느냐?'고 얘기를 하더라고요. 사실 저는 중국에서 소고기가 질려서 안 먹거든요. 혹시 '중국에는 머릿방이 밖에 앉아서 자른다며?' 그렇게 또 얘기를 하더라고요. '미용실 같은 게 있냐?'고 진짜 어의가 없었어요. 할 말을 잃었어요.

예전에 안 좋은 일이 생겼잖아요. 오원춘 살인사건 이런거요. 그 한 사람 때문에 조선족이 다 욕을 먹는다는 것은 말이 안 돼요. 다 나쁘다고 평가하는 것은 안 되잖아요. 보이스 피싱 때문에 모든 조선족은 다 그렇다고 하는 것이 진짜 싫었어요.

조선족은 무섭다. 영화 황해에서도 엄청 무섭게 과장돼서 찍은 것 같고 그런 면에서 마음이 아팠어요. 그런 점을 고쳐주고는 싶은데 제가 어떻게 혼자의 힘으로 매체가 그렇게 많은데. 조선족 일부의 사람들만 보고 모든 조선족들을 다 그렇게 평가하거나 조선족 사람들한테 편견을 가지지 않았으면 좋겠어요. (범죄와 관련하여) 그런 사람들이 딱히 조선족만 많은 것도 아니고 또 한국인들도 있을 수 있고, 한족도 있을 수 있고 유럽 쪽일 수도 있고 한데, 그런 것 때문에 조선족에 대해서 너무 배타적이거나 그러지 않았으면 해요."

- 이ㅇ철

"(대학교) 영어수업 시간에 조 편성할 때 한국 친구들 무리가 있었어요. 나도 잘해 보려고 같은 조 해달라고 했는데 한 친구가 딱 잘라서 우리는 한국인 무리이고 너는 중국인 무리니깐 저쪽 조에 가서 해라. 그러는 거예요. 완전 기분이 나빴죠.

한국인끼리는 열려 있는데 한국인과 조선족 사이에는 뭔가 장벽이 있는 것 같아요. 여기서 일하고 있는 조선족 분들은 항상 무시를 당했고 항상 사회 아래층에서 살았으니깐 마음이 불편하죠. 아무리 동포라고 해도 너그럽게 받아들일 수 없는 입장인거 같아요. 돈이 있어야 남들을 도와주는데 살기도 바쁜데. 동포들한테 여유가 없는 것 같아요. 식당에서 밥을 먹는 데, 뒤에서 '장깨'라고 하는 거예요. 조선족하면 하층직업 갖고 일해서 깔보는데, 조선족이 다 그런 것도 아닌데, 조선족이면 같은 민족인데도 불구하고 '장깨'라고 하는데 너무 기분이 나빴어요."

- 최○의

〈표〉 조선족 특성

<table>
<tr><th>이주 및 생활배경</th><th colspan="2">조선족의 주요 내용</th><th>특징</th></tr>
<tr><td rowspan="4">• 19세기 중엽 조선백성의 월경과 개간 정착시작

• 일제치하의 경제수탈로 농촌피폐화 및 연변으로 이주정착

• 일제 인력 송출 및 만주침략에 따른 이주 확산

• 한국전 이후 이념 및 국가 간 대립으로 교류 단절</td><td>취락지</td><td>• 중국동북지역 길림성, 헤이룽성, 요령성의 조선족 자치주
- 이주 후 기억 속의 한반도 고향마을을 재현한 정착촌 건설
- 현대화에 따른 자치주의 쇠퇴 및 조선족 공동체 해체
• 국내이주 후 조선족 커뮤니티의 형성 및 낯선 이방인의 영역 분리</td><td rowspan="4">• 중국 자치주에 민속마을을 짓고 전통유산의 전승 및 민족성원으로 자부심 유지

• 교류가 단절된 채 환경변화에 따른 조선족 민속문화의 형성 및 문화이질화

• 국내 이주 후 일상생활의 차별로 주변부에 그들만의 조선족 커뮤니티 형성과 소외</td></tr>
<tr><td>언어</td><td>• 소수민족정책에 의한 조선족 자치권 부여로 민족 언어 유지
- 조선족 민족자긍심에 따른 민족학교 운영 및 조선말 전승
- 이국적 환경에 따른 중국어의 영향 및 연변식 말투의 변용
• 국가 간 장벽 및 교류단절에 따른 언어 이질화로 소통 및 정서적 교류의 어려움</td></tr>
<tr><td>풍속</td><td>• 타국임에도 자치주 지역공동체를 중심으로 조선의 전통민속 계승
- 설날, 대보름, 청명, 단오, 추석, 동지 등 세시의례
- 산업화와 자치주 해체에 따른 집단적 일체감 와해 및 문화변용
• 조선족 특유의 혼합된 문화양식 및 이중적 복합양식 표현</td></tr>
<tr><td>혈연</td><td>• 혈연을 바탕으로 한 민족공동체를 유지 및 혼혈에 대한 거부감
- 70년대까지 조선족내혼 및 다른 민족구성원과 의 혼인 미미
- 이촌향도 및 촌락공동체 해체로 민족통혼 비율이 상당히 증가
• 같은 민족일원임에도 국내 조선족의 타자화 및 천시, 부정적 시각</td></tr>
</table>

2. 고려인

1) 고향상실과 소외

구소련의 고려인은 우즈베키스탄 23만 명, 카자흐스탄 10만 3천 명, 러시아 18만 5천 명 그 외 사할린, 키르기즈스탄, 타지키스탄, 투르크메니스탄 등 전체 53만 명에 이른다. 90년대 소련 붕괴 이후에 중앙아시아 국가들이 독립하면서 자민족주의 중심의 정책과 타민족에 대한 배타적인 정책을 펼치면서 고려인들은 새로운 정착지를 선택해야 했다. 또한 현지의 악화된 경제 상황과 일자리부족으로 과거 살았던 연해주 지역으로 옮기거나 혹은 국내로 돌아오게 되었다.

중앙아시아에서 연해주로 이주한 고려인 수는 4만 명에 이르고 그 중 2만 명이 우수리스크 일대에 모여 살고 있다. 국내로 옮겨 온 고려인은 전국 각 지역에 산재하여 있으나 안산시(단원구)에 최대 밀집 거주지역을 형성하고 있으며 서울 동대문 시장과 광희동 주변, 경기도 시흥시, 광주 광산구 하남공단 주변지역, 경남 김해시 서상동 등에 총 3만 명이 거주하고 있다. 재외 한인 중 조선족 3, 4세는 한국 이주와 관련하여 국적 회복 취득에 관심을 보이지 않고 중국과 한국의 자유왕래를 선호하는 반면에, 고려인들은 한국국적 취득하기를 원하고 국내에 영주거주를 원하고 있다.

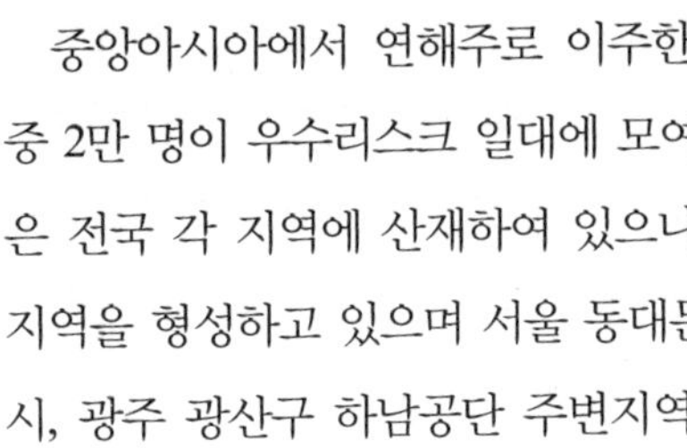
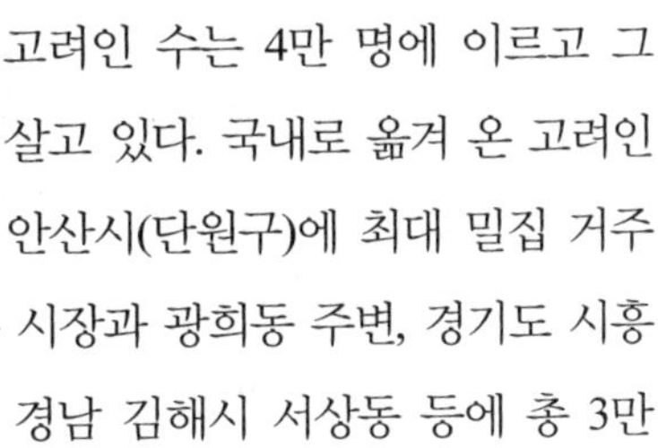

서울 광희동 일대 중앙아시아 (다문화)거리

고려인들은 오래전부터 한반도와 언어나 문화적으로 단절된 채, 한국어를 잊고 중앙아시아 지역문화와 섞여서 새로운 문화를 만들어왔다. 그동안의 세월은 모든 것을 변화시켰다. 오래 살던 거주지를 떠나 국내로 귀환한 고려인들은 설사 고향을 찾아 일가친척의 후손들을 만나더라도 자신들을 이방인처럼 낯설게 대했다. 이들은 한국 사회에서 한민족으로서 대우를 받기보다는 차가운 편견과 차별에 직면해야 했다. 많은 고려인들이 국내생활에서 같은 민족으로서의 귀속대상이 되지 못하고 한국인과 다른 종족정체성을 확인하게 된다. 오늘날에도 이들은 소외감 속에서 주변의 외국인집주지역에서 힘들게 살아가고 있다.

> "어차피 중앙아시아에서도 소수민족이고, 러시아로 돌아가도 이방인일 바에야 선조의 땅에서 터를 잡자는 게 국내 귀환 고려인의 생각이었죠. 그러나 언어라는 장벽이 너무나 높아요. 말이 안 통하니 일용직 일자리밖에 구하지 못하거든요. 한민족의 후손이지만 정작 고국에선 외국인 근로자로 분류된다는 게 아이러니죠."
>
> – 김영숙(50) 너머 사무국장[23]

사람이 태어나서 자란 장소와 풍경은 이후의 인생에 크게 반영된다. 주변에 살던 사람들, 같이 놀던 친구들도 기억 속에 깊이 자리 잡고 있다. 고향마을과 장소에 애착을 갖게 되고 그 장소와 깊은 유대감을 가진다. 고향은 세계의 중심이 되며 이 중심을 통해 자아가 형성된다.

1937년 낯선 외지로 끌려가 강제이주를 하게 된 고려인들은 반세기 동안 한반도와 단절된 상황을 보내야 했다. 그들에게 고향은 고된 타향

---

23 연합뉴스(2016.02.11.), "(또 하나의 이웃)①모국 속의 이방인, 안산 고려인" (http://www.korean.net/Page.do?mid=MKNTMD0020:1194224:79)

살이에서 다시 돌아갈 수 있는 희망의 공간이었으나, 강제이주로 인해 고향의 정체성은 분열되었다. 조상들이 살아온 방식을 유지해오던 구세대와 달리 고려인 3, 4세대들은 한반도, 고려말, 옛 풍속과 생활양식에 대한 기억을 갖고 있지 못하다. 선조들이 가졌던 고향에 대한 향수나 상실의 아픔을 느낄 수 없고 정서적 유대감마저 실종되었다. 의식도 변화하여 탈민족적인 요소가 혼재된 전통을 보인다.

이질적이며 상이한 문화 환경에 살면서 한반도와 관련된 고향의식이 사라졌다. 배속되었던 중앙아시아 집단농장 콜호즈(Kolkhoz)내 생활체험이 고려인에게는 고향의식으로 형성되었다.[24] 오랜 시간 중앙아시아에 거주함으로써 지역주민의 토착문화에 많은 부분이 동화되었고 사회적으로나 문화적으로 이 지역에 더 가깝게 느끼는 복합적인 정체성을 갖추게 되었다.

콜호즈(Kolkhoz)에서의 고려인

출처: "고려인 이주 150년, 시온고 아리랑" (KBS 명절특집다큐, 2014.09.06.)

24 오스타노바 폴리나(2011), 『중앙아시아 고려인 문학의 고향의식 고찰』, 경희대 석사학위논문, p. 68.

그러나 고려인 후손들은 1990년대 구소련연방의 해체로 새로이 재편되는 사회 변화 속에서 다시 정체성의 위기를 겪게 된다. 소비에트체제 붕괴 이후 자치공화국들의 정치적인 상황과 맞물리면서 배타적 '민족주의'가 고조되었고 주류민족에 속하지 않는 사람들은 배제되었다. 고려인은 이주지인 우즈베키스탄, 키르키즈스탄, 타지키스탄 등에서 원주민들과 오랫동안 함께 살아왔음에도 불구하고 지역사회의 직장과 학교에서 낯선 타자가 되어서 차별과 설움을 겪게 되었다. '민족'이라는 요소와 회교원리주의가 전면에 등장함에 따라서 다민족구성원 간 연대성도 허물어졌고 고려인은 다시 이방인으로 내몰린 것이다. 민족분규와 갈등으로 인한 불안정한 정세와 힘든 생활여건으로부터 벗어나고자 고려인은 이주를 선택해야 했다.

각 지역에 흩어져서 살던 고려인은 유동하는 존재로 살아가야 할 디아스포라적 운명처럼 다시 연해주나 한국으로 시선을 향하였고 많은 이들이 옛 고향으로 재이주를 실행하였다. 이들은 한반도에 대해 직접적인 기억을 가지고 있지는 않지만 그곳에 특별히 애착을 갖는 이유는 분명 있었다. 웃어른들은 조국의 고향을 잊지 말고 자식들에게 고향을 전해야 한다는 책임감 같은 의식을 지니고 있었다. 따라서 이들은 어릴 때부터 자연스럽게 떠나온 고향에 관해 듣고 자라왔기에 조선을 잊지 않았고 다른 나라들보다도 선조의 뿌리인 한국에 특별한 애정을 지니고 있었다. 한국과 소련의 수교 이후 고려인은 낯선 타지보다는 동포로서 지닌 '귀소본능'에 따라 한국으로의 진출을 결심하게 된 것이다.[25]

현재 경기도 안산시 땟골 마을과 광주 광산구 월곡동, 산정동 주변

---

25 이채문, 박규택(2003), 중앙아시아 고려인의 러시아 극동지역 귀환이주, 『한국지역지리학회지』 제9권 4호, p. 566.

및 수도권 일대에 3만여 명의 고려인 동포들이 거주하고 있다. 그러나 이들은 한국에 오는 다양한 이주노동자들과 다름없이 한국 사회에 흡수되지 못하고 경계영역에 머물고 있다. 조부모나 부모가 그리워하던 고향땅인 한국에 왔지만, 고려인은 한국 사회 물정에 어두워 모든 것이 낯설게 다가온다. 한국어도 익숙지 않고 원활한 의사소통이 어려워서 한국사람으로 대우받지 못한다. 이들 대부분은 국내로 처음 입국한 외국인노동자처럼 한국말로부터 시작하여 오늘날의 우리 문화를 익혀야 하는 처지이다. 고려인은 중앙아시아에서 태어나고 자랐기에 한국생활에 잘 적응하지 못하고, 이방인처럼 한국 사회로의 진입과 내적 동화는 쉽지 않았다. 오히려 심리적 안정감을 찾지 못하고 한국이 타향화된 생활공간으로 느껴진다.

고려인은 같은 민족이라는 점에서 국내에 들어와 동포애의 환대를 기대했지만, 환경과 사람들이 낯선 이국적 노동자로서 한국을 만나게 된다. 이들은 한국에 유입된 최하층의 노동인력으로서 취급되며 법적, 행정적 제약을 받고 사회차별과 멸시로 인한 비애감을 겪는다. 한국인과 비교하여 얼굴과 신체적 모습이 유사하다는 점일 뿐 다른 외국인노동자들과 다르게 대우받는 것이 없음을 깨닫는다.

> "고려인 동포들은 한국어가 서툰 탓에 일용직에 종사하는 사람이 많은데, 요즘 같은 한겨울에는 이마저도 일자리가 없어 극심한 생활고에 시달린다. 심지어 노숙 생활을 전전하다 병원에 실려가거나 골방에서 고독사하는 일도 있다."
>
> –너머 관계자[26]

26 연합뉴스(2016.01.08.), "쓸쓸한 죽음 … 고려인 동포 십시일반 장례식" (http://www.korean.net/Page.do?mid=MKNTMD0020:1167589:1289)

고려인은 먼 타향에서 소수민족으로 살아가야하면서도 자기 나름의 정체성을 유지하면서 일정한 자부심을 갖고 있었다. 러시아문화권에 있으면서 민족적 전통과 문화적 습성들을 잊지 않고자 하였고, 비록 말은 잘 안 통해도 자기 기원의 땅이라 할 수 있는 곳에 돌아와서 안정된 정주의 삶을 기대했었다. 그러나 그들에게 이곳은 부모님들의 이야기 속에서 존재하던 고향이 아닌 것이다. 이들은 모국의 노동시장과 생활공간에서 차별과 설움을 경험하고 상대적 박탈감을 보다 크게 느낀다. 고려인은 낯설기만 한 공간을 접하고, 닫힌 이주민 커뮤니티 안에 '우리 속 타자'로서 살아가고 있다.

2) 언어

고려인의 경우 러시아나 거주국의 정책에 의한 영향으로 우리말의 명맥을 온전히 잇지 못하고 있다. 이들은 러시아어를 주요 언어로 쓰면서, 이주 첫 세대의 고려말을 제대로 전승하지 못하였다. 설사 후속세대가 고려말을 쓰더라도 함경북도 방언을 토대로 러시아 외래어가 많이 차용된 형태를 띠기 때문에, 동포들 간의 대화에 한정되며 한국어와 많은 차이를 노정하고 있다. 따라서 고려인들이 국내 이주 후 언어소통 문제로 한국 사회에 흡수되지 못하고 있는 실정이다. 이러한 상황은 고려인의 오랜 험난한 역사에서 기인한다고 볼 수 있다.

19세기후반 연해주 고려인학교

연해주 고려인 학생들

출처: 고려인 이주 150년 – 3부 카레이스키(KBS 다큐)

과거 고려인들은 한 세기 전 러시아 접경지역인 연해주로 이주를 한 후 낯선 땅에 터를 잡았다. 삶의 고단함과 경제적 어려움 속에서도 자녀들을 위해 학교를 세우고 우리말을 가르치고자 하였다. 러시아 사료에 따르면[27] 한인들의 집거지역에 러시아어 학교보다도 조선어학교들의 수가 더 많았고, 1917년 한글교육에 대한 한인들의 노력으로 국내에서 일제에 의해 금지되었던 한글교육이 오히려 러시아어 극동지역에서 유지될 수 있었음을 전한다. 그리고 1934년 약 280개의 한인학교가 설립되었다는 기록은 비록 이국땅에 거주하였지만, 고려인은 낯선 환경에서도 민족의식을 지키고자 학교를 세우고 우리말과 글을 가르치면서 민족교육을 실시했음을 전한다. 1906-1910년 아무르주 총독이었던 운테르베르게르가 한인이주민들의 러시아화 과정이 느리다고 비판한 사료에서도 한인의 민족교육열을 확인할 수 있다.[28] 고려인의 우리말에

27 김혜진(2010), 러시아 사료로 본 한인 이주민들의 생활 : 19세기 후반~20세기 초 자료를 중심으로, 『한민족연구』, 제9호, p. 179-181.

28 같은 논문, p. 172.

대한 사랑은 다른 민족과 구별되는 민족정체성의 근거였다. 1926년 기록에 따르면 러시아지역 한인 98.9%가 우리말을 쓰고 있었다.[29]

연해주로 이주했던 고려인은 지리상 인접한 함경도 주민들이 다수이기에, 주변지역 동북방언을 모태로 한 우리말을 사용하여왔다. 오늘날 중앙아시아에서 쓰이는 고려말은 바로 이 지역어를 근간으로 형성된 것이다. 함경북도 북부지역어인 육진방언과 길주·명천 방언에 바탕을 두고 러시아어의 영향을 받아서 오늘날 독자적인 형태로 발전하였다. 고려말은 지리적으로 먼 한반도와 교류가 단절된 상태에서 한국어 북방계열의 옛 중세모습을 많이 간직하고 있어 고어의 잔존상태를 확인할 수 있는 방언 자료로서 높은 가치를 지니기도 한다.

1937년 강제이주가 시행되어 중앙아시아로 쫓겨 간 고려인은 구소련의 소비에트 동화정책에 따라 우리말을 버리고 러시아어를 배워야 했다.[30] 1938년 일국사회주의 체제를 공고히 하고자 민족어 금지정책을 실시하였고 학교에서 고려인의 모국어 학습을 금지시켰다.[31] 이에 따라 고려말은 주류사회에서 밀려난 채 일상언어로서 활용되지 못하고 사회적 기능을 상실해야 했다. 그 과정에서 고려인은 스스로를 지키기 위해서라

29 김태균에 의하면 고려말의 바탕이 되는 함북방언을 세가지 방언권으로 나누고 있다. ① 육진방언권: 부령, 경흥, 경원, 온성, 종성, 회령/ ② 사읍방언권: 명천, 길주, 경성, 학성/ ③ 무산방언권; (재인용)참조, 이 나탈리아(2009), 『카자흐스탄 고려말과 러시아어와의 상호간섭에 대한 연구: 타라즈주 메르케지역에서 나타나는 언어변이의 세대별, 사회적 변화 추이에 대하여』, 연세대 석사학위논문, p. 10.

30 윤병석(2005), 소비에트 건설기의 고려인 수난과 강제이주, 『중앙사론』, 제21집, p. 590.; 1938년 스탈린은 특명으로 한국어를 소련 내 소수민족의 언어에서 제외시켜 버렸다. 한국어 교사를 양성하는 사범학교를 위시하여 모든 고려인 학교가 러시아학교로 전환되고 한국어를 수업하던 교원은 다른 과목을 수업하거나 다른 직장을 가져야 했다.

31 400여 개의 한인학교 폐교, 민족간부 양성 대학의 폐교, 도서관 및 문화단체 폐지, 신문 및 잡지 폐지 등이 이루어졌다; 최영표(2002), 러시아 연해주 고려인 민족교육의 실태와 지원방향, 『교포정책자료』, 통권 제109호, p. 144.

도 당의 공식적인 노선을 적극적으로 추종한 측면도 없지 않다. 새로운 교육정책을 따라 자녀들이 '소비에트 인민'으로 사회적 성공을 바라는 고려인 부모들의 바람은 러시아어를 적극적으로 받아들이고 고려말의 지위를 약화시키는 한 요인으로 작용했다고 볼 수 있다. 따라서 수십 년 넘게 지켜오던 고려말을 전승하는 기회가 희생되면서 한민족의 정체성 문제에도 영향을 미쳤다. 고려말을 사용할 수 있는 1세대 고려인과 거의 사용할 줄 모르는 2세대 이후 고려인의 세대 간 단절을 가져왔다.[32]

> "고려인 1세대들은 러시아어를 모르면 살아갈 수 없으니 자식들에게 러시아어를 배우도록 강요했다. 그 때문에 모국어를 잃어버렸다. 하지만 우리는 조국의 풍습과 문화 등 많은 것들은 기억하고 지키고 있다."
>
> **김로만(당시 53), 고려인협회장. 고려인 3세.[33]**

> "소비에트 시대에는 러시아어로 쓰고 말하고 생각하도록 철저하게 교육받았다. 70여 년이 지나서 다시 한국어를 쓰는 것이 얼마나 힘들겠는가. 그래도 어렸을 때 집에서 썼던 고려말을 기억하고 있어서 남들이 말하는 것은 어느 정도 알아듣는 편이다."
>
> **박 빅토르(56) 우즈베키스탄 고려인문화협회 회장[34]**

모든 세대는 한민족에 대한 의식이 강하여 고려말이 나의 모국어라

---

32 박명진(2005), 중앙아시아 고려인 문학에 나타난 민족 정체성: 희곡텍스트를 중심으로, 영남대, 『인문연구』, 제48호, p. 498.

33 중앙일보(2008.12.22.), 고려인협회장 김로만 "카자흐스탄이 고향이지만 우리 피는 한국" (http://news.joins.com/article/3428926)

34 연합뉴스(2014.06.10.), "<고려인> ② 같은 뿌리, 그러나 다른 삶" http://news.naver.com/main/read.nhn?mode=LSD&mid=sec&sid1=100&oid=001&aid=0006952557

고 답변한다. 그러나 모국어로 생각하지만 언어를 완벽하게 구사하지는 못한다.[35] 고려말을 사용하는 비율이 79.3%(59년) – 68.6%(70년) – 55.4%(79년) – 47.2%(89년)로 낮아지고 있으며,[36] 현재 5%만이 말하고 쓰고 읽기를 유지하고 있을 뿐이다.

순전히 고려말을 사용하는 가정은 없으며, 동포사회 안에서도 가정 내 고령의 노인세대에 의해서만 주로 사용되고 있다. 중간세대는 사회생활, 직장생활을 할 때는 러시아로 의사소통을 한다. 동향인사이에서라도 러시아어를 더욱 편하게 사용하며, 고려말을 사용해도 큰 어려움을 느끼지 않는다. 고려인은 세대가 지나가면서 러시아어 사용빈도가 급격히 증가하고 있다. 고려인 후속세대는 고려말 사용에 많은 어려움을 느끼고 있으며 러시아어를 모국어처럼 구사한다. 고려말은 일상대화에서 알아듣기만 하며 어휘를 가끔 차용할 뿐이다. 모국어의 상실은 고려인 후손들의 현지동화를 촉진하면서 민족공동체의식이 약화되는 결과를 가져왔다.

페레스트로이카 정책 이후 고려인문화협회가 중심이 되어서 민족어 교육을 재생하려는 움직임이 일어나기도 했다. 그러나 과거와 달리 많은 고려인은 도시에 거주하고 같은 민족끼리 가정을 이루기 어려워, 민족 간 다문화가정을 꾸릴 수밖에 없는 상황이 자연스럽게 증가하고 있다. 따라서 한민족 중심의 고려말의 사용빈도는 보다 낮아지고 있으며, 현재 공적인 사회에서는 거의 사용하지 않고 고려말은 사멸화의 위기에 직면해 있다고 볼 수 있다. 반면에 오늘날 한소 수교 이후 한국과의

35 이 나탈리아(2009), 『카자흐스탄 고려말과 러시아어와의 상호간섭에 대한 연구: 타라즈주 메르케지역에서 나타나는 언어변이의 세대별, 사회적 변화 추이에 대하여』, 연세대 석사학위논문, p. 30.

36 윤인진(1998), 중앙아시아 韓人의 言語와 民族正體性, 『재외 한인연구』, 제7호, p. 85.

빈번한 교류가 활발해지면서 고려인이 한국어를 습득하여 사용하는 경우가 늘고 있다.

80년대 말, 청년층 고려인의 절대 대다수는 자신의 모국어를 전혀 모르거나 단지 특정어휘만 알고 있다(62.7%). 청년층의 11.7%만이 때때로 그들과 함께 살고 있는 할아버지, 할머니들과 '고려말'로 인사 교환을 하고 있으며 종종 '고려말'을 러시아어와 섞어 사용한다. 거의 75%의 기성세대와 25.6%의 아동들은 생활언어에서 '고려말'을 이해하지만 '고려말'을 구사하지는 못한다. 짧은 고려말 문장도 만들 수 없고 구사도 할 수 없는 상황이 확인되며, 친족 명칭의 경우만큼 고려말을 사용하고 있다.[37]

현재 쓰이는 고려말은 30년대 중앙아시아로 이주될 당시 예전의 모습과 큰 차이를 보인다. 고려인과 한국인은 한민족이라 하더라도 국가체제와 이념의 장벽으로 단절된 채 오랜 시간을 교류 없이 지내오면서 같은 민족어는 서로 다른 문화상을 담게 되고 이질화 현상을 유발할 수 있다. 고려말은 함북 북방계통어의 방언을 토대로 하지만, 30% 정도 러시아어의 어휘를 차용한 외래어들이 첨가되었다. 또한 문법이나 발음에서 문장 구성까지 러시아어의 여파로 변이된 형태를 이루고 있으며, 국교관계를 맺어왔던 북한의 '문화어'에 영향을 받아[38] 한국인이 낯설어하는 언어로 변화되었다. 반면에 한국어는 서구식 일상표현 및 미국식 영어로부터 외래어가 많이 혼종화되어 고려인에게 익숙지 않게 받아들여질 수 있다.

조선족은 가리봉동이나 대림역 주변에 모여 살면서 자신들만의 커뮤

---

37 김게르만, 앞의 논문, p. 132.

38 안여경(2012), 우즈베키스탄 한국어교육의 역사와 현황, 『한어문교육』, 제26집, p. 58.

니티를 이루었고 조선말이라는 유리한 자산을 기반으로 일정하게 행동 반경을 넓힐 수 있었던 반면, 고려인은 수도권 주변에 별도의 집거지역을 형성할 수 있는 조직적 여건이나 내적 역량이 부족하다고 볼 수 있다. 특히 고려말은 쓰임이 제한된 언어로 활용도가 부족할 뿐만 아니라, 고려인은 우리말보다 러시아어를 모국어처럼 구사할 수 있기에 같은 문화권출신의 외국인근로자들과 섞여서 살며 국내 생활하는 데 유용한 일자리정보나 지역소식을 제한적으로 얻게 된다.

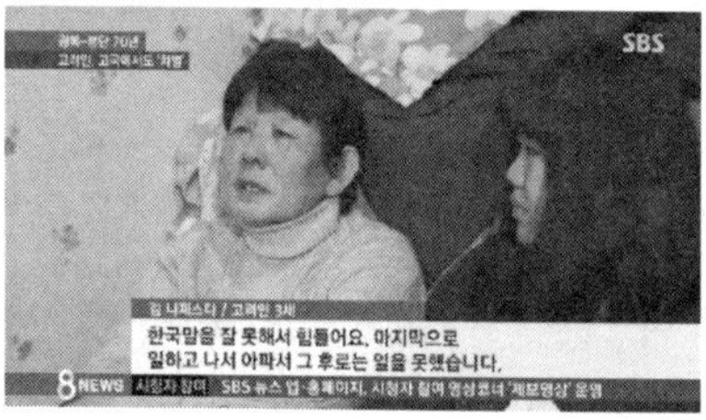

"한국말을 잘 못해서 힘들어요. 마지막으로 일하고 나서 아파서 그 후로는 일을 못했습니다."

"(한국어를 몰라서) 서류 절차 하는 게 힘듭니다. 계속 일할 수 있기를 바랍니다."

출처: "차별 피해 돌아온 고국도 차별…서러운 고려인"(SBS 8시 뉴스, 2015.01.04.)

고려인을 재외동포라고는 하나 한국어를 거의 모르기에, 이들은 원활하지 못한 의사소통으로 한국인과 연대감을 형성하지 못하고 사회에서 주변부에 머무른다. 고려인이 국내에서 언어를 배울 수 있는 창구는 한정적이며 작업장의 고단한 라이프 사이클로 여가시간이 제약을 받아, 이주노동자 지원기관에서 실시하는 한국어교육 프로그램에 낮은 참여도를 보인다. 일터에서 고려인들은 주로 단순하고 반복적인 업무에 투입되어 한국인과의 상호간 긴밀한 소통이나 의견 조율이 필요하지 않은 경우가 많다.[39] 따라서 고려인은 한국어 구사능력에서 간단한 단어들과 한정적인 의사표현에 머물고 있다. 이들은 한국인과의 접촉은 최소한으로 줄이고, 말이 통하고 자신의 일상사를 나눌 수 있는 비슷한 출신지의 이주민 커뮤니티에 머무르며 생활하고 있다.

> "국내 고려인 동포는 외국인 이주민 중에서도 사각지대에 놓였거든요. 다문화가정 같은 혜택을 받지도 못하고, 조선족처럼 언어 소통이 자유롭지도 못하죠. 하지만 굳이 따져보자면 고려인만큼 한민족의 뿌리를 지켜온 이주민이 없을 겁니다. 이들은 오히려 한국 사람들이 잊고 살았던 공동체 정서를 강하게 지키고 있어요."
>
> **- 김영숙(50) 너머 사무국장[40]**

3) 풍속

러시아사료를 보면 고려인은 정착 초기부터 조선과 유사한 환경을 갖춘 연해주 집거지역에서 모국에서 살았던 주거형태를 그대로 옮겨와 거주하였고, 특유의 근면함과 결속력으로 벼농사 재배를 중심으로 성공적인 정착을 이루었으며, 조상숭배 사상이 깊게 뿌리박혀 있어 무덤에 절을 올리거나 돌아가신 조상에 대해 제사를 지내는 풍속을 지켜왔다[41]고 기록되어 있다. 극동정부는 20~30년대 전통풍습을 '물질적 낭비', '미신행위를 조장하는 태음력 비판' 및 '게으름 조장' 같은 이유를 들어 조상숭배와 무속에 반대했었다.[42] 그럼에도 불구하고 고려인1세대들은

---

39 임선일(2011), 『한국 사회 이주노동자의 문화변용』, 이담북스, p. 188.

40 연합뉴스(2016.02.11.), "(또 하나의 이웃) ①모국 속의 이방인, 안산 고려인" (http://www.korean.net/Page.do?mid=MKNTMD0020:1194224:79)

41 김혜진(2010), 러시아 사료로 본 한인 이주민들의 생활: 19세기 후반~20세기 초 자료를 중심으로, 『한민족연구』, 제9호, p. 184.

명절 때가 되면 한반도 고향을 생각하면서 우리 음식과 술을 차렸고 예로부터 내려온 세시양식을 따라 지인들과 이웃을 불러 함께 즐기기도 하며 민족공동체의 일체성을 확인하기도 했다.

노인회장의 생일잔치 모습

시온고에서 장례식 중에 하관 모습(2014)

출처: 강현모 박사 제공

중앙아시아의 낯선 생활권에 이주한 고려인은 구소련의 민족동화정책으로 콜호즈에 배치되었고 사회주의양식에 기초한 집단생활에 적응해야 했다. 소비에트 중앙권력의 관리감독과 지방기관의 통제운영 하에 고려인은 이미 형성되어있던 기존 콜호즈에 분산 편입되거나, 새롭게 고려인 콜호즈를 만들기도 하였으며 극동 콜호즈를 집단적으로 이전시킨 경우도 있었다.[43] 강제이주 직전 극동지역 고려인 콜호즈는 137개이고 그에 소속된 총 가구는 6425가구였다.[44] 소련당국은 극동의 콜호즈에서 성공적으로 벼농사를 이루었던 한인의 경험에 주목하였다. 기후와

42 배은경(2003), 소련 고려인 사회의 문화생활: 1920~1930년대, 『대동문화연구』, 제43권, pp. 89-90.

43 권주영(2006), 『중앙아시아 고려인 콜호즈의 구조와 운영 (1924-1950): 카자흐스탄 알마-아타 주 카라탈 구를 중심으로』, 한국외국어대 석사학위논문, pp. 18-21.

44 이지은(2006), 『중앙아시아 고려인 사회 연구, 1938-1953: 「레닌기치」의 기사를 중심으로』, 한국외국어대 석사학위논문, p. 18.

풍토는 차이가 있지만 중앙아시아 지역의 거친 황무지에 고려인을 이주시켜서 앞선 벼농사 기술을 이식시키려는 의도 또한 찾을 수 있다.

스탈린은 소비에트 민족정책에 있어서 '소비에트 러시아의 다양한 민족과 인종들은 사회주의적 유대에 기초하는 단결된 소비에트 인민이 되어야 한다.'고 주창하였다.[45] 당주도의 국가정책은 중앙아시아 콜호즈 내에서 지역민의 조직력 강화 및 여러 주민들의 일체감 조성 차원에서 사회주의 공동체적 문화행사를 창출하도록 이끌었다. 따라서 상위개념인 사회주의에 적합하지 않는 개별 민족의 전통의례와 축제는 구시대적인 유산으로 통제되었다. 음식문화를 비롯한 생활문화와 공동체가 같이 즐기는 명절문화는 러시아문화에 기초한 소비에트문화를 받아들여야 했다.[46] 고려인은 소비에트체제에서 국가명절에 맞추어 축일을 즐겼고, 사회주의정책에 따른 새로운 민속행사를 치러야 했다.

고려인 고유의 민속은 큰 위기를 경험해야 했지만, 국가 정책의 제한 속에서도 이들 나름의 방식을 통해 전통적인 명맥을 유지해 왔다. 현재 세시풍속과 관련하여 중앙아시아 고려인은 설, 추석, 한식, 단오를 큰 명절로 쇠고 있다. 고려인은 정초에서 연말까지의 역법을 러시아의 그레고리력에 맞추어서 풍속을 행해야 했으므로 우리의 설은 러시아의 양력에 따라 소비에트양식의 신년축일과 새해풍속으로 대체되었다. 추석은 음력 팔월보름을 맞아서 풍성한 수확에 대해서 감사를 드리는 옛 추수제로서 지켜왔지만, 그곳 지역사회에서는 양력 8월 15일로 지내게 되었다. 따라서 음력과 양력 절기의 시간적 차이로 인하여 전통적인 명

45 서규환, 이완종(2007), 사회주의와 민족문제- 소련의 민족정책을 중심으로-, 『슬라브연구』, 23권 1호, p. 16.

46 임영상(2010), 우즈베키스탄 고려인사회와 단오명절, 『한민족공동체』, 제17호, pp. 239-240.

절의 의미는 변화되었다. 현재 고려인 사회에서는 한인들이 조상의 무덤을 찾아 추모하는 의례적 특성을 간직하는 풍습으로 전환되었다.[47] 또한 한식은 양력 4월 5일, 단오는 양력 5월 5일에 맞춰 공동묘지를 찾아 조상의 묘에서 차례를 간단히 지내는 추모형태로 진행된다. 한식 및 단오와 관련된 진행양식은 전통세시의 본원적인 맥락을 상실하였고 특별한 구별을 하지 않는다. 명절을 맞아 이들은 묘지를 방문하고 자주 만나지 못하는 일가친척을 만나 소식을 묻고 그 동안의 회포를 풀며 음식을 권하며 하루를 즐기는 일정을 이룬다. 명절음식으로 밥, 보드카, 닭고기, 소시지, 토마토, 오이와 사과 등이 간소하게 준비된다. 중앙아시아 타지에서 옛 절차를 고수하는 과거 명절의 온전한 모습을 찾기는 힘들다. 현재는 가족 간의 유대관계를 강화하고 친인척과의 끈끈한 정을 확인하는 자리가 된다.[48]

> "나이 든 고려인이라면 누구나 '신나는 가락의 아리랑'과 '슬픈 곡조의 아리랑'을 알고 있다. 그래서 기쁘고 흥겹거나 슬프고 힘들 때마다 아리랑 노래를 입에 달고 살았다. 명절 잔치 때면 여러 소수민족 단체장 등을 초청한다. 맛난 한식을 함께 먹고 흥겨운 춤과 노래마당도 열고 있어 인기이다."
>
> **김 니콜라이(73) 사마르칸트주 고려인문화협회장, 고려인 3세[49]**

47 장준희(2012), 우즈베키스탄 한인의 전통명절과 공동묘지의 에스니시티, 『비교민속학』 제49집, p. 153.

48 같은 논문, p. 154.

49 연합뉴스(2015.08.27.), "<인터뷰> 김 니콜라이 사마르칸트 고려인문화협회장" http://www.yonhapnews.co.kr/bulletin/2015/08/27/0200000000AKR20150827007400371.HTML?input=1195m)

최한우는 "고려인이 민족적 전통을 보존하고 있다면 그것은 사회주의화하고 러시화된 사회 속에서 생존하는 화석화된 게마인샤프트적 잔재로서 민족의 정체성과 관련해서는 큰 의미를 갖지 못 한다."[50]고 전통민속의 순수 원형성이 부족함을 비판적으로 평가했다. 고려인의 민속문화는 지역적 특수성과 함께 시대적 흐름에 따른 혼종성의 성격이 덧칠된 민속문화의 형태를 형성하고 있다고 볼 수 있다.

90년대 소비에트연방 붕괴 이후에 국가차원의 사회적 구속력이 느슨해지면서 그동안 금기시되어 단절된 옛 민속행사를 재생하려는 지역사회의 움직임이 생겼다. 무엇보다 고려인협회를 중심으로 전통 설날을 다시 복원시키고자 노력했다. 그동안 폐지되었거나 구전을 통해 부분적으로 전수되던 조선의 민속놀이나 풍습을 제대로 알리는 행사가 고려인문화센터나 노인회관 및 학교에서 다시 이루어지고 있다. 오늘날 재외동포재단의 고려인 1,145명의 실태조사에 따르면 고려인 55.5%가 한국 명절을 지내고 있으며, CIS 내에서 70.1%가 제사를 지내고 있다고 응답하여 전통풍습이 유지되고 있음을 보여준다.[51]

고려인은 밥과 국, 김치, 찐만두 같은 기본 한식과 함께 서구식 일상음식인 빵과 치즈, 차, 채소피클, 과일잼, 중앙아시아의 향신료가 첨가된 다진 양고기로 '고려인식' 상차림을 드러내며 우리 고유의 그것과 분명한 차이를 두고 있다. 일상 상차림에서 쌀 전병이나 시레기국, 만두와 찰떡, 국수, 두부, 돼지순대와 찌개를 즐기는데, 모양은 비슷하지만 식재료와 양념, 그리고 조리법에서 중앙아시아권 내 이국적인 요소를

50 최한우(1996), 구소련 해체 후 중앙아시아 현상과 한인 정체성 문제, 『사회와 역사』, 제48권, p. 229.

51 정이리나(2013), 『키르기즈스탄 고려인들의 문화 정체성 변화에 관한 연구』, 한국외국어대 석사학위논문, p. v.

차용하여 혼합한 배합을 확인할 수 있다. 우리에게 다소 낯선 샤슬릭, 쁠롭, 보르쉬, 쌈싸, 뚜르쥐이를 조리하며, 밑반찬으로 카레이스키 샐러드인 당근채, 가지채, 고사리채와 양배추김치 같은 먹거리를 선호하기도 한다.[52]

한국의 고려인마을 추석 음식 (쌈싸)

출처: 고려인 동포들의 따뜻한 추억
(TV조선, 2015.09.25.)

광희동 소재 다문화 상점

고려인 음식은 중앙아시아 내 토착민족의 음식문화와 자연스럽게 교류가 이루어져서 풍부하고 다양하게 혼합되었다. 중앙아시아 지역은 차를 기본으로 하면서, 양고기, 염소, 낙타와 같은 육식을 불에 굽거나 삶아서 먹고, 치즈 같은 유제품, 소세지, 크림스프를 즐기면서 마늘, 정향, 고추, 계피, 회향풀 등 향신료를 즐겨왔기에 식재료나 식감, 조리방식이

52 카레이스키 샐러드는 주로 당근, 고사리, 시금치, 무 등으로 채를 썰고 여기에다 설탕을 조금 섞은 것으로, 새콤한 맛이 나며 밥과 함께 먹는 반찬으로 이용된다. 현지인들은 김치는 매운 맛으로 선호도가 낮은 반면 새콤한 카레이스키 샐러드를 매우 좋아한다. 중앙아시아 재래시장에 가면 고려인 아줌마들이 좌판을 깔고 김치와 함께 파는 광경을 자주 목격할 수 있다. 윤성학 외(2011), 중앙아시아에서 한국의 국가이미지와 정책대응, 『지역경제 포커스』, Vol.5(34), p. 63.

차별화되었다.

고려인은 이주해간 그곳 지역사회에 어느 정도 동화되어 우리와는 구별되는 생활문화를 갖고 있으며 다원화된 복합적 정체성의 식문화를 보이고 있다. 이들은 국내에서 먹거리에 어려움을 크게 느끼지 않으면서도 본국의 고향에서 즐겨왔던 음식을 잊지 못하고 아시아마트나 식료품 가게를 방문하고 식재료를 구입하기도 한다.

중앙아시아의 카레이스키 샐러드

고려인 명절음식

출처: 강현모 박사 제공

국내에 체류하는 고려인은 명절휴일을 맞게 되지만 자신들의 열악한 근로환경 때문에 여가의 의미를 크게 찾지 못한다. 이들은 사업장이 휴무에 들어가면 그동안 장시간의 반복 작업, 야간교대, 주말근무로 쌓인 피로감 때문에 휴식을 바라며 명절을 향유하지 못하고 있다. 또한 고려인의 60%가 본국에 가족을 남겨두고 온 경우라 힘든 한국 취업으로 번 돈을 자신을 위해 쓰기보다는 본국의 가족을 생각하며 여가활동의 비용을 아끼는 측면이 있다. 명절기간에 국내에 머물며 TV를 보거나, 밀린 빨래나 청소와 같은 집안일을 하고, 외로움과 향수를 달래고자 고려인 친구들이나 지인들끼리 함께 어울려 본국의 음식을 준비해 맛보거나 자국어라 할 수 있는 러시아어로 대화를 즐긴다. 휴가 삼아서 피로

한 육체를 쉬기도 하고, 종교단체의 행사에 참여하거나, 전화나 인터넷을 통해 본국에 남아있는 가족이나 친지와 연락하며 소일하기도 한다. 고려인은 주류 한국 사회와 거리를 두고 이주노동자의 밀집지역에 머문다. 이들은 스스로를 같은 민족에 속하지 않는 타자로 느끼며 귀속감을 느끼지 못한 채 외국인 이주민커뮤니티 안에서 교류하며 휴식으로서 명절을 보내고 있다.

4) 혈연

한 세기 전 한반도를 떠난 한인들은 연해주에서 단일민족이라는 공동체의식을 강하게 지니면서, 같은 한인 사이의 결혼을 고집하는 혈통주의를 중시하며 고려인의 민족적 순수성을 지키고자 했다. 당시 연해주 고려인 집단거주지에서는 소수민족 문화를 유지 발전시키고, 집단거주지 내에서 고려인 고유의 민족 커뮤니티를 구축하는 것이 용인되었다.[53]

그러나 1930년대 후반 강제이주는 고려인만의 공동체가 해체되면서 중앙아시아의 다른 민족과 어울려 살아가는 계기가 되었다. 소비에트라는 다민족국가 체제 속에서 고려인만의 독자적인 정체성을 잃지 않고 자주적 권리를 확보하기가 사실상 어려운 여건이었다. 여러 번의 이주를 경험해야 했던 고려인은 사회주의적 통합 안에서 혈연적 유대를 강조하기보다는 정치적 유대를 받아들여야 했다. 또한 중앙아시아는 다양한 소수민족들이 함께 어울려 사는 사회인 만큼 이민족간의 혼인은 매우 낯익고도 자연스러운 집단적 속성 가운데 하나로 이해되고 있다.[54]

---

53 신명직(2014), 다(多)공화국 인민에서 "다(多)국가 시민"으로- 소비에트 공화국 연방의 해체와 고려인, 『석당논총』, 59권, p. 72.

그러나 고려인은 외부 이민족들에 둘러싸인 환경에서도 종래의 혈연을 바탕으로 한 전통적인 족내혼의 관습을 유지하고자 했다. 고려인 마을에서 타민족구성원과 혼사를 치루는 것은 쉽게 받아들이는 일은 아니었다. 이민족 간의 결혼은 전통에 의해 형성된 규범을 벗어난 형태로 폄하되었고 오랜 시간 이러한 시각은 본질적으로 크게 변화하지 않았다. 혼인당사자들이 민족 간 결혼을 주장해도 부모나 친지로 부터 승낙을 받기 힘들었다. 고려인 중 기혼자의 67.1%는 배우자가 같은 민족인 것으로 나타났고, 미혼인 경우 46.7%가 고려인을 배우자로 선호한다고 대답했다. 그 이유와 관련해서 81.7%가 같은 문화와 전통을 가졌기 때문이라고 답했다.[55]

오늘날 고려인의 결혼관과 혼인비율에서 변화가 있음을 보인다. 고려인 사회에서 배우자가 반드시 고려인이어야 한다는 생각이 자연스럽게 약화되고 있음을 알 수 있다. 구체적인 카자흐스탄 지역사례를 보면, 알마티시 결혼등록에 있어서 민족 간 결혼의 숫자는 1972년 44쌍으로 전체결혼의 29%를 차지하고 있었는데, 1980년대엔 고려인의 민족 간 결혼에서 평균 비율은 39.4%였다.[56] 고려인의 민족 간 결혼이 10년 사이 크게 증가한 것이다. 1970년 혼인등록처에 따르면 알마티 30%, 크즐오르다 28.1%, 탈듸쿠르간 29.2%, 우쉬토베 20.1%로 기록된 반면에 1980년 알마티 39.4%, 크즐오르다 29.8%, 탈듸쿠르간 40.7%, 우쉬토베 29.3%로 조사되어 있으며 1970~1980년대 카자흐스탄에서 고려인의 민

54 박명규(1996), 중앙아시아 한인의 집합적 정체성과 그 변화, 『사회와 역사』, 제48권, p. 31.

55 정이리나(2013), 『키르기즈스탄 고려인들의 문화 정체성 변화에 관한 연구』, 한국외국어대 석사학위논문, p. V.

56 김게르만(2001), 알마티시 고려인들의 민족간 결혼 문제, 『역사문화연구』, 제14집, pp. 113-114.

족 간 결혼 평균 비율이 30.83%로 나타났다.[57]

민족 간 구분을 없앤 소비에트 체제는 다문화적 삶의 방식이 자연스럽게 가정에서도 생겨날 수 있도록 해주는 기초가 되었다.[58] 어려서부터 사회주의 구성원으로 타민족과 어울려 지내고, 학교생활에서 민족 간의 다문화적인 생활을 체득해 가는 데 있어서 중요한 역할을 했다고 볼 수 있다. 학창시절부터 민족적인 구분과 차이를 느끼지 않고 서로를 받아들이고 하나의 국민으로서 서로를 대하도록 한 것이 민족 간의 거리낌 없는 결혼으로까지 이어졌다.[59]

고려인이 선택한 결혼대상자들의 국적은 러시아민족(55%), 카자흐민족(22%), 그리고 우크라이나 민족(5%) 순으로 보고되고 있다.[60] 고려인이 정착해야 하는 소비에트화 사회는 러시아인을 중심에 두고 이루어졌기에, 고려인의 러시아인과의 결혼은 소수민족의 한계성을 극복하고 사회적 지위상승에 대한 바람과도 관련 있는 것으로 보인다.[61] 따라서 중앙아시아 현지인보다는 러시아인과의 결혼을 통한 결합이 상대적으로 높은 비율을 나타낸다.

부모들의 민족 간 결혼에 대한 입장에서 56.3%는 부정적인 것으로, 42.4%는 긍정적으로 응답했다.[62] 이들은 민족 간 혼합가정을 이루기 어

57 염 나탈리아 (2014), 1970~80년대 카자흐스탄 고려인의 타민족과의 결혼현상을 통한 다민족 관계 발전 연구, 『슬라브연구』, 제30권 1호, p. 101.

58 엄 안토니나, 이병조(2010), 사마르칸트에서 살아온 소비에트 고려인의 다문화적인 삶의 이야기, 『재외 한인연구』, 제22호, p. 30.

59 같은 논문, p. 46.

60 김게르만(2001), 알마티시 고려인들의 민족간 결혼 문제, 『역사문화연구』, 제14집, p. 114.

61 이채문(2014), 아랄해의 환경문제와 고려인의 이주 · 정착 및 지역성 변화 : 우즈베키스탄 카라칼팍스탄 공화국의 사례를 중심으로, 『한국동북아논총』 제19권 제1호 통권 70집, p. 216.

62 김게르만(2001), 앞의 논문, p. 130.

려운 근본적인 원인들로 43.7%가 '부모들의 간섭'을 지적하였다. 38.6%에 해당하는 고려인들은 혼합 가정에서 발생하는 어려움의 원인들로서 '관심사의 불일치'를 들었고, 기타 원인으로 '부부의 민족성', '관습', '문화에서 가족 간의 견해차이'를 들었다.[63]

1970~1980년대에는 재혼자가 증가하는 추세를 띠었다. 고려인 남성의 민족끼리의 재혼 비율이 22.9%였고, 민족 간 결혼 중에서는 10.5%였다. 반면 고려인 여성의 경우는 각각 11.4%와 8.2%로 나타났다.[64] 고려인 민족 간 결혼에 있어서 그 배우자로 러시아인들이 우세했던 것으로 나타나고 있다.

오늘날 고려인들은 아직도 비교적 민족 내 결혼을 선호하고 있기에, 이민족 간의 족외혼 현상이 비율상에 있어서 민족구성 요건을 위협할 정도의 수준은 아닌 것으로 나타난다. 그럼에도 불구하고 타 지역보다 언어 상실 정도가 크고 다민족사회 공간에서 종족공동체의 유지가 어렵고 소수민족으로 살아야 하는 고려인의 상황은 주변민족들에 동화될 위기가 될 수 있다는 우려가 나오기도 한다.

고려인은 중앙아시아 사회에 살아가면서 현지인보다 높은 교육수준에 전문직, 기술직의 다양한 직업을 갖고 나름의 민족적 자존심을 지니고 있었다. 고려인은 조상의 모국에 돌아가서 같은 동포로서 한국생활에 잘 적응할 거라는 기대감을 갖고 역사 속의 고향인 한국으로 이주를 결정했다. 그러나 조선족 후속세대는 국적 회복에 대한 선호도는 아주 낮은 편이거나 한국 국적 취득에 관심을 가지고 있지 않다. 이들은 한국 국적 취득보다는 자유왕래를 선호하고 있다. 반면에 중앙아시아출신

63 김게르만(2001), 같은 논문, p. 134.

64 염 나탈리아 (2014), 같은 책, p. 103.

의 고려인들은 상당수가 한국 국적 취득을 원하고 있으며 영구히 한국에서 살고 싶어 한다.65

그러나 고려인은 도착한 지 얼마 되지 않아 한국 사회를 몸소 겪으며 심리적으로 안락함과 친근함을 느끼는 대신 낯설고 차별적인 현실을 경험한다. 고려인이 현지사회에서 지녔던 학력이나 사회적 지위는 사장되고 이방의 저임금노동자로 분류될 뿐이다. 한국인이 기피하는 3D업종의 노동환경, 열악한 소규모 작업장과 저임금, 어렵고 힘든 육체노동을 받아들여야 하는 낯선 현실은 자신들을 열등한 존재로 느끼게 하며 고려인과 한국인의 경계를 구분 짓게 한다. 문화적으로 러시아화 혹은 유럽화된 고려인들 다수에게 '검은 노동'을 태어나서 처음 수행하는 장소가 그들이 오랫동안 역사적 고국으로 마음에 품고 그리워했던 한국이라는 사실은 큰 아이러니다.66

조선족은 상대적으로 한국말로 의사소통이 가능하고 동향인끼리의 연결망을 통해서 일정하게 일자리를 확보하고 사회에 진출하고 있으나, 고려인은 우리말 구사 능력의 부족함과 커뮤니티의 부재로 국내로의 진입에 있어서 불리한 위치에 있다. 한국말을 잘 구사할 수 있는지 현실적 능력문제를 넘어서 한국 내 주류사회와 소통과 교감이 어려운 소수자로서 편견과 선입견을 마주하게 된다. 같은 민족임에도 사회문화적 배경을 고려하지 않고 이들을 코리안 드림을 찾아 온 이주자 집단으로 묶어서 획일적으로 바라본다. 나아가 고려인을 해외동포 내 위계적 질서에 따라 여타 지역의 동포보다 낮은 위치로 볼 뿐만 아니라, 외국인 노동자와 구별하지 않고 최하층부의 사회지위에 자리매김 시킨다.

---

65 김영술, 홍인화(2013), 중앙아시아 고려인의 광주지역 이주와 문화변용에 관한 연구, 『디아스포라』, 제7권 1호, p. 139.

66 신현준 외 (2013), 『귀환 혹은 순환』, 그린비, p. 175.

이렇게 일상공간에서 한국인을 접하면서 만난 한국 내 차별의식과 고정관념은 고려인들에게 소외감과 서글픔을 느끼게 하고 민족과 조국에 대한 기존의 생각을 바꾸게 한다. 국내에서 한국인들에게 느끼는 낯선 타자의식의 감정은 한민족으로서 민족적 연대의식을 사라지게 하는 것이다. 따라서 고려인 스스로 자신의 정체성에 대해 심각한 회의를 느끼게 된다. 중앙아시아 먼 곳에서도 고려인으로서 같은 혈연이라는 사실 하나만으로 지키고자 했던 민족적 자긍심과 민족의 고향으로서 한국을 동경하던 유대감에 대해 의문을 제기하고 성찰하는 계기를 갖게 되는 것이다. 한국인과 다른 자신들의 모습을 발견하게 되고 한국인과 구별된 고려인만의 정체성을 어떻게 정립할 것인가를 사고하도록 인식의 변화를 겪게 된다. 조상의 땅에서 경험한 배타적 생활환경과 인정받지 못한 이질적인 자신들을 확인한 고려인은 스스로 이미 사회적으로나 문화적으로 중앙아시아문화권에 더 가깝다고 느끼며, 뿌리를 상실한 불안감 속에 정체성의 혼란을 갖고 살아가고 있다.

고려인가족 합동결혼식

고려인아동들의 중앙아시아 전통춤 공연

출처: 고려인마을 광주광역시 고려인종합지원센터 홈페이지

〈표〉 고려인 특성

<table>
<tr><th>이주 및 생활배경</th><th colspan="2">고려인의 주요 내용</th><th>특징</th></tr>
<tr><td rowspan="4">• 조선말 삶의 궁핍으로 월경, 인근지역에 정착촌 건설 및 연해주 지역 한인공동체형성

• 일제치하 소련의 정치적 목적으로 중앙아시아 강제 이주, 분산 수용

• 사할린으로 한인이주정책실시 및 전후 미귀환 문제

• 소련체제 와해 후 민족 간 갈등으로 한인들의 연해주 재이주</td><td>취락지</td><td>• 구소련정부의 이주정책으로 중앙아시아에 한인 분산 정착
- 연해주에 정착한 한인들의 분산 및 콜호즈 내 집단 수용
- 90년 이후 자치공화국의 배타적 민족주의로 연해주 재이주
• 국내 이주 후 다른 문화정체성으로 외국인 이주민커뮤니티 안에서 교류하며 분리된 정착</td><td rowspan="4">• 중앙아시아로의 이주 후 민족정체성 상실 및 현지국의 동화정책으로 모국의식 약화

• 사할린 교민들은 전후처리에서 법적, 정치적 문제로 이산가족의 발생, 후속세대의 합법적인 국내체류 어려움

• 국내 이주 후 민족구성원으로서 인정받지 못하고 외국인노동자로 서 차별화된 생활</td></tr>
<tr><td>언어</td><td>• 소련 정부의 민족어 금지정책으로 고려인의 모국어 전승 기회박탈
- 극동에서 중앙아시아로 이주 후 우리말의 일상활용 어려움
- 고려인의 환경적응에 따른 고려말 지위 약화
• 고려인은 재외민족구성원이지만, 한국어를 거의 모르기에 다른 외국인노동자의 지위로 생활</td></tr>
<tr><td>풍속</td><td>• 러시아나 주변거주국의 소비에트화 정책으로 민족의식 약화
- 공동체생활의 운영이 어려워 전통민속의 명맥 쇠퇴
- 민속문화와 지역환경의 혼종성의 성격을 띤 생활문화형성
• 전통문화가 단절된 채 고려인의 현지 정착과 한국 민속의 낯설음</td></tr>
<tr><td>혈연</td><td>• 민족공동체의 붕괴 이후 다양한 소수민족과의 족외혼 확산
- 초기 연해주에서 공동체의식을 지녔으나, 강제이주 후 동화
- 소비에트 체제 속에서 단일민족 정체성의 유지 어려움
• 국내 이주 후 이질적인 (고려인) 정체성의 괴리감으로 소통 및 교감의 문제점 파생</td></tr>
</table>

3. 재일조선인

1) 21세기의 고향

2014년 12월 말 국내거소신고를 한 한국적 재일조선인은 14,861명, 일본적 재일조선인은 777명으로 기록되어있다. 지역적으로는 서울, 경기, 부산, 제주 등 4대 지역거주자 비율이 80%대를 넘을 정도로[67] 거주지가 대도시에 편중되어 있으며, 조선족과 달리 국내 거주에서 집거지를 이루지 않고 있다.

재일조선인그룹은 단일한 성격의 집단으로 이루어져 있지 않다. 일본으로의 입국시기와 출신지역 및 체류목적에 따라서 매우 다양한 배경을 지닌 구성원들이 복합적으로 재일조선인사회를 형성하고 있다. 이주시기에 따라 일본 식민지 기간에 강제적으로 이루어진 경우가 있었고, 조선경제의 파탄으로 생활난을 벗어나고자 도일하기도 했으며, 패전 후 일본에 잔류를 해야 했던 경우도 있었다. 1980년대 이후 자신들의 의지에 따라 비교적 자유롭게 입국한 후속세대들이 다양한 정체성을 유지하며 거주하고 있다. 이들은 한반도와의 근접한 지리적 여건 상 조국의 분단과 남북한의 냉전 체제로 인하여 직접적으로 일본 내에서도 좌우 대립갈등으로 인한 동포사회가 양분화 되어 왔으며, 한국과 일본 정부의 정치적 마찰로 인해 여러 어려움을 감수하는 상황을 겪기도 하였다. 오늘날도 일본 내 오사카 이쿠노쿠 주변, 도쿄 신주쿠, 고베, 요코하마, 교토 우토로 등에 한인타운을 이루고 있다.

처음 한인들은 일제강점기와 전쟁 중 노동력을 보충하기 위해 일본

67 김진환(2014), 이분법에 갇힌 조선사람: 국내 이주 재일조선인의 한국살이, 『통일인문학』 제58집, p. 79.

내 탄광이나 방적, 벌목, 유리공장, 항만, 도로공사, 토목공사 현장 등으로 강제적으로 보내졌고, 때론 일자리를 위해서 낯선 일본 땅으로 스스로 건너갔다. 식민지 출신의 한인노동자 유입에 대한 현지인의 대응은 차가웠고, 이들은 일터 주변에 조선인 주거공간을 형성하며 일본 생활을 시작하였다. 초기의 재일조선인 집주지역은 게토의 성격이 강했다.

한인들은 이러한 정착촌을 중심으로 생활하면서 점차 가족단위로 확대되었고 1920년대 중반에는 '조선인부락'이라 불린 집단 거주구역이 출현하게 되었다. 일본 곳곳에 강제적인 징용이나 노동력 송출을 통하여 유입된 한인은 일터 주변에서 생활상의 편의나 언어의 소통문제를 해결하고자 함께 모이게 되었고 거주기간이 길어지면서 정주화가 진행되었다. 일본현지인들의 민족적 편견과 차별로 인해 주거용 집을 얻기가 힘들었기에 한인들은 이전부터 슬럼지역이던 곳이나 저습지의 빈터 또는 매립지 등 일본인이 잘 살지 않는 열악한 주거환경 공간에 함께 거주하였다. 대표적인 예로 1930년대 오사카시에 재일조선인들이 많이 몰려들었는데, 이곳에는 소규모공장, 점포, 영세상점, 식당, 숙박업, 식료품 등 각종 서비스업이 집중되어 있었으며 조선의 여러 생활용품들이 거래되는 이카이노 조선시장은 큰 규모로 운영되었다.[68]

많은 재일조선인이 생활하는 대표적인 밀집지역으로는 야마구치(山口)현의 시모노세키시(下關)나 오사카(大阪)의 쯔루하시(鶴橋), 카나가와(神奈川)현의 카와사키(川崎)시, 도쿄(東京)의 미카와시마(三河島), 에다가와(枝川) 등을 들 수 있다.[69]

68 변화영(2011), 재일조선인 여성들과 이카이노의 생활공간: 원수일의 『이카이노 이야기』를 중심으로,『한국문학이론과 비평』, 15권 2호 제51집, p. 208.

69 오세종, 이한결(2014), 국민문학의 경계지대 '조선부락': 1940~50년대의 문학작품을 중심으로, 『통일과 평화』, 6집 1호, p. 159.

조선인 부락은 일본 내 이질적 공간으로서 자신들만의 일상의 생활터로 자리 잡았다. 이 집거지역은 한인들이 물물거래와 경제활동이 이루어지는 생계의 터전이었고 우리말이 오가면서 일자리나 구직정보, 고향소식을 교환할 수 있는 친교의 장소였다. 또한 지연과 혈연을 토대로 기존 거주자와 이주자의 사이를 잇는 통로였다. 일본에 건너오는 과정에서 새로운 이주자들은 친인척 혹은 친분 있는 동향인들과 관계를 통해 새로운 정착기반을 마련할 수 있었는데, 일본 사회 내에서 고립된 언어섬 같은 일종의 민족적 거주지였다. 한반도의 고향이 지닌 본래의 표상은 아니지만 다양한 민속문화적 자원을 갖춘 공간으로 재일조선인들의 커뮤니티를 구성하여 민족정체성을 지켜갔다.

전쟁 종식과 함께 일본은 국외로 큰 규모의 자산이 유출될 것을 염려하여 해외이주 시 소지할 수 있는 금액을 강제로 정하였는데, 어느 정도 경제적 자산을 보유하고 있던 재일조선인들은 어쩔 수 없이 일본에 그대로 잔류를 선택해야 하는 상황이 발생하였다. 어떤 이들은 귀국 후 고향에 생활기반이 없고 향후 전망이 서지 않아서 가지 못하기도 했다. 또한 국적문제나 외교문제 혹은 1948년 남북이 분단되는 상황으로 국내 정착이 미루어지기도 하였고, 제주 4.3사건의 후유증처럼 국가정치적 이데올로기에 대한 트라우마로 인해 쉽게 귀환을 결정하지 못한 이도 있었다.

재일조선인 중 60여만 명은 여러 사정으로 해방 후 귀향하지 못한 채 고향을 그리워하면서도 현지에 정주하여 일본 사회 1세대를 이루게 되었다. 일본정부는 전후시기에 단일민족국가를 모토로 재건과정을 추진하였고 외국인 이주자들을 통제 관리하였다. 강력한 동질화의 압력 하에서 일본 국적을 지니지 않은 한인들은 이질적인 타자로서 갖은 고초를 다시 겪어야 했다. 재일조선인에 대한 일상에서의 차별은 식민지시기에 형성된 부정적 이미지의 유산[70]으로 볼 수 있다. 법적, 제도적 및 사회적 장치로 한인을 차별하고 비국민으로 배제해 나가면서 일본은 단일민족국가의 정체성을 만들어갔던 것이다.

1960년대 일본 내 부락주거지역은 쇠퇴하는 경향을 보였다. 재일조선인 1세대들은 일본 내 차별을 겪고 힘든 정착 과정을 극복하면서 사회에서 일정한 자리를 잡아갔다. 이들은 이전 건설노무직, 자영업에서 점차 전문기술직이나 사무관리직으로 직업영역을 확대하면서 보다 나은 생활환경을 찾아 도시지역에 거주지를 마련하게 된다. 한반도에 고향과 가족, 친지를 둔 1세대 이주자들은 비록 일본 땅에서 살지만 자신의 정체성을 지키며 한국문화를 지키려 노력했다. 나아가 민족의식을 잊지 않게 하고자 자녀와 손자들에게 고향의 언어와 음식, 예법을 전수하고자 했다. 재일조선인은 고향을 기억하며 한반도의 민속문화를 이어왔고 민족성을 유지해 왔다고 생각했다. 그러나 지난 한 세기 동안 일본에 건너와 살아오면서 후손세대들은 일본 사회 속의 외적 문화환경에 익숙하게 되었다. 따라서 이전 순수한 민속원형적 요소가 일부 남기도 하지만 시대적 흐름과 함께 일본전통양식과 가치체계에 영향을 받으면서 한반도와 다른 변용된 문화관습과 생활스타일을 형성하고 있다.

재일조선인 후손세대는 일본현지에서 나고 자란 2, 3세들로 스스로를 '자이니치'(在日)로 칭한다. 이들은 앞선 세대의 삶을 그대로 반복하지 않고자 한다. 이들에게 혈연적인 고향은 한반도이지만 그와 관련된 고향의 기억은 가지고 있지 않다. 한국은 부모의 고향이며 직접 경험하지 않고 전해 들은 '낯선 조국'이다. 이들이 태어나서 자라고 앞으로 생활의 기반을 이뤄야 할 곳은 일본일 것이다. 자이니치는 자신의 근원을

70 이상봉(2012), 디아스포라적 空間으로서의 오사카(大阪) 코리안타운의 로컬리티, 『한일민족문제연구』, 제22호, p. 112.

부정하기를 원하지는 않지만 일본 사회로 진출하면서 진학, 취직, 결혼, 귀화의 쉽지 않은 사회적 문제에 봉착해 있다. 일본 사회에서 혈통에 집착하여 재일조선인으로 살아가야 한다는 것에 대하여 정체성 혼란과 내적 갈등을 겪고 있다. 권리신장을 위한 많은 노력에도 불구하고 여전히 차가운 일본 사회 속에서 재일조선인이라는 타자로서 살아가기에는 혹독한 현실을 이겨내기 어렵기 때문이다. 따라서 재일조선인 후속세대 중 많은 이들이 일본 주류사회와 재일조선인 공동체 사이 눈에 보이지 않는 장벽을 벗어나고자 하며, 과거 민족주의 성향의 저항적인 에스닉 표상에 머무르고자 하지 않는다.

> "나는 한국인이 아니다. 북한인이 아니다. 일본인이 아니다. 나는 자이니치이다. 당신들의 민족성이란 한결같이 한국처럼 혹은 북한처럼 되라는 것이다. 그것은 대상이 다를 뿐 과거 일본이 자이니치에 대해 강요했던 것과 똑같은 것이다. 한국에서 '민족적'이라는 말이 나오면 정말 지긋지긋하다."
>
> 신승옥, 재일조선인 3세.[71]

1980년대 이후 세계화가 확산되고 국외로의 이주와 국제결혼이 증가하면서 다양한 문화적 배경을 지닌 이민자들이 대거 유입되었다. 일본 경제호황기에 외국인이 급격히 늘어나면서 국경의 경계가 강조하던 단일성의 개념이 약화되었고 일본 사회도 다문화사회로의 전환을 고민하게 되었다. 이러한 흐름 속에서 재일조선인사회는 외부요소에 의해 내부적인 변화를 겪는다. 일본으로 비즈니스와 결혼, 혹은 유학을 통해 새

---

71 미디어 일다로(2007.06.05.), "재일조선인 차별, 한국 책임도 크다-자이니치 신숙옥이 본 일본과 한반도" (http://www.ildaro.com/sub_read.html?uid=3831&section=&section2=)

로운 세대의 한인들이 합류하고 있다. 이들은 소위 '뉴커머'(new comer)라고 지칭된다. 과거 일본강점기 때 이주하여 정착한 '올드커머'(old comer) 세대와 달리 이들은 민족적 동질감이나 지역적 정체성을 고집하지 않고 양 국가의 사이에 형성된 초국가적인 정체성을 갖고 있다. 뉴커머는 한민족의 사회문화적 생활양식과 가치관을 유지하면서도 동시에 새로운 이주국인 일본의 지역사회에서 일본식 문화적 요소를 기꺼이 받아들이며 열린 공간의 주거지를 형성한다. 네트워크 사회에서 어떤 한 지역에 사는 사람은 현재 살고 있는 지역에 대한 정체성과 더불어 일상적으로 연계된 다른 지역과의 관계 속에서 확장된 정체성을 가지게 된다.[72] 이전세대들과 달리 이들은 국경을 가로질러 다양한 문화적 가치를 추구하는 이중문화의 혼종적 정체성을 지닌다고 할 수 있다.[73]

과거 한인공동체는 기존의 민족중심적 틀을 토대로 주류사회와의 경계가 뚜렷하고 독립적인 정체성을 지녔으며 도시의 특정한 지구에 정주하려고 했다. 반면 새로운 이주세대는 한인공동체 내의 동질적인 생활시스템을 고집하지 않고, 일본 사회안에서 지속적 교섭과정을 이루는 혼합된 정체성을 가지고 있다. 이들은 복수의 국가와 민족, 출신과 언어, 습관과 문화영역의 사이를 넘나드는 혼재된 초국가적인 경계인이라고 할 수 있다.[74] 이처럼 이들의 삶의 지향성은 고정되어 있는 것이 아니라, 사회적 관계 속에서 지속적으로 유동하는 가변적인 것이다.

문화이론가인 호미 바바(Homi K. Bhabha)에 의하면 현대사회의 특징인

---

72 최병두(2011), 일본 외국인 이주자의 다규모적 정체성과 정체성의 정치, 『공간과 사회』, 35권, p. 230.

73 같은 논문, p. 224.

74 이상봉(2012), 앞의 논문, pp. 128-129.

자본의 전지구화 현상으로 사람들의 대이동이 일어나고 여러 인종들 간의 교류를 통하여 이질적 문화들이 만나서 문화적 혼종성(cultural hybridity)이 발생한다는 것이다. 즉 현대사회의 변화는 지금까지 없었던 혼종적이고 전환적인 정체성이 창출하고 같은 기준으로는 비교가 불가능한 요소들의 협상을 가능하게 하며 경계적 존재들로 하여금 창조적 긴장감을 유발하는 '제3의 공간'을 만들어 낸다는 것이다.[75]

오늘날 한인커뮤니티는 과거 집단정착지에서 다양한 곳으로 확산되었고 뉴커머를 중심으로 새롭게 코리아타운으로 형성되었다. 지리적으로 도심 인근의 상가 및 소비문화지역에 위치하고 있다. 한류 열풍 이후 현재는 한국을 체험해 보려는 일본 관광객들이 찾아오는 한국대중문화의 교류공간으로 발전, 변화되어 있다. 도쿄 신주큐(新宿)와 오사카 이쿠노(生野) 등을 중심으로 한국음식점, 관공서, 한인상점, 아시아마켓, 은행, 호텔, 한국식 PC방, 한인교회, 유학원 등 다양한 시설이 존재하며, 한국식 라이프스타일을 즐길 수 있게 특화된 권역을 이루고 있다.

우토로 마을 전경

신주쿠 한류 거리(한국특화거리)

출처: "일본 강제징용 현장을 가다–우토로 마을과 아파치 마을"(일요신문, 2015.11.25.), 신주쿠 '한류거리' 현주소(일요신문, 2016.01.27)

75 (재인용) 이소희(2001), 호미 바바의 "제3의 영역"에 대한 고찰: 탈식민 페미니즘의 관점에서, 『영미문학페미니즘』 제9권 1호, p. 105.

2) 언어

재일조선인은 일본 사회의 차별과 멸시를 받으면서도 조국의 언어를 유지하는 것을 민족의 정체성과 자긍심을 지키는 것으로 여겼다. 재일 1세대에게 일본어는 피지배의 굴욕을 상징하는 외국어였으며, 이들에게 조선말이 모어(母語)였다. 재일조선인들은 우리말과 한글을 민족적 주체성을 이루는 데서 가장 중요한 핵심요소로 보았다. 이들은 식민지 시대부터 강요된 일본어 사용에 맞서서 후속세대에게도 한민족의 뿌리를 잊지 않도록 우리말의 전수에 힘썼다.

오늘날 재일조선인사회는 강한 민족의식을 지녔던 1세대가 70대 이상의 고령이 되면서 2, 3세대로의 세대교체가 이루어졌으며 재일한국인사회 내 우리말의 언어활용도는 크게 낮아졌다. 일본에서 나고 자란 재일 2세대에게 일본어는 더 이상 외국어가 아니며 자연스럽게 모국어로서 위치하고 있으며, 우리말을 생활어로 사용하지 않고, 일본어만을 사용하고 있는 것이다.

1983년 재일조선인의 언어생활 실태와 관련한 조사에 따르면 재일조선인 중 일상언어로서 우리말을 사용하는 사람은 조사대상자 중 37%, 일본어만을 사용하는 사람은 59%로 차이를 두었다.[76] 이후 1990년 발표된 연구 자료에서는 우리말을 자유롭게 쓸 수 있는 재일동포가 전체에서 7.9%에 불과 했고, 한국어를 전혀 못하는 사람이 68.5%로 나타났다.[77] 이처럼 설문조사에서 나타나듯이 재일조선인사회에서 두 언어 간의 상대적 위상 차이는 점차 커졌다. 2002년에 실시한 언어실태조사는

---

76 (재인용) 정병호(2002), 언어생활과 민족교육, 한국문화인류학회 편, 『일본관서지역 한인동포의 생활문화』, 국립민속박물관, p. 247.

77 이은영(2005), 『이름과 언어를 통해 본 재일한국인의 아이덴티티』, 중앙대 석사학위논문. p. 40.

109명 응답자 중 일상생활에서 한국어 사용자는 4명(3.7%), 일본어 사용자는 70명(64.2%), 한국어를 가끔 사용하는 경우가 31명(28.4%)로 일본어 사용이 압도적임을 확인할 수 있다.[78] 폐쇄적인 일본 사회의 특성상 타지의 언어인 한국어로 소통할 수 있는 여건이 조성되어 있지 않고 세대가 이어지면서 일본어로 생활하는 것에 익숙한 것으로 판단된다.

재일 2세대 이후 후속세대들에게 한국어 상실의 정도는 점차 심해지고 있다. 재일조선인이 가장 많이 살고 있는 오사카에서는 80% 내외의 재일조선인들이 일본학교에 다니고 있는 상황이다. 일본에서 나고 자란 재일 2, 3세는 한글을 거의 모른다고 할 수 있다. 7~8할 정도의 젊은이들이 한글을 전혀 모르거나 단어나 인사 정도만 알고 있다고 한다.[79] 한국어 구사능력과 관련한 설문에서 '한국말을 전혀 모른다'는 항목에 대해서 2세 집단은 10.8%를 기록하였고, 3세 집단에서는 51.3%에 이를 만큼 확산되고 있으며, 들을 수는 있지만, 말할 줄 모른다는 대답을 포함하면 전체의 79.6%에 이른다.[80] '한국인이니까 한국어를 써야 한다'는 질문에 대해서 1세 집단은 긍정적인 대답이 70%인 반면에, 2세 집단은 32.4%, 3세 집단의 젊은 층은 20%로 급격하게 떨어짐을 볼 수 있다.[81] 이러한 연구결과는 후속세대들은 한국어 사용의 필요성을 느끼지 못할 뿐만 아니라, 모국어로서 한국어를 보존해야 한다는 의식이 약해지고 한국과의 심정적 유대관계마저도 점차 사라지고 있음을 보인다고 할 수 있다.

---

78 강정희(2004), 재일 한국인의 한국어에 대한 언어태도 조사: 오사카 지역사회를 중심으로, 『어문학』, 제86호, p. 8.

79 박용구(2008), 재일코리안의 문화적 갈등과 분화하는 정체성, 『일어일문학연구』, 제64집 2권, p. 345.

80 강정희(2004), 앞의 논문, p. 9.

81 강정희(2004), 앞의 논문, p. 15.

앞에서 살펴본 것과 같이 한국어의 사용빈도저하는 여러 상황과 관련이 있을 것이다. 재일조선인은 일본의 주류사회 진입에 있어서 공적 언어가 아닌 한국어의 사용을 장애요소라고 생각 할 수 있고, 기성세대가 한국어의 사용을 점차 적극적으로 권하지 않았던 이유도 있었을 것이다. 또한 후속세대는 자신들이 태어나고 생활하고 있는 일본에서 현재 구사하고 있는 일본어를 모국어처럼 알고 있으며 사용에 익숙하고, 제2언어로서 한국어를 하나 더 배운다는 것은 이들에게 적지 않은 부담으로 다가올 수 있었을 것으로 본다.

이러한 현실을 감안할 때, 한 조사결과는 모어로서 한국어의 위상하락은 심리적으로 재일조선인 사회구성원들 간의 동질감과 결속력 약화를 이끌 수 있으며, 고령자 1세 집단이 사라지는 10여 년 후 재일조선인 사회의 한국어 보존 실태와 선택 양상이 더 비관적일 것이라는 전망을 내놓고 있다.[82]

재일조선인 내에서도 민단계와 총련계 사이에 있어서 우리말의 사용비율은 큰 차이를 나타낸다. 일본에서 재일조선인 학생의 88.5%가 일본인학교에, 8.5%가 총련계 학교에, 그리고 나머지 3%가 민단계 학교에 등록하고 있듯이,[83] 소수의 재일조선인이 조선학교에서 우리말을 배우고 있다. 실제로 2013년 발표된 "우리말을 할 줄 아는가?"라는 설문에 대해서 민단계 3~5세 중 자유회화가 가능한 자는 전체의 3.2%에 불과하고, 전혀 못하는 자는 88.2%로 나타났다. 이에 비하여 총련계 3~5세는 자유회화가 가능한 자가 61.32%로 월등히 높았다. 또한 못한다가 2.7%로 대조적인 특징을 보인다.[84] 이는 조선학교를 다닌 경험이 우리

---

82 강정희(2004), 앞의 논문, pp. 24-25.

83 김성우(2013), 재일교포 사회 3～4세의 정체성에 관한 연구, 『동북아시아문화학회 국제학술대회 발표자료집』, p. 242.

말 구사능력에 있어서 크게 기여를 한 것으로 추정해 볼 수 있다.

여기서 주목할 것은 재일조선인사회에서 우리말의 상실 정도가 커지고 있을 뿐만이 아니라, 조선인사회의 분단으로 인한 언어이질화현상의 문제가 파생되고 있다는 점이다.

재일조선인사회에서 총련계 조선학교에서 습득된 우리말인 조선어는 일본 땅에서 동화를 거부하고 우리 민족성을 지켜온 징표로 볼 수 있다. 이들은 우리말로 자신의 존재를 표현하는 데서 민족적 자긍심을 느끼기도 했다. 그러나 한국인을 만나게 되거나 뉴커머 이민자와 대화를 나누는 경우에 조선인들이 쓰는 조선어는 잘 통하지 않을 수 있다. 조선어는 민족교육을 통해서 배운 언어이기에, 한국 사람들에게 조선어 속에 지닌 낯선 어투와 어휘는 어색할 수 있다. 같은 민족성원이지만, 함께 나눈 대화에서 이들이 구사하는 조선어는 자신이 총련계라는 신분을 나타내는 지표로서 구별되기도 한다. 때로는 대인관계에서 한국에서는 잘 통용하지 않는 북한식 말투로 인하여 주변에서 의심스러운 시선을 받기도 한다.[85] 이처럼 조선어는 의사소통적 기능을 완벽하게 수행해 내지 못하며 한국인과 경계를 짓도록 만들고 있다. 따라서 조선학교출신들은 조선어를 구사할 수 있지만 제한된 접촉을 하려는 심리적 부담감을 가질 수 있는 것이다.

그리고 일본 사회에서 조선학교는 조선어를 통해서 공식적인 수업이 운영된다. 따라서 교과서에 나오는 교과목 용어들을 우리말로 배우기 때문에 전문적인 일본식 학술용어에 익숙하지 않게 된다. 일상생활에서

84 김성우(2013), 앞의 논문, p. 239.

85 참조, 권준희(2002), 『재일조선인 3세의 '민족' 정체성에 관한 연구: 조선학교 출신 '조선적'을 중심으로』, 연세대 석사학위논문, pp. 69-72; 조선학교에서는 '우리'라는 개념을 사용하면서 민족적 범주를 확실히 나타내며 이때 '우리'의 개념은 북한을 염두에 두고 사용되는 것으로 '우리'에는 한국적인 요소를 배제하지만, 여기에서는 폭넓은 일반적인 의미로 우리말로 사용함.

일본어를 잘 말할 수 있어도 사용되는 영역은 사적인 생활에 집중되어 있다. 따라서 이들의 일본어로는 진학, 시험이나 취직 시에 어려움을 겪게 되고, 일본어에 대해서도 완벽한 자신감을 갖지 못하는 경우가 있는 것이다. 따라서 총련계 재일조선인들은 완전한 우리말도 완전한 일본말도 할 수 없다는 콤플렉스에 시달리기도 한다.86

언어와 함께 재일조선인사회에서 통명의 문제 또한 작지 않다. 재일조선인에게 이름이란 쉽게 표면 밖으로는 드러낼 수 없는 문제이기도 했다. 본래 고유한 한국식 이름이 있지만 차별이 심한 일본 사회 내에서 원활하게 통용할 수 없었는데, 이름으로 인한 불이익을 감수해야 하기 때문에 자신의 이름을 떳떳하게 밝힐 수 없었다. 따라서 귀화를 택하지 않은 재일조선인은 대부분 민족명과 통명 둘 다 갖고 있기도 하였다. 일본인처럼 살아야 하는 분위기는 이후 세대라고 해서 별반 다를 게 없이 이들에게도 고충으로 다가오는 것이다.

일본 오사카 지역의 명패
(왼쪽: 한국식 본명과 괄호 안 일본식 이름, 오른쪽: 본관(수원 박씨)를 살려 창씨개명)
출처: "'자이니치'차별과 냉대의 주홍글씨" (대전일보, 2015.07.24)

86 같은 논문.

재일조선인은 일본 사회에서뿐만 아니라, 귀국 후 한국생활에서 심한 편견에 부딪치게 된다. 재일동포 귀환자들이 일상생활에서 자주 경험하는 어려움은 모국어 사용과 관련한 것이다. 이들은 일본 사회에 살면서 언어와 문화에 있어서 일본식 어투와 관습을 몸에 자연스럽게 익히게 되는데, 이로인해 국내에서 한국어를 할 경우에 독특한 일본식 발음과 억양으로 인하여 문제점을 노출하게 된다. 많은 한국인들은 동포라고 하더라도 식민지 과거를 떠올리면서 일본식 말투와 행동에 대하여 민감하게 반응한다. 일본 사회의 특수성에 대한 고려 없이 이들을 일본에 동화된 사람으로 간주하면서 부정적 반응을 표하는 것이다.

일본으로부터 온 귀환자들은 한국어와 한국 문화를 배워서 보다 완전한 혹은 똑같은 한국인이 되고 싶었다고 하더라도, 예상치 못한 이런 반응을 직면하면 재일조선인들은 상처를 받거나 곤혹감을 느낀다. 재일조선인의 과거역사에 대해 무지하고 이해가 부족한 한국인들은 귀환 재일조선인들을 자신들의 잣대에 맞춰 평가해 버리기 때문이다.[87]

> "나는 지금 이렇게 이야기하고 있지만 말하고 싶은 것을 완벽하게 전달할 수는 없어요. 어떻게 하면 한국인처럼 유창하게 발음할 수 있을까하는 콤플렉스가 항상 있지요. '우리말'은 북도 남도 아닌 일본에서 이야기되는 우리말, 미완전한 우리말이예요."
>
> – 김미자(대학생)[88]

87 권숙인(2008), 디아스포라 재일한인의 '귀환', 『국제지역연구』, 제17권 4호, pp. 46-52.

88 권준희(2002), 『재일조선인 3세의 '민족'정체성에 관한 연구: 조선학교 출신 '조선적을 중심으로』, 연세대 석사학위논문, p. 72.

"내 우리말 속에 있는 북한말을 듣는 한국 사람들은 나를 무서워해요. 나는 중립인데, 북한을 지지한다는 인상을 주게 되면 사이좋게 이야기를 할 수가 없어져요. 이렇게 되면 그 다음부터는 거리를 두게 되고 인간적인 친밀감을 가질 수 없게 되지요. 그래서 나는 작은 단어와 표현도 신경을 쓰게 되요. 북쪽이라는 인상을 주지 않기 위해서."

– 행자(대학생)[89]

"한국에서 생활하면서 가장 많이 들은 질문이 '독도가 어느 나라 땅이라고 생각하느냐?' '한일 축구전이 벌어지면 어느 쪽을 응원하느냐?' '김연아와 아사다 마오 중 누가 더 잘한다고 보느냐?'였습니다. 저희는 한국 사람인데 당연한 걸 물을 때마다 억장이 무너집니다. 일본에서 태어나 살았다는 이유만으로 재일동포를 일본인으로 취급하면 우리는 어디서 살아야 합니까?"

김여순, 김명향(36, 34)[90]

3) 풍속과 축제

재일조선인의 민속은 일본으로의 이주과정을 통해 변화를 일으켰다. 이들이 겪은 역사나 일본의 생활 속에서 새로이 형성되면서 우리 고유한 전통은 끊임없이 수정되고 재구성된다고 할 수 있다. 물론 시대적, 사회적 변화를 겪으면서도 일본의 민속과 접변을 일으키지 않고 끈질기게 이어져가는 한국의 토속적 형태를 발견할 수 있으나 현재 재일조선인의 세시풍속은 일본 민속과의 문화적 근접성 때문에 쉽게 외래적

89 권준희(2002), 앞의 논문, p. 73.

90 연합뉴스(2015.11.17.), ""자녀 보육료 달라'…모국서 헌법소원 낸 재일동포" http://www.yonhapnews.co.kr/bulletin/2015/11/17/0200000000AKR20151117039300371.HTML?input=1195m)

인 요소가 수용되는 부분이 있었다.

일본 사회에서 세시행사를 양력으로 하고 있기 때문에 대부분 한인들은 우리의 음력민속명절을 고수하지 않고, 현지사정에 맞춰 양력으로 명절을 보낸다. 재일조선인사회에서 설날과 추석은 최대의 세시행사다. 설날은 일본의 공휴일에 맞추어 양력인 1월 1일로 하고, 추석은 일본 최대명절인 '오본'에 맞추어 양력 8월 15일로 지낸다. 실제 음력절기에 따르면 추석은 실질적으로 9월 중순 이후에 이루어지지만, 현지 명절 절기의 관습에 의해 영향을 받아서 타협점을 찾는 경우가 생긴 것이다. 물론 현재 재일조선인 중에서 한국과 같이 음력으로 순수전통의 추석 양식을 지켜가고 있는 가정도 찾을 수 있으며 정월대보름, 단오와 한식(청명)순으로 명절 절기를 지키고 있다.

우리 전통 민속은 조상숭배의 관습을 중요시한다. 일본에서도 설날이나 추석을 맞아 조상에게 성묘를 하는 풍속은 크게 다르지 않기에, 재일조선인은 현지의 문화양식과 절차를 자연스럽게 따르게 된다. 일본인들은 정초에 자신의 소원을 빌기 위해 신사나 절에 가는 풍속이 있는데 재일조선인들은 여기에 한국식 예법을 가미하여 병존하는 양상을 띠게 된다. 식생활에서도 섣달 그믐날 밤에는 일본식 '가케소바'(메밀국수)를 먹으며 장수를 기원하면서도, 우리식 팥죽을 먹으며, 설날 아침이면 설음식인 '오세치(お節)' 요리와 함께 우리식 떡국을 즐긴다. 또한 이들은 추석을 지내면서 일본의 오본에서 행하는 일본식 풍습에 많이 동화되었다. 조상 성묘 이후에 각 집에 조상의 위폐를 모셔 둔 불단 예식을 행하고 있다.[91] 추석과 오본은 그 기원과 원래의 성격을 달리하고[92]

91 노성환(2003), 재일한인의 세시풍속에 관한 연구, 『한국문학논총』, 제34집, p. 161.

92 노성환(2011), 한일 중추절에 대한 비교연구: 한국의 秋夕과 일본의 月見, 『일어일문학』, 제50집, p. 262.

모국의 행사내용과 다소차이가 있지만, 절기가 추석 날짜와 비슷하고 조상숭배의 내용을 담고 있어 오본의 이국적 풍속요소가 재일조선인 사회에 쉽게 수용된 것으로 보인다.

우리 문화전통에서 가장 중요한 의례인 제사는 재일조선인사회에서도 민족정체성을 확인하는 의미 있는 행사로 자리 잡고 있다. 제사와 관련된 날짜와 시간은 일본이란 장소와 산업사회의 생활리듬에 따라 재구성되어 치르고 있다. 조상의 제삿날을 음력이 아닌 양력을 기준으로 지내며, 가족이나 친지들이 함께 모일 수 있는 주말로 조정이 이루어지기도 한다. 제사의 진행도 한 밤중이 아닌 초저녁으로 시간대를 이동하여 가족편의를 생각하는 경우가 늘고 있다. 그리고 일본 명절에 맞추어 9월 9일에 모든 조상 제사를 일괄하여 지내는 사람도 적지 않다. 제사음식에 있어서도 조금씩 변화를 겪고 있어서 한식과 일본식을 절충하는 의례방법이 이루어지고 진행에 있어서도 불단에다 우리나라의 전통적인 관례와 복합된 제사양식을 하는 경우가 있다.

과거 재일조선인 1세대는 이주되어 일본에서 살아야 했던 상황에서 떠나온 고향에 대한 향수를 간직한 채 낯선 주류사회와 거리를 두며 상대적으로 폐쇄된 공간 안에서 자신들만의 공동체의식과 옛 전통을 지켜 왔다. 그러나 현재 재일조선인 후속세대는 일본에서 태어나 그곳의 문화적 공간을 바탕으로 성장하였기에, 옛 조선의 고유한 풍속과 관습은 부모님의 과거유산일 뿐 확고불변한 권위성을 지니지 못한다. 물론 오늘날에도 많은 이들은 한반도와 문화적 연대의식을 느끼고 한국인으로 민족적 아이덴티티를 갖고 있다. 그러나 재일조선인은 한 세기 동안 일본인과 함께 살아오면서 부모세대와 달리 더 이상 우리식의 생활방식을 고집하지 않게 된 것이다. 재일조선인 3세대와 4세대의 현실은 스스로 이미 사회적으로 문화적으로 일본에 더 가깝다고 느끼고 있으며 조부모의 떠나온 고향과 민족국가와는 일정 거리가 있음을 인식한다. 이는 배타적인 일본 사회의 이민족에 대한 강한 차별의식도 큰 영향을 주었다고 볼 수 있다. 재일조선인은 일상생활에서 복수의 문화양식을 지니면서 이국적인 타자가 아니라, 이미 일본 사회에 상당부분 동화된 이웃으로 살아가고 있는 것이다.

일본은 지역에 따라 연평균 2,400회의 다양한 축제를 행한다. 재일조선인의 민족축제는 1980년대부터 실질적으로 운영되기 시작했다. 최초로 생긴 것은 1983년 오사카시에서 개최된 이쿠노 민족문화제였으며, 1990년대 이후 "○○마당"이라는 축제가 관서지방 교토, 오사카, 고베를 중심으로 생겨났고, 가와사키, 나고야, 후쿠오카 등 전국각지에서 개최되었다.[93] 현재 재일조선인이 중심이 되어서 개최하는 동포축제는 약 50개 정도이며 대표적인 한인중심의 축제는 오사카시 이쿠노 민족문화제, 원코리아 페스티발, 이쿠노 코리아타운과 가와사키시의 아리랑제 등이 알려져 있다.

재일조선인사회의 축제는 특별한 의미를 갖고 있다. 제례나 명절행사가 주로 가족단위의 개인적 범주 안에서 전승되는 민족적 특성을 띠고 있다면, 축제는 개인의 미시적 단위를 넘어 재일조선인의 집단적 차원에서 발현되는 문화적 형태로 볼 수 있다.[94] 무엇보다 축제는 지역에서 공동체를 형성하는 역할을 수행하면서 참가한 한인들의 민족정체성을 확인할 수 있는 장으로 볼 수 있다.

---

93 황혜경(2010), 재일코리안에 있어서 민족축제의미와 호스트사회와의 관계: 오사카시(大阪市)와 가와사키시(川崎市)를 중심으로, 『일본문화학보』, 제46집, p. 472.

94 참조, 김현선(2007), 재일 코리안의 축제와 민족 정체성, 『일본연구논총』, 제26호, p. 456.

과거 재일조선인은 이민족이라는 이유로 지역축제에서 배제되어 왔으나, 민속행사를 통해서 한민족의 민족의식을 강하게 드러내는 방식의 축제를 이어왔다. 일본 사회 내 동화과정의 압력이 심화되는 가운데서 재일조선인의 축제는 사회적 단결을 확인하고 민족의식에 기초한 민속놀이와 전통연희가 큰 중심을 이루고 있다. 일본 내 민속축제는 일본사회의 민족차별과 억압을 받던 한인들이 축제라는 자리를 빌어 일상의 생활 속에서 억제되었던 여러 감정을 분출하게 하는 카타르시스의 장소였다. 축제는 행사방식과 진행내용의 편차는 있지만, 한인들이 주기적인 모임을 갖고 전통놀이와 공연을 즐기는 마당의 역할뿐만 아니라, 참여자들이 고양된 마음과 친근한 감정을 교류하는 가운데 민족구성원 간 결속력을 촉진하여 왔다. 나아가 축제는 동포들과의 만남과 함께 일본인과의 편견과 갈등을 극복하고 지역사회 내 민족 간 소통의 장을 이루고자 한다. 현재 재일조선인은 한일축제 한마당, 한일교류 오마쯔리, 교토 히가시구죠 마당, 사천왕사왔소 축제, 이쿠노 민족문화제, 하나마투리, 고베 나가타마당 등에 참여하고 있다.

특히 재일조선사회에서 '원코리아 페스티발'을 주목할 필요가 있다. 1985년 처음 정갑수 선생이 기획 2014년 제30회까지 이어져온 축제로서 재일동포 내의 정치적 대립과 이념적 갈등을 봉합하고 민족화합과 통일의 장을 제공하려고 하는 취지를 지니고 있다. 한반도의 분단은 동포사회에서 또 다른 경계를 만들어 왔다. 동포들은 통일을 지향하는 이 축제 안에서 재일동포사회의 이념적 분열을 묶고 모두를 하나로 포용하여 재일조선인 사이의 민족단합을 창출해 보고자 노력하는 것이다. 축제행사에는 전통민요, 풍물패, 전통 가장행렬, 김치와 불고기 음식 이벤트, 전통 혼례놀이, 승무와 전통차 행사와 같이 전통적인 민속문화를 접할 수 있는 내용과 함께 다양한 참여 프로그램을 통해 동포들의 화해와 협력을 모색하며 조선인 사회 내부의 연대의식을 이루는 장을 조성하였다.

2015 원코리아 페스티벌 현장

출처: "'원코리아페스티벌'현장을 가다" (일요신문, 2015.11.25)

재일조선인 사회의 축제는 우리 한민족의 이념적인 민족성만을 강화하려는 것은 아니다. '국제교류'라는 이름을 내걸면서 동포와 일본인, 중국인, 동남아인 등 다양한 국적출신의 사회구성원들과 교류를 시도하고 있다. 일본 사회 내 여러 소수민족들을 초대하고 동참하도록 하여 서로 소통하고 상대방의 문화를 이해하는 지역사회 내 화목과 공생의 장을 촉진하기도 한다.

4) 혈연

재일조선인은 일본 사회의 어려운 환경 속에서도 조국을 잊지 않고 민족 고유의 결집력을 바탕으로 민족적 정체성을 유지하고자 했다. 동포들은 일본 정부와 주류사회의 차별과 멸시 속에서도 한민족의 후손이라는 자긍심을 지니고 있었다. 과거 재일조선인은 한민족공동체를 강조하기 때문에 같은 민족구성원과 혼인해야 한다는 관념을 가졌고 전통적인 민족 간 혼례풍속을 유지해왔다. 경우에 따라서 결혼 후보자의 국적과 관련하여 세대 간의 갈등을 초래하기도 하였으나, 현재 일본 사회 속에서 재일조선인의 후속세대들은 일본인과 민족통혼의 비율이 상당히 늘고 있음을 확인할 수 있다.

관련조사에 따르면 재일조선인 간의 혼인비율은 점점 낮아지고 있는 추세이다. 재일조선인은 1973년 7,450건의 결혼성사 중에서 한인 간 결혼은 3,678건(50.6%)이고 일본인과 결혼은 3,567건(48%)을 기록하였다. 1975년 한인과 일본인 사이의 결혼이 처음 절반을 넘었고, 이후 일본인과 결혼하는 재일조선인은 꾸준히 증가하여 1992년부터는 총 혼인건수 80% 이상을 차지하게 되었다. 1999년 조사에서는 한인과 일본인 간 결혼이 전체 87%로 증가한 수치를 보이고 있다.[95] 특히 국제결혼 건수에서 성별에 따른 차이가 두드러져 재일조선인여성의 국제결혼비율이 남성의 경우를 크게 상회하는 결과를 보인다. 한인여성과 일본인 남성 사이의 결혼이 크게 증가한 것은 재일조선인 남성이 보인 유교적 중심의 남존여비 사상과 권위적인 자세가 결혼상대자로서 마이너스 요인으로 작용한 것으로 보인다. 그 외에도 일본 주류사회 내 차별에서 기인한 재일조선인 남성의 직업과 비교적 낮은 경제력 등 사회경제적 요인이 영향을 미친 것으로도 볼 수 있다.[96]

재일조선인사회에서 올드커머 2세는 가능하다면 동포끼리 결혼하는 것이 좋다고 생각하는 반면에, 올드커머 3세 중 72.4%는 결혼상대자로서 일본인이든 한인이든 어느 쪽이든 상관없다는 견해를 보이고 있다.

95 장윤수(2004), 재일한인 집거지역 사회적 실태조사: 신주쿠와 이쿠노를 중심으로, 한국동북아논총 제9권 제2호, 통권 31집, p. 605.

96 지은숙(2011), 디아스포라 관점에서 본 재일조선인 여성의 결혼문제, 『재외 한인연구』 제25호, p. 48.

뉴커머의 74.5%도 한인을 고집하지 않고 상대방의 국적이 관계없다는 견해를 밝히고 있다.[97]

유동식은 재일조선인의 정체성과 관련하여 다음과 같이 특성을 언급하였다.

> "한인계 일본인이란 단순한 한인도 아니요 또 단순한 일본인도 아니다. 그들은 한인 이상의 존재인 동시에 일본인 이상의 존재이기도 하다. 주어진 하나의 민족문화를 넘어선, 그러면서도 그것을 내포하고 있는 포월적 존재이다. 말하자면 하나의 민족문화에 매이지 아니한 자유인이며, 두 문화를 속에 간직한 풍요한 자유인이다."[98]

일본인과 한인 간 국제결혼이 증가하는 여러 가지 요인들이 있는데, 우선 과거 민족이나 혈통에 집착하는 구세대의 가치관이 신세대에게서는 크게 변화된 점을 들 수 있다. 특히 재일조선인 자녀의 다수가 민족학교보다는 일본학교에서 교육받음으로써 학창시절부터 자연스럽게 일본인 친구들과 교우관계가 많아지는 점도 크게 작용했을 것으로 보인다. 또한 오늘날 재일조선인 사회에서 과거의 민족 중심의 집주지역도 자연스럽게 해체되는 변화를 겪고 있다. 따라서 일본전역에 흩어져 살기 때문에 젊은 한인들끼리 만나거나 사귈 기회가 적어지고 과거처럼 같은 혈통의 결혼상대자를 찾기가 어려워졌기 때문이다.

특히 1980년대 이후 일본 사회에서 독신자와 단독가구가 급격하게 증가하고 있으며 독신 남성뿐만이 아니라 많은 여성들이 결혼을 하지 않거

---

97 임영철(2013), 국외 동포 언어 실태 조사를 위한 기초 연구: 재일 한국인의 언어생활에 대한 실태 조사를 중심으로, 『동북아문화연구』, 제34집, p. 137.

98 유동식(1982), 해외 한국인의 동화문제와 그 문화사적 의미-재일교포를 중심으로, 『정신문화연구』, 12, p. 43.

나 결혼해도 아이를 낳지 않는 것을 선택하는 경우가 많아지고 있는 사정은 재일조선인 사회에 민족공동체를 흔들 수 있는 이유가 될 수 있겠다. 재일조선인 공동체가 점차 해체되어 가면서 한인 학생의 급감으로 민족학교가 폐교 등의 많은 어려움에 직면해 있다. 따라서 재일조선인이 집주구역을 형성하고 있는 오사카, 고베, 교토 등 지역권에서는 한인 간 맞선을 주선하는 이벤트를 벌이기도 한다.[99] 재일조선인의 결혼이 개인적인 차원의 문제가 아니라, 가족과 동포사회와 결부된 중대한 문제라는 의식이 확산되고 있기 때문이다. 따라서 민단이나 총련에서도 직접적으로 동포 간 결혼장려사업을 추진하면서 민족 간 결혼을 주선하기도 한다.[100] 그러나 재일조선인 후속세대들은 결혼업체에 있어서도 민족관련 단체들이 하는 업체를 선호하기보다는 전국적인 인프라를 구축하고 다양한 범주의 후보자들을 만날 수 있는 일본 내 결혼정보회사를 선호하고 있다. 젊은 세대 중 여성들의 전반적인 학력 상승이 배우자 선택의 기준을 상향시켰고, 취업에서 재일조선인에 대한 일본 사회의 차별이 여전한 사회에서 일본 국적의 예비신랑을 찾는 경우가 보다 크다고 할 수 있다.

〈표〉 재일조선인과 한국인 결혼통계

외국인 아내·남편의 국적별	한국인 아내·남편의 혼인 종류	2014	2015
일본	총계	2,521	2,584
	초혼	1,877	1,812
	재혼	643	771

출처: 통계청, 인구동향조사(2014-2015)

99 지은숙(2011), 앞의 논문, p. 52.

100 지은숙(2011), 같은 논문, p. 59.

도표에서 알 수 있듯이 재일조선인과 한국인의 결혼 수치는 일정부분 유지되고 있지만, 1985년 국적법의 개정이후에 재일조선인의 국제결혼은 증가하고 있다. 국적법에 따라 부모 어느 한편이라도 일본인일 경우 일본 국적을 취득하게 되므로 재일조선인수는 점차 줄어들고 있는 추세이다. 재일조선인은 언어나 문화에서 일정수준이상 일본 사회에 동화되어 있기에, 상당한 비율의 한인들이 귀화를 선택하고 있다. 재일동포사회는 일본으로의 귀화 자체가 조선인 사회가 점차 해체되는 여파를 주고 있어 상당한 위기감을 느끼고 있다고 볼 수 있다.

재일조선인의 귀화는 본래의 목적인 일본 사회 속으로 완전히 동화하는 것이 사실상 어려울 수도 있다. 그럼에도 일본 사회에서 재일조선인들이 겪어야 했던 심각한 차별과 배제로 인한 재일조선인의 귀화는 심화되는 현상을 보이는 것이다. 물론 이들은 자신이 한인으로서 가졌던 문화적 정체성을 완전히 포기하는 것은 아니라고 할 수 있다. 특히 국적이나 이름만은 계속 유지함으로써 이를 정체성의 근거로 삼으려는 경향이 강함을 확인할 수 있다.

〈표〉 재일조선인 특성

<table>
<tr><th>이주 및 생활배경</th><th colspan="2">재일조선인의 주요 내용</th><th>특징</th></tr>
<tr><td rowspan="4">• 일제시대 노동력 착취를 목적으로 강제이주, 집단부락을 이루며 생활

• 종전 후 귀국조건의 문제점과 국내 생활터전의 어려움으로 일본 정착

• 남과 북의 대립으로 재외동포 사이의 이념 갈등

• 총련 측 재일조선인의 국내 이주 및 왕래의 어려움</td><td>취락지</td><td>• 재일조선인은 복합적 성격의 그룹들로 구성됨
- 1세대는 해방 후 귀향하지 못한 채 일본내 힘든 정착과정을 거침
- 후속세대 '자이니치'는 한국은 낯선 조국으로 인식됨
• 국내 거주 대신에 일본 정착을 선택하며, 세대 간 취락지의 차별화를 보임</td><td rowspan="4">• 일제시대를 배경으로 일본에 정착한 1세대는 민족의식을 강하게 유지하고 집단공동체에 집중함

• 후속세대 및 뉴커머는 일본인과의 공존을 위해 민족정체성을 주장하는 비중이 약화됨

• 재일조선인 사회 내 민족구성원의 특성이 차별화되어 있고 특유의 민속문화 형성됨</td></tr>
<tr><td>언어</td><td>• 1세대는 조국의 언어를 유지하는 것을 민족적 정체성과 동일시
- 일본 생활의 차별에도 불구하고 후속세대에게도 한민족 뿌리로 언어를 전수받도록 노력
• 3세대 이후 일본어가 모국어로 위치하고 있으며, 생활에서도 우리말의 사용비율이 현저히 감소함. 민족자긍심이었던 우리말의 위상 하락 및 일본어 사용에 대한 심리적 부담감 소멸</td></tr>
<tr><td>풍속</td><td>• 전통풍속은 조선인사회에서 민족정체성을 확인하는 행사였음
- 전통 음력민속명절을 현지사용에 맞추어 양력으로 명절 행사
- 한일 간 문화적 근접성으로 일본식 이국적 문화 수용과 변용
• 재일조선인의 혼합된 문화양식 및 이중적 민속양식 표현</td></tr>
<tr><td>혈연</td><td>• 혈연을 중시하며 민족공동체를 유지하고자 민족결혼을 고수했음
- 올드커머와 달리 후속세대 및 뉴커머의 경우 일본인과의 결혼 및 단독가구의 선호가 높아짐
• 과거 재일조선인이 겪어야 했던 심각한 차별로 귀화의 확산</td></tr>
</table>

한 언론은 "재일동포 매년 2%씩 일본인 된다."는 제목으로 일본 내 귀화문제를 다루었다.

주간동아 2010년 6월 7일

(기사) 연 8000여 명 귀화 '코리아계 일본인' 급증 … 재일 중국인과 조선족은 증가

"일본 관계법령은 외국인 중 3개월 이상 일본에 체류할 경우 반드시 외국인 등록을 하도록 규정하고 있다. ...이런 규정에 따라 외국인 등록을 마친 사람들 가운데 재일동포가 차지하는 비율(예를 들면 1947년 59만 8507명으로 93.6%)은 오랫동안 부동의 1위였다. 그러나 2005년 말 기준(법무성 통계)으로 60만 명 선이 처음 깨진 뒤 계속 감소해 2007년에는 59만 3489명으로 사상 처음 2위로 내려갔다. 대신 중국 출신이 처음 60만 명을 넘어서면서(60만 6889명) 1위가 됐다. 중국 출신자는 중국의 경제 발전에 따른 해외 유학 증가 등으로 매년 폭발적으로 증가, 불과 10년 사이에 약 2.4배가 불어났다.

(...) 2008년 통계를 보면 일본에 살고 있는 외국인은 221만 7426명(법무성 조사 외국인등록자수)으로 일본 전체 인구(1억 2769만 2000명)의 1.74%를 차지한다. 외국인 출신자 비율이 10% 정도인 유럽 주요국에 비하면 그리 높은 편은 아니다. (...) 그 가운데 중국인이 65만 5537명(전년도 대비 약 5만 명 증가)으로 전체의 29.4%를 차지한다. 반면 한국인은 전년도에 비해 4250명이 감소한 58만 9239명(전체의 26.6%)으로 2위에 그쳤다. 이 가운데 특별영주자로 분류된 재일동포가 41만 6309명이다.

한국 출신자가 감소하는 원인은, 일본으로 귀화하는 이가 꾸준히 늘고 있기 때문이다. 일본인과 재일 한국인의 결혼은 1989년 처음 연간 1만 명을 넘어섰고(후생노동성 인구동태 통계), 1990년대 이후에는 매년 7000~1만 명 선을 기록하고 있다. 이 중 90% 이상이 일본 국적을 취득했는데, 2008년 말까지 귀화 한국인 누계는 29만 6168명에 달한다. 재일동포 40만 명 중 연간 8000명 가량이 귀화한다고 보면 매년 100명 중 2명 정도가 일본인이 되는 셈이다. 이는 일본 사회로의 동화 현상이 가속화하고 있음을 말해 준다.

(...)기존 재일동포가 귀화하거나 노년층이 사망하면서 한국 출신자의 감소 추세가 매년 이어지고 있다. 한국의 경제발전과 민주화, 한류 붐 등의 영향으로 일본 사회에서 재일동포에 대한 편견, 차별, 멸시 등은 많이 줄어들었다. 그러나 결혼·사업 등에서는 여전히 한국인이란 사실이 부담이 돼, 어차피 일본에 살 바에는 일본 국적을 갖는 것이 유리하다고 판단해 귀화하는 사람이 계속 느는 것이다. 또한 비교적 젊은 층인 뉴커머 중 일본인과 결혼한 뒤 국적을 바꾸는 이도 많다. 이는 젊을수록 국적과 민족적 아이덴티티를 별개로 생각해 일본인이 되는 것에 거부감이 없기 때문이다. 일본 귀화를 미국 시민권을 얻는 것과 마찬가지로 여긴다."

조선족과 고려인, 재일조선인 영화

적응의 어려움과 문화적 편견을 마주한 사람들, 한국 내에서의 차별

이 장에서는 조선인, 고려인과 재일조선인을 소재로 한국 내에서 차별을 다룬 영화들을 다루어 보았다. 영화들은 비록 단편적이긴 하지만 이들과 관련한 현실과 문제점들을 진단하고 재조명하여, 진정한 한국 사람으로서 인정받지 못하고 차별과 핍박을 감내하며 이방인으로서 살아가야하는 사실을 함께 고민하는 우리사회에 성찰의 기회를 던져주고 있다.

■ 어두운 이면만이 강조된 조선족, '차이나 블루' (2012, 김건 감독)

'은혁'은 자신의 동네에서 조선족 '길남' 패거리가 세력을 키우는 것이 싫어 매일 같이 갈등을 빚지만 '칭칭'이라는 중국 여성에게 '은혁'은 사랑의 감정을 느끼게 되고, 그 이후 '길남'과의 싸움에 대한 회의를 느끼게 된다. 이로써 '은혁'은 자신이 '길남'에 대한 부정적 감정들은 사회적 편견에서부터 왔음을 알게 된다.

가수가 되고 싶어 한국에 온 중국인 '칭칭'은 '길남'과는 같으면서도 다른 사회적 차별과 멸시를 받으며 살아가다 '은혁'을 중심으로 조우하게 된다. '칭칭'은 사기 엔터테이먼트 회사 사장으로 인해 화류계에 몸담게 되고 국내에서 중국인 여성에 대한 불편한 대우를 받게 된다.

영화포스터

(왼쪽에서 오른쪽) 은혁과 칭칭, 길남

출처: 네이버영화

■ 차가운 시선 속 사라지는 중국 동포들, '다섯 개의 시선-종로, 겨울' (2006, 김동원 감독)

옴니버스 영화 '다섯 개의 시선' 중 김동원 감독의 작품인 '종로, 겨울'은 중국 동포 故김원섭 씨의 죽음을 계기로 제작되었다. 영화는 故김원섭 씨가 동사를 하게 되기까지의 과정을 재현하고 관련 인물들의 인터뷰를 통해 국내에서 중국동포에 대한 차별과 멸시를 비롯해 그들이 바라는 "자유왕래"에 대한 질문을 던진다.

평소에 소심하고 말주변이 없던 故김원섭 씨는 2003년 12월 9일 종로에서 며칠간의 굶주림 끝에 몸의 이상을 느끼고 112에 전화를 했지만, 취객의 장난전화쯤으로 받아들인 경찰과 한국말에 대한 이해가 부족했던 故김원섭 씨 간 의사소통의 부재로 경찰서 약 50m 앞에서 동사했다. 이 사건을 중심으로 매해 사회적 보호를 받지 못하는 경계인으로써 차갑게 죽음을 맞는 중국 동포들에 대한 문제점이 공공의 이슈가 되었다.

영화 포스터

종로, 겨울 스틸컷

출처: 네이버영화

▌꿈과 정체성의 공간, 그리고 경계의 중심인 한국, '하나안(XAHAAH)' (2011, 박루슬란 감독)

'하나안'은 러시아어로 성경의 '가나안'을 가리키며, 희망의 공간 또는 이상향을 뜻한다. 영화 속 주인공은 우즈베키스탄에서 태어나 자란 고려인 4세로 4명의 친구들과의 관계를 중심으로 이야기는 전개된다. 불우한 환경 속에서 자라나 지역의 주차장 관리인으로 살아가던 주인공 '스타쓰'는 희망을 품고 경찰이 되지만 부패한 경찰의 내면과 마주한 뒤 마약에 빠지게 된다. 마약 중독자의 삶을 살던 스타쓰는 한국으로 유학을 갔던 친구 '신'을 만나 한국이라는 새로운 '하나안'을 접하게 되지만, 친구 신에게서 마약을 발견하고는 또 다른 좌절을 맛보게 된다.

본 영화의 남자주인공을 맡았던 배우 스타니블라브 장은 실제로도 우즈베키스탄에서 태어난 고려인 4세로, 주자창 관리인에서 경찰이 된 인물이다. 스타니블라브 장은 현재 한국에 들어와 강원도 홍천에서 농사일을 하며 거주 중이며 곧 다시 배우의 길을 걸어갈 것이라고 한다. 그는 한겨레 TV와의 인터뷰에서, 고려인에 대한 국내의 선입견과 차별대우를 언급하기도 했다.

("많은 한국사람들이 우리를 보는 시선은 그냥 우즈베키스탄, 이방인이다")

출처: 한겨레 TV 인터뷰, 네이버영화

■ 오사카조선고급학교 학생들의 염원, '60만 번의 트라이' (2014, 박사유와 박돈사 감독)

스포츠 다큐멘터리 영화인 '60만 번의 트라이'는 오사카조선고급학교 럭비부에 대한 내용을 담고 있다. 영화 제목이 '60만 번의 트라이'인 이유는 재일동포 수가 약 60만 명이기 때문이라고 전해지며, 오사카조선고급학교 럭비부는 재일조선인들로 구성되어 있다. 그들은 자신을 한국인이라고 생각하며, 일본 내에서 재일동포에 대한 차별과 편견에 맞서 스포츠를 통해 바꾸어 나가고자 하는 염원을 담아 일본 전국 제패를 꿈꾸며 경기에 임한다.

영화 중간 한국 학생팀과의 조우 장면을 통해 오사카조선고급학교 럭비부 학생들은 한국인과 같은 한국식 이름을 가지고, 한국 학생들과 동일한 관심사를 공유하지만 '오리지널' 한국인이 아니라는 이유로 차별 받는다. 이는 한국인이 재일조선인에 대해 어떠한 입장을 가지고 있는지를 대변한다.

영화 포스터

럭비 경기 전

출처: 네이버영화

▌한국남자와의 국제결혼, '레나(Dear, Rena)' (2016, 김도원 감독)

한국의 시골 남자 '순구'와 국제결혼을 하게 된 '레나'는 고려인이다. '레나'는 고려인으로 한국에서 살아가며 작은 불편들을 겪는다. 본 영화는 고려인인 '레나'가 한국 내에서 어떠한 경험들을 해 나가는지 보다 '순구'의 순수한 사랑과 두 사람의 관계에 더 집중하지만 주인공 '레나'의 정체성이 내용 전개의 바탕이 되기에 국내에서 살아가는 고려인들의 삶을 간접적으로나마 관찰할 수 있다.

순구는 레나에게 사랑의 감정을 느끼지만 혹여나 레나가 상처를 받을까봐 고백을 하지 못한다. 이 과정 속에서 레나는 한국이라는 사회에 적응을 하려고 노력하지만 보이지 않는 벽이 존재한다는 것을 알게 된다. 특히, 영화 속에서의 고려인(레나)은 자신이 한국인과 다를 바가 없지만 태어나고 자라 온 환경이 다르기에 '다른' 존재로 남겨진다는 점이 강조된다.

영화 포스터

순구(남자 주인공)과 레나(여자 주인공)
(왼쪽에서 오른쪽)

출처: 문화 생활하는 여자 블로그, 네이버영화

3장

타국 속 한인; 재외 한인의 역사적 경험과 귀환문제

3장

타국 속 한인;
재외 한인의 역사적 경험과 귀환문제

본 장에서는 동북아지역 격동의 정세 속에서 해외 한인들이 겪어야 했던 디아스포라의 역사적 경험을 살펴보고자 한다. 7백만 명이 넘는 한민족들은 이역만리에서 흩어지고 각자의 환경에 따라 현지사회에 적응을 해야 했다. 민족 이산의 양상은 다르지만, 실향민으로 조국을 마음 속에 품은 채 새로운 현실에 뿌리를 내려야 했던 고통스러운 상황들을 공유했던 디아스포라의 이산체험을 조선족, 고려인과 재일조선인을 대상으로 구체적으로 살피고자 한다.

특히 이들은 한반도 분단이라는 특수한 상황에 의해 반세기 동안 교류와 왕래가 단절된 시기가 있었다. 90년대 이후 냉전체제의 종식과 함께 각국의 상황에 따라 귀환의 기회가 주어진 이들도 있었으나, 아직도 많은 이들이 제한된 선택 속에서 살아가고 있다. 반세기 이산된 채로 살아온 한민족들은 조국으로 돌아갈 수 있는 기대가 점차 사라졌고 고향은 잊어야 하는 과거로 남았다. 후속세대들은 한국 속에서 재외동포로서의 지위를 쉽게 얻지 못하고 낯선 외국인 노동자로 받아들여지고 있는 실정이다. 설사 법적인 문제를 해결하고 국내로 들어온다고 해도 오래전에 끊긴 친지나 친척들을 찾을 수 없게 되었고 국내 사회 속에서 생소한 이방인처럼 주변에 머무르며 힘겹게 살고 있다.

〈표〉 국적·지역별 국적취득 현황

국가 \ 연도	유형	2011	2012	2013	2014	2015	2016.01
총계	귀화	16,090	10,541	11,270	11,314	10,924	317
	회복	2,265	1,987	2,686	2,886	2,610	0
중국	귀화	10,946	6,182	5,380	6,650	6,477	145
	회복	633	101	421	402	193	0
우즈베키스탄	귀화	72	70	90	80	81	3
	회복	30	5	20	16	28	0
일본	귀화	46	24	40	30	44	0
	회복	39	33	44	32	49	0
기타	귀화	1,200	787	1,060	955	25	25
	회복	1,304	1,777	2,088	2,307	0	0

※ 1945.08.15.~2015년 말 현재 귀화자 수 : 159,548명
(1991~2015년 말 현재 귀화자 수 : 157,893명)

출처: 출입국 · 외국인정책 통계월보 2016년 1월호, 이민정보과

2014년 한국 국적을 버린 사람(국적 이탈 · 상실자)은 1만 8279명으로 한국 국적을 신청(귀화, 국적 회복)한 사람(1만 5488명)보다 2791명 많았다. 이미 출산율이 세계 최저인 한국에서 그나마 있던 사람들마저 떠나고 있는 것이다. 다행히도 한국으로 들어오는 동포 수가 점차 늘고 있는 추세이며, 미 · 중 · 일 · 러 주변 지역에 전체 재외동포의 대부분(86.3%)이 몰려 살고 있다. 이들은 식민지배와 냉전의 질곡 속에 못사는 2등 나라, 분단국 출신이라는 손가락질을 받아야 했지만 2012년에는 재

외동포가 176개국 701만 명으로까지 숫자가 늘었고 사회적 위상도 인적 자원으로 역할을 기대할 수 있을 만큼 올라가고 있다(동아일보 2015/01/26).

〈표〉 체류외국인 자격별 현황 (2016.01.31. 현재, 단위: 명)

체류 자격별	계	비전문취업 (E-9)	방문취업 (H-2)	재외동포 (F-4)	영주 (F-5)	유학 (D-2)	거주 (F-2)	기타
인원	1,879,880	273,453	283,124	332,644	124,074	65,936	38,981	761,668
비율	100.0%	14.5%	15.1%	17.7%	6.6%	3.5%	2.1%	40.5%

출처: 출입국 · 외국인정책 통계월보 2016년 1월호, 이민정보과

〈표〉 외국국적동포 거소신고자 연도별 증감추이 (단위: 명)

구분	2009년	2010년	2011년	2012년	2013년	2014년	2015년	2016년 1월
인원	50,251	83,825	135,020	187,616	233,269	286,414	324,786	327,246
증감률	21.2%	66.8%	61.1%	39.0%	24.3%	22.8%	13.4%	0.8%

출처: 출입국 · 외국인정책 통계월보 2016년 1월호, 이민정보과

위의 표에서 볼 수 있듯이 지난해 재외동포 비자(F-4)를 받아 입국한 사람은 33만 2644명으로 최근 5년 중 가장 많은 수다. 전년 같은 기간(32만 2833명)보다 늘었다. 방문취업(H-2), 재외동포(F-4), 영주(F-5), 방문동거(F-1) 비자를 받아 한국에 머물고 있는 외국 국적 재외동포를 모두 합치면 70만이 넘는다. 이러한 동포들의 체류가 늘어나는 것은 의미 있는 현상으로, 한국이 처해 있는 상황과 맞물려 저출산으로 인한 인구 및 노동력 감소문제를 해소하는 데 동포들이 '귀중한 자산'이 될 수 있

기 때문이다. 따라서 민족의 외연을 넓혀 동포들이 한국에 대한 소속감을 갖고 한국을 위해 함께 할 수 있는 여건을 만들어줘야 하는 것이 시급하다.

조선족, 고려인, 재일조선인을 중심으로 이산의 아픈 역사와 오늘날 이주한인들이 겪어야 하는 사회적, 법적 상황을 들여다보고 식민과 분단 그리고 전쟁으로 이산을 겪어야 했던 한인들의 삶의 흔적을 살펴서 이들의 상처와 아픔을 어떻게 치유하고 포용해야할 것인가를 함께 고민해 보고자 한다.

1. 중국 조선족

현재 중국의 조선족은 대략 200만 명이 넘는 것으로 추정하고 있다. 이는 중국 내 여러 소수민족 중 11번째의 큰 규모로 주로 동북3성인 길림성, 흑룡강성, 요령성 및 내몽골 자치구에 분포되어 거주하고 있다. 한인들이 중국 땅으로 이주하게 된 시기는 대략 150년 전으로 추정하고 있다.

19세기 중엽 이주 초기에는 접경지역이라고 할 수 있는 함경도와 평안도 지방에서 옮겨온 이들이 많았다. 이는 중국과 한반도 인근 국경지방에 거주하던 한인들이 고향에서 흉년과 자연재해로 생계의 어려움을 겪게 되자 압록강과 두만강을 넘어 중국내 간도지역으로 개별적으로 이주해 오면서 이들의 정착이 시작되었다고 볼 수 있다. 청(淸)나라는 만주지역을 봉쇄하여 한인들의 거주정착을 이전부터 금지하여 왔으나, 기근과 조선 말기 문란해진 관리 및 지주들의 가혹한 과세부담으로 인해 백성들은 생계 난으로 국경을 넘게 되고 이주민은 점차 증가하였다. 당시 한인의 수가 1만 명이 넘은 것으로 추정한다.

1881년 청은 러시아와의 국경문제로 만주지역에서 실시하던 봉금령을 해제하고 월간국(越墾局)을 설치하였다. 이주민의 정착과 개간을 허용하고 토지세를 징수하는 개방정책으로 전환하면서, 한인들의 대규모 이주가 가능하였다. 1897년 통화, 환인, 관전, 신변 지역에 대략 8천 가구 3만여 명, 1910년경 만주지역 전체 조선족은 15만~20만 명 정도로 가늠하고 있다.

한인들의 수가 크게 증가한 계기는 일본 제국주의로 인한 이민정책으로 볼 수 있다. 1910년 조선을 강제로 합병한 일본은 만주대륙침략을 위해 한인들을 이용하였다. 일본은 중국 동북3성을 식민지 정책의 일환으로 1936년 이래 20년간 일본인 100 만호 500만 명 이주계획을 수립하면서 매년 조선에서 일본신민으로서 1만 가구를 이민시키기로 계획하였다. 조선총독부는 만주이민정책을 통해 실제 1936년~1940년 사이 25만 6천 명, 1941년~1944년 6만 4천 명을 송출한 것으로 기록하고 있다.[1]

이때 산청에서 한인 30호가 이주해 왔으며, 이들은 삼도만이라는 곳에 일단 거처를 정했으나 한족들이 밭에 물이 들어온다면서 수전개간을 막는 바람에 발재마을로 옮겼고, 김해와 거창지역의 주민 40호와 합세해 황무지를 논으로 개간하기 시작했다고 전한다.[2]

1937년부터 1941년 사이 대략 24,000여 호의 한인농민들이 집중적으로 이주되었다. 한인들은 새로운 삶의 터전을 일구고자 하였지만 이

1 김경일 외(2004), 『동아시아의 민족이산과 도시: 20세기전반 만주의 조선인』, 역사비평사, p. 47.

2 김경일 외(2004), 같은 곳.

곳에서 직면한 간도지역의 생활환경은 매우 열악하였다. 이들이 머물게 된 주거지는 원주민의 집 곁방살이나 비바람만을 간신히 피할 수 있는 허름한 집이었고 농업환경도 벼농사를 짓기에는 부적당한 척박한 땅이었다. 일본에 의해 강제로 중국의 이민 길에 오른 김두련 씨 가족은 당시 상황을 다음과 같이 기억하였다.

> 근근득식으로 살던 중 일본 사람들이 와서 이민살이를 하라고 떠들어대는 통에 행여나 중국에 가면 좀 잘살겠는가 싶어 우리도 이민들 속에 끼여 들었어.... 일본사람들이 이민들을 끌고 동네방네 다니면서 암무 집에나 강박으로 우리를 떠맡기는 것이었어. 그래서 우리는 한족 집 뒤칸을 하나 차지하게 되었는데 ...논이라는 게 물만 찌면 하얀 소금밭이 되군 하였어... 사방 다 돌아봐야 물이란 건 다 쯥쯜한 게 도무지 먹을 수가 없었어. 할 수 없이 짠물이라도 먹고 나면 그만 병이 들어 넘어가는 판이었어.... 그해 숱한 사람들이 병이 들어 고생했고 죽기도 수태 죽었어.... 농사는 못 짓고 사람만 병들어 쓰러지니 도무지 살 수가 없었어. 그래서 숱한 사람들이 도망을 치기 시작했어. 밤만 자고나면 호수가 줄었어. 그러니깐 일본 놈들이 집집이 쫓아다니면서 이사를 못하게 생지랄을 피워댔어... 우리도 길을 떠나고 말았어.[3]

당시 조선 중부와 남부로부터 만주까지 한인들이 이주하게 된 큰 원인 중 하나는 농민들이 국내에서 생계를 유지하려고 해도 할 수 없는 상황에 이르렀던 일제치하 농업정책을 들 수 있다. 대표적으로 일제가 실시한 사업으로 '토지조사사업'(1910~1918년)과 '산미증산계획'(1920~

3 중국조선족 청년학회수집 · 정리(1992), 『중국조선족 이민실론』, 연변인민출판사, pp. 222-223.

1934년)을 들 수 있다. 이들 정책은 조선 농촌을 경제적 수탈하려는 목적으로 이행되었다. 토지조사법은 대부분의 농민을 자작농에서 소작농으로 전락시켰고 산미증산계획은 쌀을 일본으로 반출하기 위한 의도로 한반도 농촌을 피폐하게 만들었다. 어려워진 농촌경제 탓에 파산한 많은 농민들은 연변과 같은 국외 지역으로 내몰리게 되었다. 조선의 모든 지역에서 이곳으로 이동해 왔으나, 이 시기 이주자들 중 지리적으로 가장 먼 영남지방지역 출신이 특히 많은 수를 차지하고 있었다. 호남지역은 쌀 식량 증산을 위한 노동력 수요로 상대적으로 만주로의 인력송출이 적었던 것으로 보인다.

경상도 사람들은 길림성 통하시・유하・매화구시・장춘시・구태시를 거쳐 흑룡강성으로 혹은 길림시와 영길현・흑룡강성 오상시와 상지시, 아성시 등으로 이어지는 이주로를 통해 이동되었다. 나아가 흑룡강성 전역은 물론 내몽골 지역까지 분포하는 넓은 지역으로 이주 정착되고 있음을 알 수 있다.[4]

중국 동북지방의 조선족 인구수는 1944년 165만 명에 이르기도 하였으나, 해방을 맞아 많은 한인들이 조선으로 돌아간 이후 1947년 111만 명이 거주하던 것으로 추정한다.[5] 조선족은 중국 동북3성 지역을 배경으로 민족성향을 그대로 지닌 채 주변과 낯선 고유문화, 언어 및 생

4 정근재(2005), 『그 많던 조선족은 어디로 갔을까?』, 북인, p. 241.

5 최진욱 외, 『동북아 한민족 사회의 역사적 형성과정 및 실태』, 통일연구원, 2004, p. 62; (참조) 간과할 수 없는 사실은 중국지역으로 조선에서 끌려간 한인여성들도 상당수 거주했던 점이다. 일제시기 일본군은 조선위안부를 강제로 모아 군부대 옆에 배치하였다. 일본군에 끌려간 조선위안부의 숫자는 학자에 따라 다소 다르지만 여자정신대에 끌려간 한인여성은 25만 명이고, 그 중에서 위안부로 배속된 여성은 18만이라고 한다. 조선위안부들이 중국점령지역에서는 약 80% 이상을 차지하고 동남아지역에서는 절반 이상을 차지하였다고 추정하고 있다. 주성화(2003), 『중국 조선인 이주사』, 서울; 한국학술정보, p. 547.

활환경을 지속시켜 왔다. 기존 학술연구는 이 지역을 조사하면서 한반도와 다른 특별한 문화적 형태에 주목하게 되었다. 특히 국내에서 산업화와 도시화로 사라지거나 찾기 힘든 전통유산이 불변된 형태로 잔존하고 있음이 확인되기도 하며, 민속의 변형된 폭넓은 문화요소를 찾을 수도 있다. 주거문화에서 온돌을 이용한 좌식문화형태, 초가집, 농기구, 계절음식의 요리법, 부엌양식이나 세시민속의 문화원형이 추적되기도 한다. 한국에서는 이미 생명력을 잃은 어휘들이 연변지역에서는 아직도 많이 쓰이고 있으며, 일본 식민지시대 고어의 흔적을 간직한 예전의 모습이 확인되기도 한다. 조선족이 중국현지에서 타자의 경계구역을 설정하여 정체성을 유지하려고 노력하였음을 쉽게 가늠할 수 있다.

1945년 광복이 이루어졌지만, 한반도 국내 사정은 극히 혼미하였다. 사회적, 경제적인 기반이 정착되어있지 못한 상황이었고 이데올로기 대립이 격화되는 정세불안 속에서 남북의 분단이 점차 현실화되어 가고 있었다. 당시에 연변지역 거주 한인들 중 상당수가 쉽게 고향으로 돌아가지 못하였다. 조선에서 가난에 시달리다 생활고로 중국으로 왔기 때문에 국내에 생활근거가 없는 상황에서 다시 귀환하기가 쉽지 않았던 것이다. 또한 이들은 향후 국내 사정을 잠시 관망하는 자세에서 바로 귀국을 하기보다는 중국에 잔류하는 것을 선택하였다고 볼 수 있는데, 귀환하지 않고 남은 연변 조선족은 중국 사회주의체제에 자연스럽게 복속되면서 자신들의 삶을 영위해 나가야 했다.

당시 일본 패망 직후 만주는 국민당과 공산당의 대결장이 되었다. 중국의 내전과정에서 조선족은 공산당군 쪽에 가담해서 싸우게 되었다. 중국 공산당이 민족차별을 없애고 적극적으로 소수민족을 포용하는 정책을 추구하고 조선인에게도 토지를 무상으로 분배하려는 정책노선을 보였기 때문이다. 그동안 이국땅에서 땅을 얻지 못하고 한족으로부터 소작농을 통해 어려운 빈농의 생활을 하여왔던 한인들에게는 삶의 희망으로 다가왔다.

중국 흑룡강성 동녕현 삼차구진 조선족 소학교 게시판

출처: 정현수 박사 제공

중국공산당 편에 조선의용군 등으로 전투에 참가한 조선족 인원이 6만여 명에 이르며 공안부대와 기간대 등 지방무장조직에 참가한 인원도 10만 명에 달했다고 한다.[6] 4년 간의 중국 내전기간 동안 조선족 3,500여 명이 희생되었다. 1948년 공산당이 중화인민공화국을 수립함으로써 조선족이 집거하는 조선족 자치정부가 건립되었으며, 공산화에 일조하였던 많은 조선족은 그 대가로 생활상의 안정을 얻을 수 있었다. 조선족으로서 중국내전과 한국전에 참여했던 최기석 선생은 자신의 참전과 관련하여 당시 중국과 북한과의 긴밀한 혈맹 관계를 구체적으로 언급하였다.

> "4년 동안 해방전쟁에 참여했으니까 그동안 가족은 모두 여기 있었지만 우리를 중국공민으로 취급한 것이 아니라 조선인으로 취급해줬어. 우리가 조선(전쟁) 나갈 때는 깃발에다가 '우의'라는 표현을 썼어. 그것

6 주성화(2003), 같은 책, p. 65.

은 다른 나라의 동무들이 잠시 이곳에 있다가 가는 것을 의미했지. 그 때는 공화국인 건립되기 전이니까 일본통치라서 이중국적을 취급해줬어. 하나는 중국국적이고 하나는 조선국적이다. 그러니 네 마음대로 선택하라. 돌아 갈래면 돌아가고, 돌아갈 사람은 조선공민이고 안 돌아갈 사람은 중국공민이고. 이래서 나는 1958년 (중국으로) 돌아왔는데 돌아와서 중국공민을 회복했어."[7]

1950년 한국전쟁에 수만 명의 조선족이 인민군 혹은 중국의용군으로 참전하였고 전후에는 북한복구건설지원 사업에 참가하였다. 중국에 남게 된 조선족은 북한과의 강한 연계성 속에서 일방적으로 親북한적인 편향된 성향을 보여 왔으며 한반도의 분단구조에서 북한을 유일한 조국으로 받아들이고 남한과는 단절된 삶을 살 수밖에 없었다.

1952년 연변조선족자치주가 생기면서 조선족은 중국 국적을 취득하게 되었고, 연변자치주 이외의 중국조선족은 북한과 중국 간 합의에 의하여 북한이나 중국 국적중의 하나를 선택하게 하였다. 조선족은 1992년 한중 수교 이후 한국의 입국과 체류가 가능하였다. 1993년 '외국인산업연수생제도'가 도입되면서 외국 인력 정책차원에서 조선족을 최초로 관리하였다. 1999년 제정된 "재외동포의 출입국과 법적지위에 관한 법률"이 입법되면서 본격적인 법적 조치가 이루어졌다. 그러나 재외동포법이 해방 이전 출국한 한인을 동포범주에서 제외함으로써 구소련, 중국과 일본 조선적 동포를 제외하는 결과를 낳았다. 따라서 2001년 헌법재판소의 헌법 불합치 판정으로 정책 변화를 겪게 되고, 2002년 국내 불법 체류자로 취급되던 조선족동포를 고려한 인력 정책인 취업

7 정현수 외(2006), 『중국조선족 증언으로 본 한국전쟁』, 선인, p. 22.

관리제가 시행되었으며, 2007년에는 방문취업제를 통해 한국 입국 기회와 체류 기간이 확대되게 된다. 2010년 재외동포 기술연수제도 실시 이후에는 재외동포 체류 자격과 영주 체류 자격의 증가로 인해 사실상의 출입국 자유화가 진행되었다.

현재 조선족의 국적문제와 관련하여 현행 국적법 제20조에 대한민국 국적의 취득 보유 여부가 분명하지 아니한 경우에 대하여 주관성이 강한 국적판정제도를 운영하고 있다. 조선족동포를 그 출생 시기를 가리지 않고 모두 국적을 상실한 중국 국적자로 취급해 왔기에, 조선족들이 대한민국 국민으로서 보호받지 못하는 대우를 받게 됐다. 이들은 재외국민이 아니라 재외동포로 취급되어 국내체류기간의 제한을 받았고, 국내체류기간을 넘겼다는 이유로 국적회복 신청까지 거부되기도 했던 것이다.[8]

또한 조선족의 이주는 한국에 들어오는 것으로 끝났다고 볼 수 없다. 조선족 인력유입과 취업과 관련된 정책은 주로 내국인들이 기피하는 단순노무직에 종사하는 저임금 노동력관리에 초점을 두었고, 이들은 취업제한에 의해 체류조건이나 4대 보험보장, 임금수준에서도 어려움을 겪게 된다. 따라서 조선족은 단순 외국인이주자로서 사회문화적 차별을 받게 되었다고 볼 수 있다. 국적을 회복한 사람들의 경우도 국내에서 기초생활보호 대상자의 삶을 살게 되며 재외이주민이라는 차별적 시선에서 절대 자유로울 수 없다.

조선족 동포는 한국 이주 및 체류에서 가족 분산 형태인 일인 노동자의 비율이 다수를 차지하며, 최근에는 가족단위나 부부단위의 비율

---

8 참조, 재외동포신문 기사; 중국동포의 국적문제
http://www.dongponews.net/news/articleView. html?idxno=28881

이 증가하고 있는 추세이다. 노년층의 경우에도 단기간 한국을 방문하여 경제생활을 하는 등 정착보다는 이동성을 취한다. 이들은 중국과 한국 한쪽에 강한 귀속의식을 갖기보다는 양 국가사이의 초국적 관계망을 유지하고 생활하고 있는 것이다. 한국으로 이주해서 국적을 회복한 사람들조차도 자신들의 자녀를 위해 한국에서 최저생계비로 생활하면서 자식이나 친척들을 불러들이는 역할을 한다. 그 과정에서 조선족동포의 미성년 자녀에게도 양육과 교육의 혜택부여문제가 논의되어야 한다고 본다.

> "장기 체류 중국 동포가 60만 명을 넘어섰고 앞으로 더 늘어날 것으로 예상되는 상황이다. 이들의 자녀가 속속 한국으로 들어오고 있는데 맞춤형 육성책이 없다 보니 거리로 내몰리고 있다."
>
> "예전과 달리 조선족 자녀의 한국어 구사 능력이 떨어지기 때문에 곧바로 기술자격을 취득하기도 어려운 형편이다. 불법 취업자로 전락하는 경우도 많은데 이대로 내버려두면 사회문제가 될 것이다."
>
> **조남철 한국이주·동포개발연구원 이사장[9]**

조선족은 한국 국적 취득 및 재외동포 체류자격과 영주 체류자격을 얻는 이들이 급증하고 있다. 사실상 이들은 정주가 목적인 경우보다는 출입국과 체류 문제를 해결하는 방편으로 활용된 사례가 많다. 많은 이들이 한국과 중국에 걸친 자신들의 관계망을 확장하고 활용함으로써

9 연합뉴스(2016.01.26.), "중도입국한 중국동포 청소년 위한 대책 마련 시급" (http://www.yonhapnews.co.kr/bulletin/2016/01/25/0200000000AKR20160125175500371.HTML?input=1195m)

초국적 활동을 하고자 한다. 따라서 조선족의 실질적인 한국 정주화 비율은 체류 자격을 통해 판별하기 어려운 측면이 있다. 이중국적 문제 등 이주 관리 문제가 복합적으로 표출되고 있다는 점이 함께 고려되어야 할 필요가 있다.

2. 고려인

재소한인, 고려인들은 여타지역과 다른 방식으로 이주의 역사를 경험하였다. 한인들의 연해주 정착은 1860년대 가난을 못 이겨 국경을 넘으면서 시작되었고 이어서 1937년 중앙아시아로 강제 이주될 때까지 18만 명에 달할 정도로 성장하였다. 한인들은 한 세기 전 경제적으로 삶의 궁핍을 면하기 위해서 월경을 했고 또한 정치적 사정으로 자의 반, 타의 반으로 조국과 고향을 떠나서 연해주에 정착하게 되었다. 러시아 연해주 원동(극동)에서 언젠가 고향으로 돌아갈 희망을 품고 조국을 그리워하면서 한인들은 '신한촌'을 짓고 고향 공동체를 형성하며 타지의 삶에 적응하여 갔다. 원동은 고려인에게 새로운 환경을 고향화한 공간적 의미를 지닌다. 정착촌에 몰려 살던 한인들은 고향이 지니는 본래의 모습을 재현하면서 조국과의 연대의식을 놓지 않았고 주변 환경과 조화롭게 고향만들기를 이루어 냈다. 비록 자신들의 출생지는 아니었지만 한인들끼리 한민족의 정체성을 그대로 유지한 채 집단생활을 영위할 수 있었다.

연해주 땅은 지리적인 측면에서 두만강을 사이로 우리 접경과 인접한, 낯설지 않은 자연적 환경을 갖추고 있었다. 정서적으로도 조선과의 친밀성을 갖고 있어서 한인들은 고향 상실감을 느끼기보다는 생활공간이 확장된 한인정착지로서 생각하며 생활기반의 뿌리를 내릴 수 있었다. 고려인 1, 2세대들은 조선에 대한 향수와 추억을 지닌 채 옛 풍습과 전통을 그대로 간직하며 우리말을 사용하는 민족공동체 모습을 띠었다. 근면성과 성실함으로 척박한 땅을 개척하고 봉건지주나 일제에 수탈될 때보다 안정된 생활을 이루며 연해주를 새로운 고향으로 생각하게 되었다.

1937년 스탈린은 전시를 대비하여 극동지방에서 일본 첩자와 내통이 가능한 한인들의 활동을 사전 차단하고, 소수민족에 대한 사회주의 동질화정책을 실시하려는 정치적 목적에서 한인들을 연해주로부터 추방하는 결정을 내렸다.[10] 한인들은 제2고향으로 삼아 정을 붙이고 살던 새로운 삶의 터전을 빼앗겼다. 조선에서 연해주로, 연해주에서 중앙아시아로, 중앙아시아에서 다시 연해주로 가야했던 고려인의 삶은 처참했다.

중앙아시아로의 강제집단이주는 한인들의 고향환경이 파괴되는 계기가 되었다. 소비에트화 정책은 고려인을 거주지의 자유를 제한하였고 중앙아시아라는 동떨어진 '게토'의 공간에 가두는 것이었다. 고려인이 겪는 두 번째 실향의 감정은 생활의 공간적인 영역에 국한되지 않았다. 민족재배치 정책은 중앙아시아의 낯선 타민족 환경 하에 고려인을 옮겨놓으면서 한반도와 모든 연계성을 끊어버리는 결정이었다. 문화적으로 고립된 조건하에서 고려인들이 지켜왔던 한반도와의 정서적, 감정적 유대관계가 철저하게 단절되었다. 따라서 마을공동체의 삶은 붕괴되었고 온전하게 유지하던 과거 전통관행은 해체되었다. 고려인은

10 이상갑, 김게르만(2013), CIS지역 한인문학에 나타난 차별의 서사, 『한어문교육』 제29집, p. 426.

중앙아시아 내 10여 개 지역에 분산배치 되어서 다른 소수민족그룹과 함께 동화되도록 강요받아야 했다. 고려인은 외적 환경의 변화와 함께 한민족의 문화양식을 상당부분 상실하였고 뿌리 뽑힌 방랑자로 남게 되었다.

카자흐스탄 크즐오르다의 홍범도 흉상
(홍장군은 일제에 대한 봉오동전투 대승 이후, 소련정부에 의해 독립군해산 및 강제이주 당한 뒤 1943년 별세)

출처: 강현모 박사 제공

당시 소련정부의 소수민족 이주용 화물열차(Sarepta 소재)

출처: 베른(Bern) 문서보관서

소수민족으로 차별과 핍박과 같은 현실적인 삶의 고통을 견디며 살아남기 위해 제한된 선택을 해야 했으며, 중앙아시아에서 살아도 혈연적으로나 문화적으로 모국의식을 지닌 한민족 공동체로서 유대감을 강하게 지니고 있었다. 그럼에도 정치적 분단의 영향으로 떠나온 조국에 다시 돌아갈 수 없는 상황을 만들었고 고려인은 비극적 운명을 결정해야했다. 이들 고려인은 남북한 분단의 틀 속에서 한쪽으로 편향된 교류만을 선택해야 했고, 조국 내 가족 친지들과는 물론 이전 연해주에 남아 있던 가족 구성원들 사이의 이산을 경험해야 했다.

1956년 중앙아시아 억류가 해제되면서 일부 고려인들이 조금씩 연해주로 돌아오기 시작하기도 했으나 사할린 지역에서 한반도 고향으로의 귀환은 사실상 허락되지 못하였다. 각지에 흩어져 살던 고려인들은 복합적 정체성을 지니게 되었다. 소수의 한인 1세대들은 여전히 한민족으로서 귀속의식을 유지하고 있으며 이산의 아픔을 넘어 고향의 그리움, 귀향 및 가족 재회의 소망을 간직하고 있다. 다른 한편으로 후속세대들은 거주국 일원으로 살면서 그곳 인민으로서 정체성 또한 갖고 있으며 이산을 과거의 상흔으로 여기고 현재의 삶에 적응하며 살아가는 모습을 보였다. 1990년 소련연방 체제의 붕괴에 따라 중앙아시아 국가들에서 내부 갈등이 발생하였다. 회교민족주의로 인한 내전과 민족분규로 소수민족인 고려인들은 어려움에 처했고 경제적 문제 등으로 선조들의 이주지였던 극동 연해주로 옮기게 되었다. 그중 일부 고려인들은 국내로 이주를 선택하게 되었다.[11]

소련 국경 내 또 다른 재외 한인그룹으로 '사할린 고려인'이 있다. 소련 측 자료에 의하면 1946년 사할린에 고려인이 약 5만 명 정도가 살고 있었다. 20세기 초 러일전쟁에서 승리한 일본은 남부사할린을 점유하게 되고 이 지역개발을 위해서 노동력이 필요하였다. 특히 1930년대 이후 탄광개발이 본격적으로 추진되면서 한인들을 점차 확대 이주시키게 되었다. 일본은 2차 대전으로 많은 일본인들이 군대에 입대하자, 부족한 노동인력을 한인들의 징용을 통해 보충하였다. 1939년에서 1943년까지 집중적으로 한인들이 연행되었는데 일본총독부의 자료에

11 이채문, 박규택(2003), 중앙아시아 고려인의 러시아 극동지역 귀환이주, 『한국지역지리학회지』 제9권 4호, pp. 562-563.

의하면 1만 6113명이 기록되어있다. 이들은 광산업뿐만이 아니라 토목, 도로, 비행장 활주로 등 전쟁을 위한 군사시설공사에 투입되었다.

타카키 켄이치의 연구에 따르면 일본에 의한 강제징용은 3단계로 진행되었다. 1939년 9월부터 '통제모집', 42년 2월부터는 '관알선', 44년 9월부터는 '징용'으로 호칭과 제도에 변화는 있었으나 어느 것이나 조선총독부와 대일본제국 정부가 직접 관여한 강제노동에 지나지 않았다.[12]

> "사할린에 오게 된 한인들은 주로 경상북도와 경상남도 출신이 70%가 넘었다. 이렇게 주로 경상도민들을 송출하게 된 이유는 전라도 지역은 쌀생산에 동원이 되었고 부산 지역은 군수공장이나 항구노동에 노동인력이 필요했기 때문이기도 했다."

이들의 사할린 탄광노동은 아주 중노동이었고, 먹을 것이 부족해서 매우 힘든 생활을 겪어야 했다. 도망을 시도하다가 잡히면 혹독한 처벌을 받아야 했으며, 한 달에 통상 90~200엔 지불을 약속했으나, 실제로 이행되지 않았다. 상당 부분이 '국방저금'이나 '노무저금'으로 제외되었고, 종전의 혼란시기에 통장은 분실 처리되기도 하였다.

---

12 이토 다카시(1997), 『사할린 아리랑, 카레이스키의 증언』, pp. 190-191.

사할린 탄광에 화부로 징용 후 돌아가지 못해
조선인학교의 교사로 재직한 조선인

출처: "전후 연합국 무관심 남북한 일본 역학관계 속 '부평초' 신세"
(아시아엔, 2015.06.22.)

사할린 출신 고려인을 연해주에서는 '화태치'라고 하는데, 이곳 고려인들은 전쟁이 끝나면 고국으로 돌아가기만을 학수고대하였지만 이들은 종전 후 전후처리문제에서 제외되고 그곳에 남아야 하는 이산가족의 운명을 맞이하였다. 1945년 8월 종전이 되었을 때 사할린에는 36만 8천 명의 일본인과 군인 2만 명, 총 39만 명의 일본인이 있었고 그 안에 4만 3천 명의 한인이 포함되어 있었다.[13]

사할린거주 많은 고려인들은 전쟁이 끝난 후에 자신들이 일본인보다 먼저 고향으로 돌아갈 수 있다고 생각했다. 일본은 전쟁에 패하였고 한국은 종전과 함께 일본의 지배에서 벗어났기에 고향으로 곧 바로 돌아가는 것은 당연한 일이라고 생각하였다. 그러나 한국인들에게는 고향으로의 귀환이 전혀 허락되지 않았다. 일본은 '포츠담 선언'에 의해 한국인을 일본인의 범주에서 제외시켰기 때문이다. 4만 3천 명이 넘는

---

13 이광규(1997), 『재외 한인의 인류학적 연구』, 집문당, p. 171.

인원 중 일본인을 처로 둔 일 천명이 안 되는 인원을 제외하고 나머지 인원은 사할린에 체류해야 했다.

미국과 소련도 사할린에 이주된 고려인에 대해 별 관심을 표명하지 않은 채 고려인들은 강제이주의 성격을 띤 정착이 되었다. 사할린에 있는 대부분의 고려인들은 한반도의 남부지역에서 왔으며, 남한에는 미군이 진주해 있었고 더욱이 사할린에서 한인 노동력은 광산과 어업 공업에 아주 중요한 역할을 하고 있어 소련정부는 계속 이것을 유지하려고 했기 때문이다. 사할린의 고려인들은 자신들의 의지와는 전혀 관계없는 이주자가 된 것이다.

소련 정부는 일본인의 귀국 이후 사할린에 거주하고 있던 고려인들에 대해서 거주 등록을 실시하였다. 고려인이 소련의 처를 둔 경우는 소련 국적을, 북한적을 취득할 경우는 공민증을 취득하고 소련인과 동등한 지위를 얻게 했다. 반면에 사할린의 고려인들 중 남한의 고향 혹은 오랜 생활터인 일본으로의 귀환을 절실히 바란다고 하더라도, 소련 당국은 남한 출신자들을 일률적으로 무국적으로 처리하였다. 단 북한적을 희망할 경우에는 예외였다. 이 때문에 정치적으로 완전히 차별을 받는 무국적자로서 다시 어려운 생활을 해야 했으며, 직장을 얻거나 아이들의 취학시 또는 진료를 받을 경우에도 여러 불이익을 받아야 했던 것이다.

사할린 고려인들 4만 3천 명 가운데 65%가 북한적, 25%가 소련적, 나머지 10%가 무국적자였으며 이들은 남한에 가족을 두고 있어서 하루 빨리 고향에 돌아갈 수 있을 것이란 희망에서 어려움을 감수하더라도 국적 취득을 포기한 것이었다. 그러나 1950년 한국전쟁이 발발하면서 이후 사할린 고려인들의 귀향은 사실상 봉쇄되었다.

사할린에 남게 된 한인들은 귀향을 위한 노력을 계속했다. 일본을 상대로 귀환 청구소송을 하였고, 소련 정부에 귀국을 요구하기도 하였다. 그 과정에서 북한으로 추방된 이들도 발생하였다. 1988년 일본 외상이 사할린 한인에 대한 도의적 책임을 발표하였고, 1990년 한국과 소련 간 수교가 이루어지면서 사할린 1세대 한인들 문제가 본격적으로 논의되어 그해 사할린 한인 120명이 한국으로의 이주가 이루어졌다. 그리고 개별적인 영주 귀국이 시작되었다. 한국이 주택과 요양시설 부지를 제공하고 일본이 건설비용과 정착지원금을 조성해 귀향을 돕게 되었다. 대한민국 정부는 영주귀국 대상자를 해방이전 출생한 1세대로 한정하고, 그들의 자녀인 '2세대' 한인들은 장애인, 또는 1세대의 배우자인 경우에만 영주 귀국이 허용됐다.[14] 대한적십자사에 따르면 1990년부터 2014년 말까지 영주 귀국한 사할린 한인은 모두 4천 293명이다.[15] 귀국한 사할린동포는 고령으로 신체적 질환과 치료에 드는 의료비 부담이 큰 문제로 대두되었는데, 이들은 고령과 언어문제로 취업이 어렵고 시간제 일자리도 찾기 어려운 형편이다. 그리고 영주귀국으로 인한 자녀들과의 이산이라는 문제가 있다. 영주귀국이 1세대에 국한되어 자녀들과 생이별을 하기 때문이다. 따라서 사할린 고려인은 한국 정부가 영주귀국자 자녀들의 무비자입국을 요구하고 있다.

과거의 이주 및 귀화 형태에 맞춰진 법과 제도는 현재의 변화 양상을 반영하지 못하고 있다고 볼 수 있다. '고려인 동포 합법적 체류 자격 취득 및 정착 지원을 위한 특별법'이 2013년 3월 23일에 제정·시행되었다. 이 특별법은 구소련 지역에 있는 한인들을 '고려인'으로 포괄

14 대한민국 정부는 1세대의 귀환만 지원하고 소련 국적을 취득하지 않은 사할린 동포사이에서 태어난 2세 이하 자녀들을 한국인으로 인정하길 거부했으나, 한국법원은 소련 국적을 취득하지 않아 사실상 무국적이었던 사할린 한인 사이에서 태어난 2세는 대한민국 국적자라고 판결했다; 위키백과, 사할린 고려인, https://ko.wikipedia.org/wiki

15 경인일보 [끝나지 않은 귀환, 사할린의 한인들 · 1] 한인 이주 및 영주귀국 역사, (2015.10.05); http://www.kyeongin.com/main/view.php?key=20151004010000902

규정하고 대한민국 정부는 현지 실태조사와 경제적 자립, 거주국 국적 취득 등을 지원하고 있다. '고려인 동포 합법적 체류 자격 취득 및 정착 지원을 위한 특별법'의 제 6조와 7조처럼, 고려인(사할린 고려인 포함)들의 현지 적응에만 초점이 맞춰져 있는 반면에 이들이 국내로 이주하여 생활터전을 개척하는 과정에 대한 보장은 제외하고 있다.

우선, '고려인 동포 합법적 체류 자격 취득 및 정착 지원을 위한 특별법'(이하 고려인 특별법)의 법적 효력 대상인 '고려인'은 러시아 및 구소련 지역에 거주하는 재외 한인을 모두 일컫는데 해당 지역 내에 있는 재외동포들은 모두 같은 배경을 공유하지 않는다. 현재 러시아와 구소련 지역에 거주하는 재외 한인을 분류하자면 '고려인'과 '사할린 한인'으로 구분된다. 소위 '큰땅치'라고 하는 '고려인'은 강제이주의 역사적 배경을 가지고 중앙아시아란 낯선 풍토와 이민족들 사이에 싸여서 러시아문화권의 영향을 받아 언어문화적으로 단절된 채 우리 전통을 유지하기 어렵게 살아왔다. 이에 반해, '화태치'라고 하는 '사할린 한인'은 근접된 극동지역에 일제징용의 이유로 이주되었다. 전후처리 문제에서 소외된 채 우리 풍속을 일정부분 유지하고 있고 귀소지향적 성향이 강한 특징을 보인다.

이처럼 문화적 배경을 고려하지 않고 상이한 두 집단을 하나의 '고려인'이라는 대상으로 묶어 고려인 특별법을 제정한 것으로 보아, 이 특별법이 법적 혜택을 수혜 받는 집단에 대한 배경지식이 부재하다는 점을 알 수 있다. 다시 말해, 고려인과 사할린 고려인의 경우는 사회적, 역사적 맥락이 다른 상황 속에서 그 이주의 원인이 상이해 생활양식을 비롯한 문화 자체가 서로 다르다. 그럼에도 '고려인'이라는 범주로 크게 구분하는 것은 고려인과 사할린 고려인에 대한 이해 부족에서 이루어진 것이라 할 수 있다. 이에 대한 심층 해석으로써 사할린 한인을 고려인 범주에 포함시키는 법적 행위가 사할린 한인에 대한 국내의 차별적인 입장이 드러났다고 볼 수 있다.

또한, 제 6조의 내용을 간략하게 보자면 타국에 있는 고려인들의 실태 조사 및 현지에서 합법적이고 경제적으로 자립할 수 있는 여건을 마련할 수 있도록 법적으로 보장하며, 제7조와 더불어 문화·교육적 측면에서 단체를 비롯한 시설 건립을 통해 지원하도록 한다.[16] 이 두 조항에서도 알 수 있듯이 현지, 즉 타국에서 거주하고 있는 고려인들이 보다 경제적이고 제도적인 기반을 가지고 정착할 수 있도록 지원하는 점에만 초점이 맞춰져 있다. 해당 조항들의 문제점을 살펴보기 위해서는 국내에서 '고려인 특별법'에 반해 약 10년간 '사할린 한인 지원 특별법(미제정)'으로 발의된 내용들을 살펴보는 것이 요구된다.

---

16 '고려인 동포 합법적 체류 자격 취득 및 정착 지원을 위한 특별법'(2013.03.23.)
제6조(지원사업 등) 정부는 고려인동포를 위하여 다음 각 호의 사업을 수행한다.
1. 고려인동포의 실태조사
2. 거주국 국적 등 합법적인 체류자격 취득을 위한 지원
3. 경제적 자립기반 마련을 위한 지원
4. 한인문화센터 건립 등 문화활동 지원
5. 한국어 및 정보기술 교육 등 교육활동 지원
6. 그 밖에 외교부장관이 필요하다고 인정하는 사업

제7조(관련 단체의 지원신청 등)
① 외교부장관은 제6조 각 호와 관련된 사업을 하는 고려인동포 관련 단체를 지원할 수 있다. <개정 013.3.23.>
② 제1항에 따른 지원을 받고자 하는 고려인동포 관련 단체는 외교부장관에게 지원신청을 하여야 한다. <개정 2013.3.23.>
③ 외교부장관은 제2항에 따른 신청이 있는 경우 지원 여부를 결정하고, 그 결과를 신청인에게 통지하여야 한다. <개정 2013.3.23.>
④ 고려인동포 관련 단체에 대한 지원 여부의 기준, 심사방법 및 절차 등 필요한 사항은 대통령령으로 정한다.
(출처: http://www.law.go.kr/lsInfop. do?lsiSeq=136662&efYd=20130323#0000)

〈표〉 17~19대 국회에서 제기된 '사할린 한인 지원 특별법' 내용 비교

발의 의원 및 시기	내용
전해철 의원 등 17인(2012.11.13.)	영주 귀국 대상 확대, 피해 보상 위한 외교적 노력, 국무총리 산하 지원위원회 설치 추진
이윤성 의원 등 12인(2010.12.06.)	외교통상부에 사할린지원위원회 구성, 일본과 피해보상 교섭, 사할린 현지 영주 귀국 희망 조사 추진
박선영 의원 등 24인(2010.09.06.)	사할리 한인 영주 귀국 추진, 국무총리 산하 사할린위원회 구성, 사할린 지원 위한 재단 설립
이회수 의원 등 10인(2009.06.12.)	사할린 한인 국적 회복 노력, 지원 부처 외통상부(현 외교부)로 규정
김영진 의원 등 29인(2009.03.10.)	사할린 한인 귀국 정착 지원, 일본과 피해 보상 교섭 추진
한명숙 의원 등 91인(2005.12.30.)	영주 귀국 희망 사할린 한인의 귀환 및 일본과 피해 보상 교섭 추진
장경수 의원 등 62인(2005.10.13.)	사할린 한인 귀국·정착·생활 지원 대책 및 국적 회복 지원, 피해 보상 위한 일본과의 교섭 노력 강구

출처: 경인일보(2015.10.19.) "[끝나지 않은 귀환, 사할린의 한인들5] 특별법 무산 원인과 전망"

2012년까지 발의된 '사할린 한인 지원 특별법' 대부분이 국적 회복과 영주 귀국에 관한 내용을 담고 있으므로 사할린 한인들이 국내로 이주·귀화하기 어려운 실정임을 추측할 수 있다. 즉 타국에 거주하고 있는 고려인과 사할린 한인들은 러시아 및 구소련 지역에서의 안정된 정착을 위한 법적 지원보다 국내로 귀환할 수 있는 법적 보장을 바라고 있음을 짐작할 수 있다. 이처럼 현재 유일하게 한국에서 고려인을 위해 제정되어 시행 중인 '고려인 특별법'은 현지에 거주하고 있는 고려인과 사할린 한인이 한국으로부터 어떤 법적 지원 및 보호를 받고 싶은지에 대한 논의가 부재하다고 평가된다. 나아가, 고려인을 위해 특

별히 제정되었다는 법의 조항 내용조차 직접적인 입장보다 간접적인 지원 형식을 띤다는 점을 통해 고려인과 사할린 한인, 또는 이들의 이주에 대한 국내의 부정적인 입장을 표명한다고도 판단할 수 있다.

고려인들은 한인으로서 우리 문화에 대한 지식은 부족하지만 이국 타향보다 선조의 땅인 국내로 정착, 귀화하려는 의지가 강한 특성을 보인다. 이들 동포들은 국내로의 이주문제와 체류 시 거주환경에 대한 개선을 바라고 있다.[17] 우선 고려인은 한국 내 체류자격에 대한 개선을 원하고 있는데, 이들은 강압적 동화정책으로 중앙아시아와 연해주에서 오랜 이주생활을 하였기에 국적 취득의 조건을 맞추기 어려운 상황에 처해 있었으므로, 국내체류과정에서 비자 취득조건이 완화되는 것을 바라고 있다. H-2(방문취업) 비자의 경우 단순노무직에 종사할 수 있으나 3년 후 출국해야 한다. 고려인 동포는 3-5년마다 출신국으로 돌아가 비자를 갱신한다. F-4(재외동포) 비자의 경우 국내에 계속 거주할 수는 있으나 일자리는 가질 수가 없다. 또한 현지 사회적, 경제적 어려운 사정으로 국내로의 이주를 선택한 만큼 거주국 가족들도 국내체류가 가능하도록 제도가 개선되길 원한다. 영주 체류를 원하지 않는 고려인도 자신들의 본국과 한국을 자유롭게 방문하면서 경제활동이 가능하도록 이중국적이 부여되기를 요청하고 있다.

> 김영숙 너머 사무국장은 "무엇보다 고려인이 한국에 정착한 이웃이 되도록 구조적 지원이 필요하다"고 강조했다. "일방적인 혜택을 달라고 요구하는 게 아닙니다. 공동체 문화 덕택에 고려인끼리 SNS로 정보

---

17 참조, [재외동포신문] 전남대 세계한상문화연구단-"국내거주 고려인동포 실태조사 시리즈국내거주 고려인동포의 정책지원 요구, (2015.08.26.); http://www.dongponews.net/news/articleView. html?idxno=29743

를 공유하고, 보육 품앗이를 하면서 스스로 생존하려는 노력이 커지고 있죠. 다만 이들의 발목을 잡는 차별과 불합리를 해소했으면 해요. 지방자치단체마다 한국어 교육을 확대하고, 구직 정보를 러시아어로도 제공하는 것만으로 고려인에겐 단비가 될 겁니다."

김 국장은 최근에도 건강보험공단에 이의신청을 냈다. 지역건강보험에 가입한 고려인이 동반 입국한 가족을 피부양자로 등록하기 위해 제출해야 하는 서류 일부가 중앙아시아 본국에선 개인 자격으로 구할 수 없는 양식이기 때문이다.

- 김영숙(50) 너머 사무국장
[연합뉴스(2016.02.11.), "(또 하나의 이웃) ① 모국 속의 이방인, 안산 고려인"]

고려인은 국내 생활환경에서도 보다 나은 개선을 요구하고 있다. 고려인들은 혈통으로는 한민족 후손이지만 여러 측면에서 어려운 한국생활을 이어가고 있다. 이들은 언어소통에서 조선족과 다른 많은 어려움을 갖고 있기에 외국인노동자그룹으로서 일상의 차별을 느끼고 있다. 국내일상생활에서 의사소통의 어려움을 극복할 수 있도록 한국어를 배우고 정착에 도움을 받는 정책을 원하는 것이다. 그리고 일자리와 관련하여 불안정한 고용형태가 나아지길 바라고 있으며 세부 요구사항으로 구직 및 취업지원 그리고 직장의 근로환경이 개선되길 바란다. 그리고 이전에는 단신입국이 많았으나 오늘날 가족입국 및 자녀들과 함께 생활하는 경우가 증가하는 추세로 자녀양육 및 교육지원이 이루어지고 그 외에도 국내생활 적응을 위해서 법률상담이나 보건·의료 환경의 개선 등이 조속히 실현되기를 원하는 상황이다.

"중앙아시아로 돌아가는 대신 한국에서 자녀를 키우며 살겠다는 거죠. 안산만 해도 놀라운 변화를 겪고 있어요. 골목마다 아이들이 뛰어

노는 소리가 들리기 시작했거든요. 예전에는 고령화 위기에 놓인 도시였는데 말이죠. 통폐합 소문이 돌던 학교에 학급도 늘었고요. 동네에 생기가 도는 거죠.”

특히 동반 입국 가족이 대부분 영유아부터 청소년인 고려인 자녀라는 점에서 제도 개선이 절실하다고 김 국장은 강조했다.

– 김영숙(50) 너머 사무국장
[연합뉴스(2016.02.11.), “(또 하나의 이웃) ① 모국 속의 이방인, 안산 고려인”]

“고려인 동포들이 중앙아시아 등지에서 어려운 생활을 하고 있다는 사실은 알고 있었지만, 모국인 대한민국에서조차 정당한 대우를 받지 못하고 하루하루 숨을 죽이며 살아가고 있다는 사실을 접하고 잠을 이룰 수가 없었다. 고려인의 삶에 관심을 갖게 되면서 그들의 권리 회복을 위해 누군가는 나서야 한다는 책임감도 느꼈다.”

이천영(57) 새날학교 교장[18]

3. 재일조선인

재일조선인들은 식민지 지배당사국인 일본에 거주한다는 점에서 중국 조선족과 구소련의 고려인 동포들과 다른 사회적 입장에 있다고 볼 수 있다. 재일조선인은 기본적으로 조선이 일본의 불법점령에서 독립된 1945년 8월 이래로 일본에 거주하는 한인들을 가리키는 말이다. 기록에

---

18 전남일보(2016.01.04.), “1월 주제 [아름다운 동행]-까레이스키 품은 고려인 마을 인권도시 광주의 소중한 자산” (http://www.jnilbo.com/read.php3?aid=1451833200486267336)

의하면 1910년 한국병합과 함께 재일조선인이 2천 명 정도였으며, 1925년 13만 명, 1930년 약 30만 명, 1940년 약 119만 명, 1945년 해방 당시 240만 명이 체류 중이었다고 추정된다.[19]

이렇게 많은 재일조선인이 일본에 거주하게 된 요인은 전쟁 말기 부족한 노동력을 메우기 위하여 조선인을 강제 연행한 것에서 시작된다. 처음엔 지역별로 할당되어 진행되었지만 희망자를 모집하는 방법으로는 심각한 노동력의 부족을 채울 수 없게 되자, 일본은 1938년 4월 국가총동원법을 공포하고 강제연행을 실시하여 많은 한인들을 일본 본토로 동원하게 되었다. 이들 한인들은 주로 광산업, 방직, 벌목, 도로공사, 운송과 토목공사 등에서 육체노동을 하는 빈민계층에 속하였고 주류사회에 속하지 못하고 집단부락을 이루며 생활하였다. 종전 후 많은 한인이 가족이 기다리는 조국으로 귀국하기도 했으나 일본에서 장기간 걸쳐 거주하면서 생활기반을 마련한 사람들 중 상당수는 고향에 돌아가도 생활터전이 없는 상황이라 귀국을 미루는 경우가 많았다.

박진산은 당시 재일조선인의 상황에 대하여 다음과 같이 언급했다.

> "생활이 어려운 사람들이 대부분이죠. 재일교포들 중 3분의 1이 경상도니까 귀국하는 사람들도 경상도, 전라도, 제주도. 북쪽에서는 함경도, 평안도 사람은 2%밖에 안 되었지만, 그 사람들은 많이 안 돌아갔습니다. 출신이 북쪽인 사람들은 그쪽에서 생활이 어렵다는 것을 알고 있었기 때문에 많이 안 돌아갔습니다."[20]

19 윤건차(1991), 일본땅의 조선인, 그 학대와 차별의 역사: 해외동포 이민애사, 그 유랑의 세월, 『역사비평』 14, p. 204.

20 곽진오・김면(2006), 『북한체제 형성과 발전과정 구술자료 일본・독일』, 통일연구원 편, p. 82.

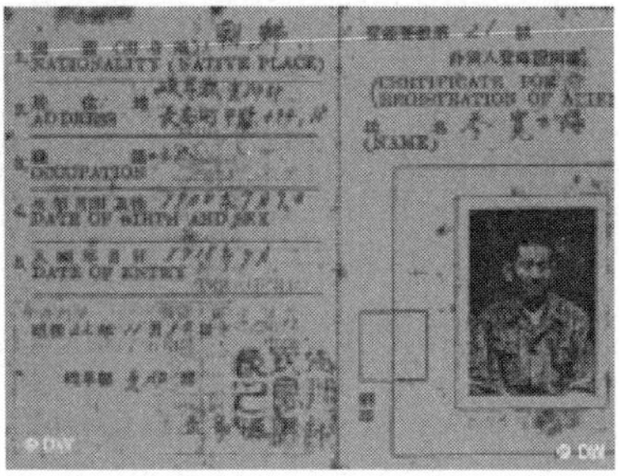

재일조선인 외국인등록증

출처: Deutsche Welle(2010.09.01)

또한 일본정부는 한반도로 귀향하고자 하는 재일조선인에게 일본에 있는 재산을 가져가지 못하게 금지조치를 취하였으므로 일본생활을 쉽게 청산할 수 없었다. 1947년 말 재일외국인 등록자 중 한인은 거의 60만 명에 이르렀다.

귀국을 어렵게 한 배경으로 신창석은 다음과 같이 구술하였다.

> "귀국하는 동포들에게 미군정 당국이 귀국자 재산을 1,000엔 이하로 제한했기 때문에 많은 사람들은 일본에 재산을 남겨두고 당장 돌아갈 수 없는 상황도 있었지요. 한편으로는 가지고 갈 재산이 없는 사람들도 있었기에 이래저래 일본에 남게 되는 사람도 많았지요."[21]

한반도는 강대국의 국제적 이해관계에 따라 남과 북으로 분단되었고 서로 다른 정부가 수립되면서 이데올로기 대립이 격화되었다. 이러한 상황에서 재일조선인은 한반도의 정세를 관망하면서 귀국을 늦추는 경우가 있었으며, 종전 후 일본은 실업이 만연해 있었고 대부분의 한인들은 일자리를 잃고 행상이나 밀매와 폐품수집 등으로 어려운 생활을 이어 나갔다. 일본 내 약 300여 개 재일조선인자치단체가 있었는데, 이들은 귀환과 생활고 등 생존권 문제로 자신들의 권리를 요구하기에 이르

21 곽진오 · 김면(2006), 같은 책, pp. 88-89.

렀다. 연합군사령부는 일본당국의 재일조선인에 대한 차별적인 처우에 대해 특별한 고려 없이 공동보조를 취하며 "일본에 체류하는 조선인은 일본법률을 따르라"는 기본지령으로 재일조선인들의 인권 및 재산권 보호를 방치하였다.

1945년 9월 도쿄에서 "재일본 조선인연맹 중앙준비위원회"이 조직되었고 10월 전국대표 약 5,000명이 모여 "재일조선인연맹"(이하 조련)이 결성되었다. 조련은 애초에 좌우세력을 아우르는 한민족단체로 시작했다. 일본 내에서 재일조선인들의 권익과 이들의 민생을 조금이나마 대변하는 것은 진보사상을 지닌 좌익단체였기에 재일조선인들은 사회사상에 자연스럽게 공감하였다. 특히 일본공산당 간부였던 김천해가 조련에 가입하면서 이 단체는 급격히 좌경화되었다. 이후 조련은 김두용, 박은철 등에 의해 장악되어 점차 일본공산당의 영향력을 받으며 하부 조직활동을 맡게 되었다. 연합군사령부는 더욱이 일부 재일조선인들이 일본공산당과 협력한 것으로 인해 한인들을 부정적 시각으로 보기도 했다.

홍현기, 김상호 등 우파 민족주의청년들은 "조국건국촉진청년동맹"(이하 건청)을 결성하여 좌익단체와 맞서기도 하였다. 그러나 이들 우파세력은 재일조선인사회에서 큰 영향력을 행사하지는 못하였다.

박진산은 당시의 재일조선인사회에 대해 다음과 같이 전하였다.

"1947년에는 60~70만 명 정도 재일교포가 있었습니다. 6.25전쟁 당시 일본 교포사회에는 좌익세력이 강했는데 동포들도 대부분 어려운 처지에 살기가 힘드니까 사회주의를 지향하는 사람이 많아서 북쪽을 지지하는 사람이 전체 교포 중 70~80% 되었습니다. 당시 재일조선인연맹을 지지하는 사람이 상당히 강하고 그래서 그 테두리 안에서 각

지방에 민족학교도 설립하기 시작했지요."[22]

종전 후 일본 내 조선인들은 한반도의 분단 상태를 반영하듯이, 남과 북을 대변하는 양측세력은 일본 내에서 서로 대립하는 상황을 만들었다. 더욱이 한국전쟁은 이러한 일본 내 조선인들의 갈등을 한층 심화시키고 고착화하게 만들었다.

해방 초기 재일조선인 사회는 북한국적이 압도적으로 많았다. 조련은 폭력적인 노선을 취하다가 1949년 9월 일본정부에 의해 강제 해산된 후 그 맥을 이어 1951년 1월 "재일조선통일민주전선"(이하 민전)을 발족하였다. 민전은 일본공산당의 극좌 폭력노선 대신에 민족주의적 성향을 강화하고 북한으로의 적극적인 지지를 표명하는 정책을 추구하였다. 일본 사회와 재일조선인사회에 대한 영향력 증대를 목표로 한덕수가 주축이 되어 1955년 5월 북한의 지원 아래 새로이 "재일조선인총련합회"(이하 조총련)이 결성되었다. 조총련은 한국정부의 재일조선인사회에 대해 정책이 없는 시기에 중앙집권적 조직을 정비, 북한의 영향력을 극대화하며 민단과의 대결구도 속에서 민족교육사업, 금융사업 등을 전개하여 일본 사회 내에서 재정과 조직에서 민단보다도 훨씬 우위를 점하게 되었다. 이런 과정에서 1955년 9월 북한정부는 재일조선인 귀국 희망자를 받아들인다는 성명을 발표하였다. 1959년 2월 일본정부는 일본적십자사를 통한 북한으로의 귀국을 인정하는 결정을 내렸다. 8월에는 북한 적십자사와 일본적십자사 간 재일조선인 귀환관련협정이 정식적으로 체결되었다. 한국 정부와 민단은 북송반대운동을 전개하였으나, 같은 해 12월 니가타에서 첫 운송선이 출발하였다.

---

22 곽진오 · 김면(2006), 같은 책, p. 74.

박두진은 북송사업에 대해 다음과 같이 구술하였다.

> "조총련조직이 전국에 많은 기관을 갖지 않았습니까? 그래서 그때 온통조직을 동원해서 입국자를 모집했지요. 제가 고3때 학교 가도 취직할 수 없었고 젊은이에게 희망이 없는 거예요. 일본에서 일해도 잘 살까? 그래서 고철을 모아서 판다든지. 밤에 노는 파친코라든지 일하는 자리가 없어요. 조선인이라면 안 받아주고.. 이런 것이 대부분 사람들의 심정이라 희망이 없는 기라. 그래서 그 참에 지상낙원인 북한에서 돌아오라고, 돌아오면 자기희망에 따라서 학교도 가고 직장도 가고 자기능력을 꽃피울 수 있다는 선전이 있고 일본매체도 다 그러고 일본 기자단이라는 사람이 북한에 갔다 와서 또 좋은 말하거든요... 결국은 북한의 권력과 일본의 국가권력이 합심해서 재일조선인을 그곳에 10만 명 보냈다는 거죠. 국가적인 범죄라면 범죄죠."[23]

조총련의 북송사업이 민족주의적 차원에서 호응을 받은 요인으로, 재일조선인 1세, 2세들은 일본에 정착하기 보다는 조국에 돌아간다는 생각을 항상 가지고 있었다는 점을 들 수 있다. 일본 사회가 경제적으로 고도성장을 하고 있었지만, 당시의 재일조선인들은 일본 정부의 차별정책으로 취직이 어렵고 힘든 생활로 인하여 장래에 대한 불안감이 확산되어 있었다. 또한 재일조선인들은 민족감정에서 남의 나라 일본에서 고생하는 것보다는 조국의 건설사업에 종사하는 것이 보람된 것이라고 생각하였다. 재일조선인은 북한사정에 대하여 거의 모르고 있었으므로 조총련의 대대적인 '지상낙원론' 선전에 현혹되어 북한에 대한 환상을 갖게 되었다. 북한의 막대한 교육원조와 장학금은 재일조선

---

23 곽진오 · 김면, 같은 책, pp. 47-48.

인들이 환상을 갖는 데 기여하였다.

일본 정부도 북송사업을 긍정적으로 받아들였다. 전후처리문제에서 많은 재일조선인들이 일본국내에 체류하였기에 인도주의적 명목으로 이들을 일본에서 떠나보낼 수 있었고, 이들 중 상당수가 하층계급에 속해 생활보호비를 받는 대상이었으므로 북송사업을 통해 정부의 복지재정을 상당량 줄일 수 있었기 때문이다. 또한 일본 국내에서 문제시되었던 높은 실업문제 및 사회주의운동의 확산문제를 자연스럽게 해소할 수 있어 일본은 북한으로의 귀국운동을 사실상 방치하였다고 볼 수 있다.

박진산은 북송사업에 대해 다음과 같이 진술하였다.

> "북한에 가면 사회주의니까 잘 살 수 있다고 생각했기 때문이죠. 북은 지상낙원이라고 선전하니까 1959-60년에 10만 명 정도 갔습니다. 북송동포 98%가 삼팔선이남출신이지요. 그 사람들이 일제시대에 못 살아서 이곳에 왔고 한국에 돌아가도 못 살겠다고 해서 일본과 북한의 선전만 믿고 많이 돌아갔지요. 북에 가서는 실망을 해가지고 상당히 곤란한 것을 알고는 2~3년 뒤부터는 많이 안 갑니다."[24]

북한은 1959년부터 1984년 북송사업이 종료될 때까지 10만여 명에 가까운 인적자원을 얻었으나 그들이 자유롭게 상봉하거나 교류할 수 있는 권리를 주지 않음으로써 2차 디아스포라를 만들고 그들의 인권을 박탈하는 결과를 낳았다. 북으로 간 동포들은 남한은 물론, 일본에도 왕래하지 못한다.

북송사업은 북한의 전략적 의도대로 초기에는 성공하는 듯하였다.

24 곽진오 · 김면, 같은 책, p. 80.

그러나 기대했던 지상낙원에 대한 선전은 지켜지지 못하고 절대빈곤상태에서 일본 내 가족과의 생이별만을 초래하여 큰 반발을 낳았다. 1966년 8월 북송협정은 폐기되었고, 이후 1971년 2월 북송재개를 위한 합의가 이루어지기도 했으나 1984년까지 동참인원은 극히 미비한 수준이었다.

북송을 선택한 이들은 일본으로 올 수 없을 뿐 아니라 가족 간 왕래의 자유조차도 갖을 수 없었고, 어렵게 일본 체류가족 및 친지와 만나고자 한다면 면담이라는 절차를 빌어 한정된 시간과 제한된 장소에서만 가능하였다. 그리고 이산가족과의 만남 혹은 고향방문 이후에는 북으로부터 경제적 도움이라는 명목으로 지원금을 요구하는 경우가 뒤따르게 되어 북송가족을 둔 재일동포에게는 이중의 고통을 강요하는 상황을 경험해야 했던 것이다.

일본 사회는 재일조선인을 낯선 이방인으로 규정, 특별영주권만을 부여하고 사회의 동등한 구성원으로 인정하지 않고 참정권을 박탈하였다. 옛 식민지 출신자란 이유로 외국인의 범주에 편입시키는 억압적, 배타적 자세를 드러내었고 조선인 학교의 폐쇄, 공영주택의 입주거부 및 취업차별도 공공연하게 이루어졌다. 한인들은 일본의 각종 차별과 소외에 맞서 자신들만의 관계망으로써 일본의 주류사회에 대응해야 했다. 일본 사회에서 조선인부락은 하나의 섬과 같이 떠있는 소외된 집단, 고립된 공간으로 볼 수 있다. 반면에 이 공간 안에서 한인들은 함께 거주하면서 다른 지역에 거주하는 사람들에 비해 일상에서의 차별을 덜 느낄 수 있었다. 제일조선인에게 '고향의식'은 배타적인 일본 사회 내에서 차별을 견디고 살아갈 수 있는 원동력이었다.[25] 모여 있다는 것만으로도 얻게 되는 심리적 안도감은 고향에 다가가는 것과 같은 느낌을 갖는 듯 했다. 같은 공간에 거주하면서 조선인으로서 공동체의식은 민족적 유대와 결속을 갖게 했고, 부당한 차별의 근거가 되었던 '조선인'이란 사실을 오히려 자긍심으로 전환시켰다.

그러나 재일조선인이 그리워하던 '조선'은 현재 분단되어 있다. 재일조선인사회도 민단 계열과 총련 계열로 나뉘어 있다. 문제가 되는 점은 총련 계열의 사람들 이외에도 '조선반도 출신자'라는 뜻으로 '조선'을 출신지역명으로 사용하는 '조선적(朝鮮籍)' 보유자가 있다는 점이다. 실제로 조선적을 가지고 있음에도 총련을 지지하지 않는 사람이 많지만, 조선적을 가진 사람을 북한 지지자로 오인하는 경우가 많다.[26] 현재 한국 정부는 조선적 재일조선인의 귀환권을 인정하지 않고 있다. 재일조선인은 국내 이주를 위해서는 한국적이든 일본적이든 국적을 가져야

---

25 정재훈(2015), 사기사와 메구무 문학 연구 -'통명', '고향', '이방인 의식' 문제, 『국제한인문학연구』, 제15호, pp. 270.

26 해방 후, 일본 국적을 상실하게 된 특별영주자들은 무국적 상태가 된다. 당시는 한반도에 독립국가가 생기지 않았던 때여서 일본 국적을 상실한 조선사람은 '조선 반도 출신자'라는 뜻밖에는 없는 '조선'을 출신지역명으로 사용하게 되었다. 그러다 1965년에 한일조약이 체결되면서 대한민국이 정식 국적으로 인정되었고, '조선' 국적으로 교육이나 취업 등 여러 가지 면에서 차별을 받고 살던 특별영주자들은 점차 대한민국 국적을 취득하기 시작하였다. 대한민국 국적을 취득한다고 해서 모든 권리를 다 가지지는 못하지만, 대한민국에 입국하기가 편하다는 이점이 있고 원래 고향이 남한 지역인 사람도 많아서 대한민국 국적으로 바꾸는 이들이 점차 늘어나게 된다. 하지만 그밖에 나머지 사람들은 '조선적'으로 남게 된다. 전체 특별영주자 중에서 조선적을 가지고 있는 사람의 비율은 전체의 20% 정도로 추정되는데 이들 중 상당수가 북한을 지지하는 재일본조선인총연합회(이하 총련)에 소속되어 있는 것은 사실이지만, 대한민국을 지지하는 재일본 대한민국민단(이하 민단)과 총련 그 어느 쪽에도 소속하고 싶지 않은 사람이나 단지 민족의 근원으로서의 조선이라는 용어에 애착을 느끼면서 살아가는 사람도 적지 않다는 점에서 '조선 국적'이 곧 '총련계'를 뜻하는 것은 아니다. 일본 정부 스스로도 인정하고 있듯이 '조선적'은 존재하지 않는 국적이라서 난민으로 취급하며 일본이 일방적으로 부여한 기호에 불과할 뿐, '조선민주주의인민공화국' 국적을 의미하는 것이 아니다. 참조, 위키백과, 특별영주자, https://ko.wikipedia.org/wiki.

법적, 제도적인 귀환을 할 수 있는 문제점이 있다.

1990년대까지 재일조선인은 내국인과 같은 권리를 누리기 위해 영주귀국을 선택해야 했다. 1999년 3월 공포된 '재외동포의 출입국과 법적 지위에 관한 법률'이 생겨 나면서 영주귀국이 아닌 법적 이주를 할 수 있게 되었다. 우리 측은 재일조선인은 국내로 이주시 귀환자로 대우해야한다고 생각한다. 고국을 떠난 당사자이든 그 후손이든 상관없이 모든 디아스포라가 고국과의 관계에서 보유한 권리가 2차 세계대전 이후 귀환권이라는 이름으로 국제사회에서 인정되기 때문이다. 그러나 재일조선인은 현재 다수가 일본에서 나고 자란 후속세대로 이루어져 있기에 젊은 재일조선인은 자신의 이주를 귀환으로 부르는 것에 거부감을 지니고 있다. 이들은 자신의 이주를 생활권의 연장 또는 확장 정도로 생각하는 편이다.[27] 나아가서 젊은 자이니치들은 최근 한국과 일본 양쪽에 걸친 성원권을 요구하고 있음을 확인할 수 있다.

한국 정부는 부모가 국적이 다르면 자녀에게 만 18세까지 이중국적을 부여하고 있으며 특별영주권자[28]도 마찬가지로 자녀에게 재외국민의 신분이 세습되는데, 특별영주권자는 지난해까지 주민등록번호를 발급받을 수가 없었다. 문제는 한국에서 각종 권리를 부여하는 기준이 주민등록번호라는 사실이다. 공공기관에 서류를 제출할 때도 필수 기재

27 김진환(2014), 이분법에 갇힌 조선사람: 국내 이주 재일조선인의 한국살이, 『통일인문학』, 제58집, pp. 91-92.

28 1965년 한일 국교 정상화 이전에 이들은 식민지 시대 이전의 국호인 조선을 따와서 '조선적'(朝鮮籍)으로 칭했다. 재일동포 사회는 현재 조선적을 유지하는 사람은 소수이며 대부분 한국 국적으로 변경했다. 일본 정부는 재일동포에게 1991년부터 특별영주권을 부여했고 비로소 별도의 신고 없이 출입국이 가능해졌다. 참조. 연합뉴스(2015.11.17.), "'자녀 보육료 달라'…모국서 헌법소원 낸 재일동포")

항목일 뿐 아니라 주민번호가 없으면 취학통지서도 받을 수 없으며 보건소의 무료 접종 대상에서도 제외된다. 이 기준이 차별이라는 지적이 받아들여져 정부는 2016년부터 주민등록법 6조 1항 3호(재외국민)에 따라 국내 거주 재외국민도 신청하면 주민번호를 부여하고 있다. 하지만, 보육료 등 지원 대상에서 제외하는 규정 때문에 사회적 문제가 야기되고 있으며, 이들이 만약 정부 지원을 받고 싶다면 거주국에서 받은 영주권을 포기해야 한다.

> "주민등록등본을 떼보면 아이의 주민등록번호 뒤에 '재외국민'이라고 표시가 돼 있습니다. 엄마가 특별영주권자인 것을 밝힌 것이죠. 구청에서는 특별영주권을 포기하면 보육료 지원을 해 줄 수 있다고 하더군요. 친정 식구가 모두 일본에 있고 혼자 한국으로 시집온 건데 포기하라니요. 더욱이 재일동포가 어떻게 쟁취한 특별영주권인데 정말 너무한다는 생각이 들더군요."
>
> 김여순(36), 특별영주권자 재일조선인.

> "4년 전 큰아이 보육료를 신청했을 때는 주민번호가 없다고 거절당했습니다. 이제는 받을 줄 알았는데 여전히 안 된다니 대체 무엇이 바뀐 거죠? 여기서 이방인 취급을 받는 것만도 서러운데 내 아이에게까지 차별이 이어지는 것만은 막고 싶습니다."
>
> 김명향(34). 특별영주권자 재일조선인.[29]

국제적 환경도 변화되어 왔다. 2012년 재외국민도 참정권을 행사

---

29 연합뉴스(2015.11.17.), ""'자녀 보육료 달라'…모국서 헌법소원 낸 재일동포" (http://www.yonhapnews.co.kr/bulletin/2015/11/17/0200000000AKR20151117039300371.HTML?input=1195m)

하기 시작했고 2015년 1월부터 재외국민에게 주민등록번호가 발급되기 시작했다. 따라서 재일조선인의 이주가 보다 다양한 선택지 속에서 수월하게 이루어지고 국내생활을 안정화시키는 제도가 필요할 것으로 보인다.[30]

조선족과 고려인, 재일조선인 영화

경계에 서 있는 한인들과 타국에서의 차별

이 장에서 조선인, 고려인과 재일조선인들이 다양한 역사적 맥락에서 그들이 겪어온 삶의 이야기를 그려낸 영화들을 살펴보았다. 영화들은 해외한민족이 겪어야 했던 디아스포라 이야기와 현지사회에 적응해야 했던 체험들을 다룬다. 1세대가 실향민으로서 이산의 아픔을 간직한 채 새로운 현실에 뿌리를 내려야 했던 타향살이의 어려움을 전하고 있고, 반면 후속세대는 정체성의 고통과 소속감을 잃은 이방인으로서 살아가야 하는 이야기를 스크린을 통해 사실적으로 보여줌으로써 이해를 돕고자 하였다.

▮ 고향은 돌아오기 전에만 고향이다, '김 알렉스의 식당: 안산-타슈켄트' (2014, 김정 감독)

김 알렉스는 우즈베키스탄에서 급격한 상황 변화로 8번의 사기를 당하고 힘든 생활을 겪다 3년 전 한국에 왔다. 자신의 부모들이 조국이라고 평생을 생각하며 오고 싶었지만 올 수 없었던 공간인 '한국'은 그에게 고향과 같은 곳이었지만 현실은 달랐다. 오랜 기간 체불 임금 문제를 겪었던 알렉스는 현재 안산 뗏골에 '타슈켄트'라는 작은 식당을 열

30 김진환(2014), 같은 논문, pp. 92-94.

었다.

본 다큐멘터리 영화는 김 알렉스를 통해 우즈베키스탄과 카자흐스탄으로 강제 이주되었던 고려인들의 삶을 대변한다. 그들은 강제 이주 후에도 척박한 땅에서 하층민의 삶을 지속해왔다고 전해진다. 반복되는 결핍의 순환 고리 속에서 고려인들은 소수민족이라는 사회적 차별로 더 고된 생활을 이어왔음을 알 수 있다.

김 알렉스 씨

우즈베키스탄과 카자흐스탄으로 강제 이주 중인 고려인(한국인)들

출처: EBS 국제다큐영화제 블로그

■ 자연과 삶을 교차하여 고려인의 감정을 대변한, '눈의 마음; 슬픔이 우리를 데려가는 곳' (2014, 김정 감독)

김정 감독은 본 영화를 통해 고려인들이 강제 이주 당했던 당시, 그리고 타국에서 생활터전을 일궈갔던 과정 중 느꼈던 감정들을 중앙아시아 자연환경들과 세 사람(송 라브렌티, 김 알렉스, 허 스베타)를 교차하여 보여줌으로써 전하고자 했다. 하얀 눈이 내리는 텅 빈 숲길과 바람이 불어오는 허허벌판을 바라보고 있자면, 고려인들이 강제 이주로 인해 얼마나 척박한 삶을 살았을지 추측할 수 있다. 또한, 세 사람들의 모습이 담긴 장면 대부분은 소련 붕괴 이후 사회적 상황으로 인해 뿔뿔이 흩어진 고려인의 삶을 반영한다.

영화 스틸컷_01

영화 스틸컷_02

출처: 네이버영화, 시네마달(CINEMADAL)

■ 이중정체성을 가진 채 살아가는 조선족, '망종' (2005, 장률 감독)

영화 속 여자주인공인 '최순희'는 아들 창호와 단둘이 산다. 그녀는 조선 김치를 자전거 노점에서 판매하며 삶을 꾸려 가는데, 그러던 중 자신과 같은 처지인 조선족 남자 '김씨'를 알게 되어 연인 관계로 발전한다. 하지만 김씨는 유부남이었고 자신의 아내에게 불륜 현장을 들키자 돈을 지불하고 성관계를 맺은 사이라며 최순희에게 모든 잘못을 돌린다. 그리하여 그녀는 매춘부로 몰려 경찰서로 연행되지만 선행을 베푼 경찰관을 만나 상황을 모면한다. 하지만 그는 최순희에게 도움에 대한 성적 대가를 요구하고 그녀는 다시 한 번 조선족 여성에 대한 사회적 차별을 경험한다.

극 중 김씨와 최순희 씨는 동일하게 조선족이라는 사회 하층민이지만, 최순희 씨는 여성이라는 이유로 한 아이의 어머니임에도 불구하고 성적인 대상으로만 여겨지는 상황에 연달아 처하게 된다. 이를 통해 조선족 여성이 사회적으로 어떤 시선을 받으며 살아가는지를 간접적으로나마 알 수 있다.

영화포스터

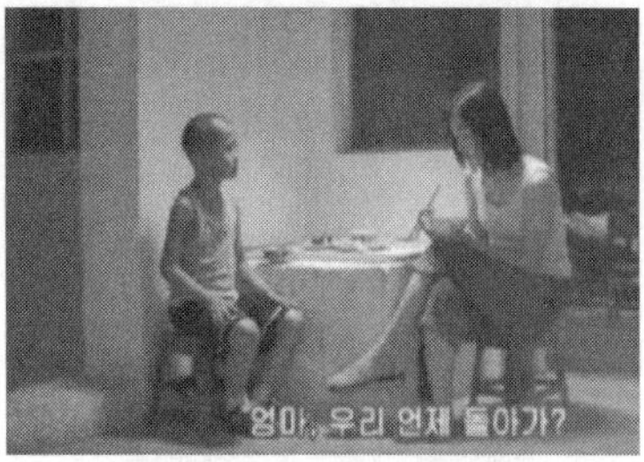

"엄마, 우리 언제 돌아가?"

(왼쪽에서 오른쪽) 창호와 최순희 씨

출처: 네이버영화

■ 타국뿐만 아니라 국내에서도 차별받는 그들, '그라운드의 이방인' (2015, 김명준 감독)

1982년, 재일한인 야구단은 한국 야구에 일본 야구의 기술을 소개하며 장차 한국 야구에 도움이 될 경기를 치렀다. 하지만 이들은 한국어를 못하고 일본에서 태어나고 자라났다는 이유만으로 국내로부터는 '쪽바리'라는 차별을, 일본에서는 '조센징'이라는 멸시를 받았다.

다시는 돌아오지 말라는, 이기지 말라는 익명의 협박을 받았지만 한국 야구에 크나큰 성장의 기회를 제공했던 그들을 한국으로 재 초청하는 과정을 담은 다큐멘터리 영화다.

영화포스터

"일본에서도 차별 받지 않습니까"

영화 예고편 스틸컷

출처: 네이버영화

■ 국적이 다름이 신분차이로 이어지는, 'Go' (2001, 유키사다 이사오 감독)

본 영화는 자이니치(재일조선인)인 '스키하라'가 일본인 여학생 '사쿠라이'를 사랑하게 되는 과정을 학원액션물 장르로 담아냈다. 스키하라와 사쿠라이는 다른 학생들처럼 서로의 감정을 쌓아가지만 스키하라가 재일조선인이라는 고백을 하고 나서 둘 관계는 틀어지게 된다.

스키하라는 자신은 '이정호'라는 한국 이름과 한국 국적을 가진 채 일본에서 재일교포라는 삶을 살게 된다. 학생으로서 일본에서 그만의 방식으로 적응을 해 나가지만, 재일교포라는 '자격'은 첫사랑마저 발목을 잡는다.

영화포스터

"아빠 말씀이 중국인과 한국인은 피가 더럽대"
(왼쪽에서 오른쪽) 스키하라와 사쿠라이

출처: 네이버영화

▌한국인이란 무엇일까 질문하는, '우리학교' (2007, 김명준 감독)

본 영화는 홋카이도 조선초중고급학교를 배경으로 촬영되었다. 다큐멘터리 영화로 조선족학교를 '우리학교'로 칭하는 학생들의 삶 속에서 한국인으로서의 정체성과 일본 내에서 그들의 처지를 담았다. '우리학교' 학생들이 한국의 전통을 전승하려고 노력하는 모습 속에서 한국인보다 '더' 한국인다운 면모를 발견한 할 수 있다. '우리학교' 학생들이 일본에서 동포사회에 힘을 주기 위해 서로의 한국인 정체성을 응원한다는 점에서 재일조선인들이 자신을 일본 사회에서 지켜내기 위해 어떠한 노력을 해오고 있는지 엿볼 수 있다.

영화포스터

"치마저고리도 입어야 하고
우리말도 지켜야 하죠"

'우리학교' 학생들

출처: 네이버영화

■ 사랑부터 다름에 대한 이해까지, '박치기' (2006, 이즈츠 카즈유키 감독)

1968년 교토를 배경으로 하는 본 영화는 히가시고 학생과 조선고 학생들의 격투를 중심으로 이야기를 전개한다. 영화 초반에 경자(재일조선인이자 사카자키의 여동생)을 비롯한 재일동포 여학생들이 일본 남학생들로부터 수치심이 들 만한 하대를 받는 장면과, 히가시고의 일본인 학생 고우스케와 조선고의 사카자키의 라이벌 구도는 일본 사회 내에서 재일조선인이 어떠한 차별과 멸시를 받는지를 나타낸다. 하지만, 플루트를 연주하고 있는 경자(사카자키의 여동생)에게 고우스케가 사랑에 빠지고 나서부터 영화는 반전을 거듭한다. 사랑에 빠진 고우스케는 경자로부터 관심과 호감을 얻기 위해 금지곡인 '아리랑'을 배우고 연습한다.

영화 중후반 부에서 고우스케는 자신이 일본인이라는 점과 사랑에 빠진 상대 경자가 재일조선인이라는 점에서 갈등을 겪는다. 일제강점기나 한국의 남북한분단과는 관계가 없는 이들이지만 국적이 다르다는 이유만으로 사랑을 이루지 못하는 과정을 통해 재일조선인이 일본 내에서 일본인과 동등한 지위를 가지지 못함을 알 수 있다.

영화포스터

경자가 일본 남학생들에게 차별받는 장면

출처: 네이버영화

4장
분단 체제와 민속문화담론

4장

분단 체제와 민속문화담론

1. 한반도의 분단과 민속문화의 인식문제

1) 남북한 개별 국가성과 민속문화정책

분단 이후 남과 북은 정치목적에 따라 역사적 대표성을 주장하고 다른 진영의 정통성을 부정하기 위한 수단으로 민속문화를 활용하였다. 체제의 대결상황에서 각기 과거 민속문화정책이 이념과 체제를 공고히 만드는 전략적 도구의 역할로 쓰였음을 읽어낼 수 있다. 문화정책이 본격적으로 시작된 1960년대 남한정부는 자립경제와 조국근대화라는 명목 하에 공업화를 추진하면서 농촌마을과 향토문화를 희생시켰다. 전통민속은 산업화의 격동에 휘말리며 존립할 기반이 흔들리게 되었다. 특히 정부는 '의례준칙'(1961) 및 '가정의례준칙'(1969)을 실시하였고, 근대화를 이유로 재래의 관혼상제와 같은 전통풍속을 '허례의식' 또는

'폐습'으로 폄하하여 단절시켰다. 생활개선과 합리화를 위해 마을공동체의 오랜 민속문화가 부정되고 철저히 파괴되기도 했다.[1]

1970년 새마을운동이 시작되고 저개발 농촌지역에 계몽적 의식운동이 확산되었으나, 근대화의 물질적인 혜택 속에 민간신앙, 무속의례, 전통주거양식은 점차 사라져갔다. 소중한 유무형의 전승유산이 서구적 규범화에 맞추어 전근대적 불합리한 구습으로 여겨진 것은 민족의 문화적 핵심을 멸종시킨 결과를 가져왔다.[2] 1969년부터 민속조사가 정부에 의해서 일정부분 활성화되기도 하였다. 문화재관리국의 지원으로 '민속종합조사'가 전국적으로 시도되었는데, 이는 산업화로 인하여 향토문화가 희생된다는 학계의 우려로 인하여 제한적으로 이루어진 것이었다. 문화재관리국은 71년부터 문화재 1, 2과로 분리되어 유형과 무형문화재 및 민속자료의 보호관리를 본격적으로 시행하였다. 하지만 선진국의 사례처럼 민간주도의 보존단체가 적극적인 영향력을 행사하지 못하고 국가행정 관련부처가 문화유산의 제정 및 운영에 있어 전권을 행사하였다.[3]

1980년대 신군부정권은 광주민주화운동과 같은 민중적 저항에 부딪치게 되면서 이반된 민심을 돌리기 위한 문화정책을 실시하였다. 이들은 '국풍'(國風)과 같은 관제형태의 문화축제를 기획하여 민속분야를 정치적으로 도구화하기도 하였다. 정부는 문화공연팀과 전승단체를 동원하고 민속공연을 펼쳤지만 국민의 지지를 얻지 못하고 바로 폐지되는 운명을 맞기도 하였다.[4] 90년대 이후 민주화의 진전이 이루어졌지

---

1 윤영도(2007), 냉전기 국민화 프로젝트와 전통문화담론, 『중국어문학논집』, 43호, pp. 341-342.

2 정유진(2012), 박정희 정부기 문화재정책과 민속신앙, 『역사민속학』, 39집, pp. 187-189.

3 오명석(1998), 1960-70년대의 문화정책과 민족문화담론, 『비교문화연구』, 4호, p. 126.

만 세계화의 흐름 속에서 민속문화는 관광개발 및 경제산업과 연계되었고 국가의 문화정책은 지역경제의 수익성 창출과 축제상품화를 위해 운영되었다고 볼 수 있다.

북한정권은 등장한 초기부터 식민지적 잔재의 청산과 새로운 사회주의 건설이라는 목표를 두고 민속문화정책을 전개하였다. 당시 문화정책은 구소련민속학으로부터 폭넓은 수용을 통해 이루어졌다. 민속학은 인민적인 마르크스 레닌주의 민속학으로, 진정으로 혁명과 건설에 복무하는 과학으로 정착시켰다.[5] 북한의 민속문화정책은 헌법 제37조에서 "제국주의의 문화적 침투와 복고주의적 경향을 반대하며, 민속문화유산을 보호하고 그것을 사회주의현실에 맞게 계승 발전시킨다."[6]고 명시하듯이, 혁명과 사회주의건설을 이룰 수 있도록 민속학의 효용성과 기능성을 강조하고 있다. 따라서 민속학은 국가권력과 주체철학의 영향을 받아 북한식으로 변용시킨 학문으로 발전되었다.

이처럼 남북한은 민족고유의 문화를 국가의사를 형성하는 상징체로서 활용하였고 대중을 효과적으로 통제하는 수단으로 이용하였다. 민속문화를 논의의 중점에 놓고자 할 때, 핵심적인 주체인 민중(Volk)이 내포한 의미를 살펴볼 필요가 있다. Volk는 8세기 기록되었던 "fulka"라는 어원으로부터 유래하며, 사전적인 뜻풀이로 "피지배층의 다수 민중"을 지칭한다.[7] 본래의 뜻은 특정한 계급이나 소수 권력그룹이 아닌 사회 전체의 구성원을 의미하는 것이었다.

---

4 한양명(2004), 축제정치의 두 풍경: 국풍과 대학대동제, 『비교민속학』, 26집, pp. 471-472.

5 이정재(2002), 북한 민속학연구의 경향과 특징 연구, 『한국문화연구』, 6집, p. 118.

6 전영선(2005), 『북한 민족문화정책의 이론과 현장』, 역락, pp. 19-20.

7 Wikipedia 전자사전: http://de.wikipedia.org/wiki/Volk

지금까지 남북한은 개별국가로서 정치제도의 틀 안에서 각자의 정체성을 계속 강화시켜 왔다. 남북한은 통일을 언급하면서도 이분법적이고 대립적인 정치상황으로 두 국가의 통합을 추구한 것이 아니라 상대정권에 대한 적대감과 분노에 기반한 상대에 대한 흡수 통합을 의미하였다. 따라서 기존 민속문화정책은 자기만의 생활양식을 고수하고 상대측의 문화 변용을 과거 전통으로의 일탈로 주장하는 배타적인 측면이 강하였다고 볼 수 있다. 그러나 70년 동안 각기 다른 국가체제를 발전시켜 온 과정에서 이질적 가치관과 정서, 생활양식을 형성하였음을 인정할 필요가 있다. 사회구성원들은 다른 가치와 지향점, 정서를 가지게 되었고 분단 이전으로의 전통과 민족성으로의 복귀는 큰 의미를 갖지 못하는 것이다.

시대가 변하면 풍습도 변하듯이, 남과 북은 갈라져 살아온 지 70년이 되었기에 남과 북이 형성해 온 상이한 가치관과 생활습관을 직시해야 하고 달라진 차이에 대한 인정과 소통이 중요한 시점이다. 남북의 민속문화는 이질화되어 온 측면이 분명히 있지만 여전히 저변에 흐르는 민족 고유의 정체성을 확인할 수 있다. 남북의 주민들이 동참할 수 있는 평화공존의 문화를 발전시키고 서로간의 교류과정을 통해 점차 남과 북의 차이에 대한 이해를 확대할 필요가 있다.

우리들은 북한과 북한 주민에 대한 차별적이고 부정적 시각으로 이들에 대한 자세한 정보를 얻지 못한 채 쉽게 악의적으로 범주화시켜 왔기에, 부정적인 정서와 배타성을 해소하기 위해서 열린 마음으로 이들의 변화된 정체성과 일상문화에 보다 접근하고 이해할 수 있는 수용자세가 실질적으로 필요하다고 할 수 있다. 민속문화의 창조적 발전을 위해서 대결주의나 배타적인 민족주의를 자성적으로 성찰하고 남북의 주민이 함께 참여하는 민중의 저변 역량을 결합시킬 필요가 있다. 분단

이후 형성된 이질성을 다양성으로 받아들여서 미래지향적 민속문화를 구축하는 과정이 중요하다고 볼 수 있다.

2) 민족주의에 대한 비판적 성찰

독일민속학에서 1810년 얀(Friedrich L. Jahn)은 저서를 통해 "민족 없는 국가는 아무것도 아니며, 혼이 없는 작품일 뿐이다. 국가 없는 민족은 아무것도 아니다. 실체 없이 공허한 환영으로 세상을 떠도는 집시나 유대인과 같다. 국가와 민족이 하나로 함께 제국을 형성하는 것으로, 민족성에 의해서만 유지될 수 있다."[8]라고 정의하였다. 민족성을 주장한 것은 당시 프랑스와 주변강대국의 갈등 속에서 독일의 혼과 정신을 지키려는 의지의 표현이었다. 그러나 이후 제3제국은 민족성을 파시즘의 이데올로기로 활용하여 국민의 열광적인 지지를 이끌고 대중을 효과적으로 통제하기도 했다. 이들은 민족주의를 히틀러와 나치즘을 위한 강화 수단으로 활용하였고 다른 민족에 대한 폭력을 정당화하는 토대로 사용하였다. 전쟁 후 서독과 동독의 민속학계는 과거청산 이후 좁은 민속문화정책의 전횡으로부터 민족성 이념을 해체하고 배타적 민족주의적 시각에서 벗어나 실증적인 연구로 전환하였다. 그 과정에서 체제로 갈라진 분단문화를 하나로 통합할 수 있는 탈민족주의적 연구의 패러다임을 구축하고 평화공존의 기반을 마련하는 모습을 보여주었다.

우리 한반도도 민족주의와 민족성이 크게 영향을 미쳐 왔음을 확인할 수 있다. 일제강점기 시절 조선총독부는 전국을 대상으로 민속조사를 실시하였지만 민간신앙, 민요 같은 풍속 수집 활동은 식민지 행정통치 상의 성격을 띤다고 볼 수 있다. 반면 신채호, 정인보, 최남선, 이능

---

8 Friedrig Ludwig Jahn, *Deutsches Volkstum*, Leipzig 1817, pp. 34-35.

화는 조선민속의 근원을 살피는 연구활동으로 민족혼을 담아내고자 하였고 1930년대 '진단학회' 멤버였던 송석하와 손진태는 현장조사의 방법론을 통해 민속문화를 실증적으로 살피고자 하였다. 당시 민속문화 연구는 일본 제국주의에 대한 해방의 무기였다. 따라서 선각자들의 민족연구는 일본에 맞서는 저항으로, 한민족의 정체성을 찾고 강력한 연대감정을 고취하고자 하는 것이었다. 일제강점기 상황에서 민족주의는 일본병합정책에 맞서는 가장 강력한 이데올로기로서 역할을 하였다.

해방 이후 남한 정부는 유교사상 위에서 민족주의를 활용하여 편향적인 문화정책을 지향하였다. 당시 당국자는 전통문화로부터 근본개념을 추출 통합하여 그들의 국가주의를 만들어 갔다.[9] 특히, 유신정국을 맞아 집권세력은 자신들의 정치권력을 정당화하고자 조국과 민족을 절대시하는 이데올로기를 활용하였다. 그 과정에서 국민정서의 자발성을 이끌어내기 위한 방안으로 이들은 민속문화에서 집단고유의 단결력과 공동체의식의 근거를 활용하였다. 경주고도의 신라문화권과 이순신장군의 영웅화 및 현충사 성역화, 국난극복을 이룬 애국충정의 국방 유적지가 선택적으로 집중 개발되었다.[10] 냉전체제에서 위정자들은 민족이념을 바탕으로 '민족적 민주주의'를 내세웠고 반공이념을 강조하는 가운데 국가내부의 단결을 이끌어내었다. 정부는 북한을 적대적인 타자로서 규정한 가운데 민족전통에 대한 가치부여를 통해 국가주의적 정체성을 강화하였다.

반면, 북한의 문화정책은 집단고유의 단결력과 공동체의식을 유지하기 위해 가부장적 질서를 확장하여 국가정체성을 이루는 데 목적이 있

9 참조. 윤해동(2000), 한국 민족주의 근대성 비판, 『역사문제연구』, 4호, pp. 67-68.

10 오명석(1998), 1960-70년대의 문화정책과 민족문화담론, 『비교문화연구』, 4호, pp. 129-130.

었다. 국가는 어버이 수령과 어머니 당, 인민이 혈연적 관계에 기초하여 충성과 효성을 기본적 덕목으로 요구하였다.[11] 이는 민족주의 패러다임 안에 전통적 유교의 통치담론을 그대로 도입하여 절대적 충성의 장치들로 재설정한 것으로 볼 수 있다.

북한의 문화정책은 민속문화유산을 감상적으로 보존하는 것이 아니라 제국주의와 자본주의에 대한 적대감을 토대로 사회주의 내용을 결합시켜 적용하며 북한식 문화변용을 강조한다. 북한은 주체사상을 이념적 근간으로 민족 특성 자체보다는 '계급성', '인민성', '당성'의 관점으로 '진보적'이고 '인민적'인 것을 강조하였다. 70년대 주체사상이 북한의 절대적인 지도이념이 되면서 문화와 학술영역에서도 김일성의 교시가 유일한 기준이 되며 민족과 전통을 강조하는 민족논리를 대체하게 되었다.[12] 모든 문화정책이 주체사상을 선전하기 위한 도구가 된 것이었다. 1980년대에는 외부적으로 소련의 몰락과 동구권의 민주화, 중국의 개혁개방정책 등의 환경변화가 북한에 개혁, 개방의 압력으로 작용하였다. 이 과정에서 북한은 사회주의정책에 민족적인 특성을 다시 강조하게 되었고, 이후의 문화정책도 '우리민족제일주의'를 중심으로 유일사상의 틀 내에서 민족전통을 활용하여 왔다.[13] 이는 주체사상의 정당성을 전통문화와 민족논리에서 찾으려한 것으로 볼 수 있다.

위에서 살펴보았듯이 남북은 민속문화의 올바른 지위를 찾기보다는 민족이데올로기를 통해 정권의 역사적 정통성을 내세우고 자신들 체제의 정치담론에 부합되도록 활용하였다. 분단이후 남과 북은 서로 다른

11 전미영(2006), 북한사회의 전통문화의 인식, 『한국민족문화』, 27호, p. 389.

12 전영선(2005), 『북한 민족문화정책의 이론과 현장』, pp. 80-81.

13 전미영(2003), 통일담론에 나타난 남북한 민족주의 비교연구: 통일이념의 모색, 『국제정치논총』, 43집 1호, p. 192.

폐쇄적인 민족주의를 발전시켜왔으며, 분단국가를 공고히 하면서 상대측에 대해 배타성의 근거로 규정하였다. 따라서 이제 분단된 민족주의를 극복하기 위한 새로운 성격의 민족주의가 요구된다고 할 수 있다.

한국전쟁과 그 이후 분단의 지속은 한반도 내 주민들뿐 아니라 해외에 있는 동포들과의 분단도 가져왔다. 해외 디아스포라 공동체에서도 냉전이 지속되어 왔다. 분단 상황으로 오랜 시간동안 딱딱하게 굳어버린 이념대결적 시각은 국경 너머의 한인들을 포용하기보다는 체제갈등의 희생자로 만들었다고 할 수 있다. 오늘날 민속문화연구는 前시대의 민속학과는 분명히 다르다. 현대사회는 국가 간의 교류와 협력이 확대되고 이전 공산권지역의 재외 한인들이 국내로 들어와 정착하고 있다. 다문화시대의 민족주의는 경계와 차별을 강조하던 배타적 자세를 전환시킬 필요가 있다. 이제는 민속연구도 더 이상 과거 냉전체제 시 적성국의 주민으로 살아왔던 한인들을 배척하는 편향된 이념성에 집착할 수는 없다. 향후 민속문화는 출신지역의 다양성과 상이한 환경의 문화를 받아들이고 융합화한 생활양식을 주요한 문화연구로 확대할 수 있는 방법을 모색하여야 하겠다. 민속학은 열린 민족주의가 되어야 하며 현재 새로이 사회구성원이 된 이주민들의 생활문화를 이해하고 분석하는 문화학으로 정립될 필요가 있다. 이를 토대로 통일을 향한 민속학은 대한민국 중심의 민족주의를 고양하는 배타적인 연구 자세를 벗어나서 주변 동아시아권 전역의 재외 한인까지 아우르는 트랜스내셔널 인류학적 비교연구로 추진될 필요가 있다.

3) 탈냉전시대의 민속문화 교류

전후 독일은 분단 이후 정치체제와 상이한 이념으로 문화의 이질성을 경험하였다. 서독과 동독 정부는 가능한 내독 간 문화교류를 국가주관의 공식적인 접촉으로 한정시키려 했고, 그 결과 민간차원의 교류협력은 제한적으로 이루어졌다. 하지만 동·서독 민속학계는 분단 직후부터 민족자산을 대상으로 학자 간 학술협력과 교류를 시도하였다. 양독 간에 민요, 전설 같은 구비민속관련 자료공유, 학자들의 상호교류, 교차조사, 합동연구를 통한 민속분류체계화, 학술회 공동개최 그리고 양독 간 문화교류협정에 기초된 후속연구세대의 방문은 상호 통일의 디딤돌을 만든 과정이었다.

남한과 북한은 분단의 고착화로 폐쇄적인 틀을 유지한 채 민속문화의 이질화를 경험하였다. 남·북한 모두 같은 역사와 문화전통을 가진 한민족이라는 것을 강조하면서도 실제로는 민속문화의 내용을 서로 달리 규정하고 재단하면서 상대편이 왜곡된 허구문화를 표방한다고 비난하였다.[14] 남·북한 당국의 민속정책은 공통성 회복을 지향하기보다는 정치적 차원의 체제경쟁을 위한 수단으로서 다루어 오히려 이질감을 심화시켜 왔다.

남·북한 간 민속문화의 교류가 시작된 것은 1990년대 중반 이후로 볼 수 있다. 남북 간 정치적, 군사적 긴장이 유지되고 있는 가운데, 정부당국의 허가와 개입 속에서 공유할 수 있는 문화재 관련 분야에 집중되었다. 첫 교류과정으로 1993년 8월 중국 집안에서, 다음해 일본 오사카에서, 그리고 일본 학습원대학에서 고대 및 고구려벽화를 주제로 남북과 중국, 일본학자들이 학술토론회를 하였다. 남북 문화교류가 비교적 활발해진 것은 남북정상회담 이후로 볼 수 있다. 단군 및 고조선 학술토론회, 고구려 유물전시, 금강산 및 개성지역에 관한 조사 및 학술교류 등 4분야로 나눌 수 있다. 2002년부터 세 차례 단군을 주제로

14 오명석(1998), 1960-70년대의 문화정책과 민족문화담론, 『비교문화연구』, 4호, p. 147.

학술회가 평양에서 열렸고, 평양 조선미술박물관에서 일제약탈문화재 반환을 위한 토론회가 열렸다. 아산의 금강산관광사업 개시 이후엔 고구려 세계문화유산 등재와 관련하여 2004년 5월 처음 금강산에서 열렸고, 이후 금강산 문화유적복원사업이 이루어지기도 했다. 그리고 2004년 6월에 개성공단 부지에서 유물조사를 시작하였고, 이어서 개성역사지구 세계문화유산 등재를 위한 토론회를 열었다. 이후 총 4차에 걸쳐 개성 만월대조사를 공동으로 수행하였다. 2005년에는 평양 및 안악일대 고분에 대하여 보존상태에 대한 조사가 이듬해까지 시행되었다.[15]

교류 성과를 살펴보면 나름대로 결실이 있었다. 2005년 6월 제15차 남북장관급회담에서 '북관대첩비 반환'사업을 합의하고 그해 10월 야스쿠니신사 측으로부터 돌려받아 본래 자리인 함경북도 김책시에 다시 세운 것을 들 수 있다. 2004년에는 "조선향토대백과"를 공동 편찬하여 북한의 국보, 준국보와 보존급 유물유적을 확인할 수 있는 성과를 거두기도 하였다. 그리고 2005년 9월 남북장관급회담에서 논의했던 "겨레말큰사전" 공동편찬사업이 현재 16차 사업까지 이어졌다. 그 후 남북관계의 악화로 그나마 있어 왔던 행사성 남북교류조차도 전면적인 중단 상태에 있다. 민속문화교류는 남북 간 정부차원에서 주도하고 독점하여 정책에 의해 크게 영향을 받으므로 지속성과 안정성을 가지지 못한 한계점이 있다.

또한 우리가 개선할 사항은 교류대상이 역사적으로 공유해온 문화유적이나 유물에 집중되어 있다는 점이다. 여기에서 분단이전의 물질민속분야를 통해 양측은 민족고유성을 회복하려는 취지를 충분히 읽을

---

15 남북 민속문화 교류관련사는 남북공동체 기반조성 3차년 사업 결과보고서를 참조하였음, 정태헌 외(2013), 『민족공동문화자산 교류협력 추진방안』, 고려대학교 한국사연구소 남북역사학자협의회, pp. 136-149.

수 있다. 그러나 전통의 개념만으로는 갈라진 통일을 향한 민속문화를 형성할 수 없을 것이다. 보다 시급한 것은 분단 이후 남과 북이 새로이 형성해 온 민중들의 생활문화를 정확히 인식하고 이를 수용하려는 교류가 절실히 요구된다는 점이다.

민속문화의 이질감은 교류 없이는 쉽게 해소될 수 없는 문제이다. 독일은 통일 전 1986년 맺은 문화협정을 기초로 100개 공동사업과 21개 학술 프로젝트를 진행시켰다. 교류과정에서 무엇보다 분단 이전 원래 존재했던 고유성을 중시하면서도 학생들이 다른 체제의 생활문화를 견문하는 수학여행도 포함되어 있었다. 그러나 이러한 문화 교류의 노력이 있었음에도 불구하고 45년간의 분단으로 인한 이질적인 생활양식은 통일 이후에도 상당기간 후유증을 동반했다.

따라서 우리는 남북한의 교류과정에 있어 그동안 변화된 북한의 환경 속에서 형성된 민중의 문화, 그리고 우리 측에서 독자적으로 만들어 온 문화 사이의 차이를 발견하고 서로의 소통을 통해 상호이해의 폭과 깊이를 넓히는 자세가 요구된다고 할 수 있겠다. 교류를 통한 과정에서 양측은 분단이 만든 서로의 차이점과 이질성을 분명히 인식해야 할 필요가 있다. 통일시대를 대비하여 같은 문화에서 갈라져 나온 '다름'의 요소들에 대해 개방적인 태도와 유연한 분석으로 마주 대하고 점진적으로 새로운 민속문화라는 풍부한 자산으로 만들어 가야할 필요가 있다.

2. 독일 민속학과 새로운 민족담론의 인식과정

이 장은 독일의 사회적 갈등과 다문화상황을 비교하면서 독일 사례로부터 얻을 수 있는 시사점을 찾고자 한다. 독일은 우리나라와 같이 법적으로 순수혈통주의를 근간으로 하는 속인주의를 채택해 왔고 단일문화주의를 고수해 왔다. 특히 독일은 우리의 상황과 같은 전후 체제와 이데올로기에 따라 분단되어 왔다. 1990년 독일통일을 이루기까지 동독과 서독은 분단된 상황에서 통일이라는 역사적 과제를 설정하고 '민족담론'을 중시해 왔다. 따라서 독일은 분단시대는 물론이고 통일 이후 민족범주에 속하지 못했던 이주민들의 사회갈등 문제가 크게 발현되기도 하였다.

전후 독일사회의 변화를 살펴보면서 민족통일의 담론과 다문화사회의 불편한 관계의 흐름을 구체적으로 고찰해 보고자 한다. 우선 전후 독일 상황, 동서독의 분단시대 및 통일 직후 사회갈등의 문제로 나누어 시대적으로 살펴볼 것이다. 그리고 시기별 맥락에 따라 민속학이 보인 학문진로의 발전적 변화와 민속학이 동시대 상황에 따라 실증적 학문으로 재정립해 나아가는 학술 흐름을 조명할 것이다.

전쟁 이후 독일민속학은 큰 위기를 맞이하였다. 제3제국에서 나치정부는 민족우월주의를 정치적으로 홍보하기 위해 민속학을 선전 매체화하였고 이데올로기적으로 이용하기도 했다. 하지만 전후 다양한 문화적 배경의 이주민들이 정착하면서 민속학은 과거의 배타적 민족주의를 뒷받침하던 학문 전통의 흐름에서 벗어나고자 하였다. 관련학자들은 직면한 문제들에 대응하며 시대변천에 따른 새로운 패러다임을 구축하고 학문의 정체성을 수립하는 모습을 보인다. 이 논고는 과거 이념적 편향성을 넘어 구동독주민 및 다양한 유형의 이주민과의 문화갈등문제에 적극적으로 대처한 독일민속학의 변천상을 파악하고자 한다.

첫 단계로 전후 동유럽지역에 살던 수백만 명의 독일계 주민들이 독일로 대거 이주하는 새로운 상황을 맞이하게 된다. 새로 유입된 독일계 실향민들은 체화된 상이한 생활문화와 정체성의 격차로 기존 주민들과 사회적 문화갈등을 표출하였다. 민족주의 과거사의 청산과 함께 사회적으로 내부 통합을 이루어야 하는 극복과정에서 민속학은 어려운 상황을 돌파할 수 있는 새로운 학술흐름을 대두시켰다. 당시 이주동포의 문제와 관련된 민속학의 대응과 역할을 살피고자 한다.

다음으로 냉전시기 동·서독은 독자적으로 이념적 기반을 세우고 대립된 체제 하에서 상이한 정치, 경제, 사회제도를 전개시켰다. 분단은 사회체계뿐 아니라 생활양식 및 가치관까지 양분하였고 민속학의 연구방향 및 역사의식도 다르게 나타났다. 양측이 갖는 민속문화에 대한 인식 차이가 어떠했으며 민속학이 상호이해의 폭을 넓혀가는 과정은 어떠하였는지 검토해 볼 것이다. 나아가 통일 이후 사회적 갈등해소와 주민통합을 위해서 변모하는 민속학의 전개 양상을 고찰해 보고자 한다.

마지막으로 국제경제시장과 노동력의 수급 필요성으로 많은 외국인 노동자들이 독일로 이주하여 정착하였다. 단일민족국가에서 다문화, 다인종국가로 바뀌어가면서 독일은 다른 민족, 외래문화 및 타종교를 지닌 이주민들과의 문화 갈등 문제에 봉착하게 되었다. 그 과정에서 민속학의 대응을 살피고 다문화의 통합을 위한 이들의 노력을 분석해 보고자 한다. 냉전 종식 이후 이주민의 형태도 많이 달라졌다. 시대적으로 사회적 혁신을 주도하고 폭넓은 시각과 유연한 사고를 확대하고자 민속학이 어떠한 매개적 노력을 해왔는지 살피고자 한다.

독일의 사회갈등과 통합정책을 분석하는 것은 오랜 시간 보여 왔던 동서독 간 민족통합의 통일담론과 이주민 유입에 따른 사회의 다문화

갈등문제를 시대적 흐름에 따라 어떻게 인식하였고 대처해왔는지를 살펴보고자 하는 것이다. 통일의 당위성을 설명해 주는 민족주의와 이주민의 다문화갈등문제와 관련하여 독일 민속학계의 반응에 대해 전반적인 이해의 틀을 찾고자 한다. 특히 통일된 오늘날 신민족주의가 대두된 현상과 다양한 문화적 배경을 지닌 이주민에 대한 물리적 폭력사건과 같은 일련의 갈등문제를 심층적으로 정리해 볼 것이다.

독일 통일과 다문화사회 문제는 주체가 다르며 논쟁의 담론이 다르기에 별도의 문제로 취급되어 왔다. 그러나 오늘날 사회 내 갈등문제는 독일사회가 전통적 관점에서 민족을 중심에 두고 민족주의적 색채가 폭넓게 각인되어 온 과거 속에서 잉태 되어온 것은 아닌지 천착할 필요가 있을 것이다.

독일이 겪은 과거의 역사적 경험은 한반도의 국제정세, 지적 풍토와는 분명히 다를 것이다. 그럼에도 전후 냉전의 분단 상황에서 통일된 오늘날에 이르기까지 진행됐던 민속학의 학술흐름 및 학문적 지형을 포괄적으로 이해하는 작업은 문화갈등과 통합논의의 현장을 살펴볼 수 있는 계기가 되어 우리에게 학문적 기여도를 높일 수 있을 것이다.

한국 사회는 통일의 필요성을 위한 논리적 근거였던 민족주의를 고수하여 왔지만, 이제 재외동포 및 이주민을 포괄해야 하는 다문화의 상황을 맞이하고 있다. 특히 사회갈등으로 야기되었던 문제들을 극복하고자 했던 독일 학자들의 노력은 오늘날 분단체제에서 향후 통일미래를 준비해야 하면서도 다문화시대를 대비해야 하는 우리 한반도의 현재 상황에 의미 있는 시사점을 제시해 준다고 볼 수 있다. 따라서 본 연구는 전후 민속학의 흐름을 종합적으로 조망하고 그 특성을 고찰함으로써 이주민 문화의 수용성에 대한 그들의 학술양상과 활동에 접근하고자 한다. 이 분야의 좀 더 본격적인 연구를 위한 기초를 마련하기 위해서라도 이주민의 유입, 정착, 적응의 문제에 대응하였던 민속학의 전개 과정을 구체적으로 살피고 학술적 함의를 찾고자 한다.

1) 재외 독일계 동포의 귀환과 실향민 민속학

전쟁 이후 독일의 동부국경선이 확정되면서 동유럽에 살던 독일인들은 강제 이주되어야 했다. 당시 동부유럽과 남동부 유럽 지역에 대략 1,800만 명 이상의 독일인과 독일민족계 주민이 거주하고 있었다. 東프로이센지역 250만 명, 東폼먼 지역사람 190만 명, 東브란덴부르크 지역 65만 명, 슐레지엔 지역 460만 명, 주데텐 독일인 350만 명, 발틱 독일인과 메멜란트 지역 25만 명, 단치히 38만 명, 舊폴란드 140만 명, 헝가리 62만 명, 유고슬로바키아 54만 명, 루마니아 79만 명, 러시아 독일인 200만 명으로 추정하고 있다.[16] 연방실향민법에 의하면 이 지역 동포들은 1937년 12월 31일 독일제국의 국경이외에 거주하던 사람들로, 2차 대전과 관련하여 추방 및 국적 박탈, 피난으로 주거지를 상실한 '실향민'(Heimatvertriebene)으로 불린다. 이들은 과거 독일제국 당시 동부유럽에 정착했던 농민들의 후손, 스탈린에 의해 강제 이주되었던 독일인 혹은 나치정권의 정치적 인종적인 박해로 인한 피난 및 망명 등의 여러 이유로 정착하였다가 종전을 전후하여 1,200만 명이 주거지를 상실하고 강제이주 되었다. 1990년까지도 약 350만 명으로 추정되는 독일인들이 동유럽 및 동남부 유럽에 살고 있었다.

본국과 지리적으로 먼 거리인 동부유럽 내 舊소련지역, 루마니아 지벤뷔르겐, 바나트, 슐레지엔, 체코 주데텐, 보헤미안과 헝가리 등에 살면서도 이곳 독일인들은 주변의 생활환경과 차별화한 채, 민족적 울타

16 주독 대사관(1992), 『독일통일소사전』, 독일 본, p. 344.

리를 유지하면서 독일어 및 게르만족의 전통문화를 지키고 있었다. 독일에서 현대화, 산업화를 거쳐 변화되거나 사라져서 찾기 힘든 전승유산이 불변된 형태로 남아있는 것을 볼 수 있다. 언어 환경에 있어서도 생명력을 잃고 사라진 어휘들이 과거 예전의 형태로 확인되기도 한다. 또한 이들 공동체 내에 전통양식의 가옥들이 많이 남아있고, 전통음식과 조리법이 전수되었으며, 부활절, 추수제의 명절행사나 민간풍속 및 전통혼례의 옛 방식이 전해지고 있다. 더불어 이웃 주변민족들과의 문화접변을 통해 폭넓게 변형되거나 혼합된 독자적인 문화양식들도 발견할 수 있다.

1865년 만하르트는 독일인 주거지역의 촌락들을 대상으로 추수경작의 풍속 및 논밭의례에 관한 방대한 정보를 포괄적으로 수집하였고 게르만의 신화와 민간신앙을 비교 조사하여 체계적으로 정리한 바 있다. 그리고 1920년대에는 독일민속학회의 전신인 민속학협회연합이 독일민속지도를 작성하고자 체계적인 조사를 벌이기도 하였다. 학회는 수도 베를린을 중심으로 조사대상지역인 西프로이센, 단치히, 北슐레지엔, 오스트리아, 체코슬로바키아, 루마니아와 헝가리를 포함하여 유럽 내 독일어권 전역에 37개 지부를 두어 민속문화의 전승상태를 분석하는 연구 활동을 했었다. 이렇게 독일혈통의 주민들이 고립되어 모여 사는 지역과 이들의 전승문화를 연구하는 학문을 '언어섬 민속학'이라고 한다.[17] 제3제국시절 나치정권은 동부유럽으로 제국주의 팽창정책을 이루

17 언어섬(Sprachinsel)은 주변에 하나 혹은 여러 언어들에 의해 둘러싸인 특별한 언어 사용 지역으로 주변과의 지리적 관련성을 지니지 않는다(Glück 2000: p. 661). 언어섬 개념의 의미는 언어사의 좁은 의미를 넘어서 거주사와 민족이동(이주사)의 틀 안에서 파악된다. 일반적으로 문화의 생활사측면에서 문화현상(문화역동성)으로 이해된다. Cf. Vilmos Voigt(2000/2001), Bedeutung und Beleuchtung der Sprachinsel, *Acta Ethnologica Danubiana,* p. 211.

고자 독일인 정착촌에 초점을 맞추고 민속학을 정치적으로 도구화하기도 하였다. 나치지도부는 동방정책을 정당화하기 위해서 오래 전 이주하여 살던 재외독일인공동체를 '문화영토'로서 포괄하고자 하였다. 정책담당자들은 재외동포의 마을을 투쟁공동체란 용어를 사용하며 동구권 진출에 대한 교두보로서 악용하기도 했다.

종전 이후 독일은 침략에 대한 비싼 대가로 국경조정을 통해 舊소련과 폴란드, 루마니아, 헝가리, 체코, 유고 등 동유럽지역에 거주하는 독일계 주민들 중 760만 명이 서독으로 이주하였고, 370만 명 정도가 동독에 정착하였다. 그 외 43만 명의 독일계 주민들이 오스트리아로, 10만 명이 넘는 인원이 서유럽으로 옮겨왔다.[18]

전후에 언어섬 민속학은 '실향민 민속학' 연구로 전환해 갔다. 민속학자들은 불변하는 민속문화의 고유성을 찾고자 실향민들의 전통적인 형태의 민속을 살폈다. 뮌헨 대학교의 크레첸바허(L.Kretzenbacher)는 유럽 남동부지역을 대상으로 루치아성녀 경배민속의 전승상태를 탐사하였다. 프라이부르크의 퀸치히(J.Künzig)와 베르히테스가덴의 카라젝랑거(A.Karasek-Langer)는 이주민의 정착촌 내 의례문화의 실태를 분석하여 변치 않는 민속의 전승력을 파악하였다. 이후 프라이부르크 대학교의 베르너 퀸지히(W.Werner-Künzig)는 '동부독일 민속학연구소'를 중심으로 채집된 생활사 자료 및 구술사 기록을 체계적으로 정리 관리하여 학술정보의 기반을 구축하였다(Weber-Kellermann, 1985: 132). 튀빙겐 대학연구팀은 후고 모저(Hugo Moser)와 되커(H.Dölker)의 책임 하에 남동유럽 도나우 슈바벤지역 마을공동체 70곳을 대상으로 전통문화가 오늘날 어떠한 모습으로 계승되고 있는지 그 명맥을 살피면서 문화적

18 주독 대사관(1992), 같은 책, p. 344.

유산의 보존과 소멸상태를 조사하였다.

전후 슐레스비히홀스타인으로 이주한 동유럽의 독일계 주민

50년대 발렌도르프에 정착한 독일계 실향민

출처: 독일 연방문서보관소(Bundes Archiv)

이전 세대의 흔적을 간직한 동유럽 마을들에 대한 학문적 접근은 실향민들이 나고 자란 근원적인 고향에 대한 애착에서 비롯되었다고 볼 수 있다. 하지만 과거 독일인정착촌에 초점을 맞추어 나치민속학을 발전시킨 전력으로 민족적 동질성의 측면을 부각시키는 것은 정치적으로 위험한 요소를 담고 있다. 양독 간 민속학계는 이와 관련하여 1950년대 중반 심한 대립을 갖기도 하였는데, 구동독은 서독의 실향민민속학에 대해 격렬히 반대하였다. 서독정부가 과거 독일제국의 옛 영토였던 동유럽지역을 재탈환하려는 의도를 숨기고 '실향민 민속학'위원회를 세우고 어용단체를 통해 고향과 민족의식을 악용하여 폴란드, 체코슬로바키아와 루마니아를 상대로 민족갈등을 부추긴다고 본 것이다. 따라서 실향민 민속학은 불편한 과거사로 인하여 향후 학문진로에 있어서 脫민족, 脫국가적 접근이 필요하였다. 구체적인 방법에 있어서 학자들은 민족공동체와 민속문화의 유대감에 대한 내셔널리즘적 고찰에서 벗어나 실질적 대안으로서 이들을 사회적 관계 속에서 경험적으로 고찰하는 방향성을 모색하였다.

특히 실향민들이 독일사회에서 생활하며 겪는 문화적 갈등에 주목하였다. 독일 혈통 이주민들은 민족정체성을 순수하게 유지하였다고 생각, 본국의 정착에 어려움이 없을 것으로 생각하였다. 하지만 낯선 타국의 환경에서 변형된 이들의 문화양식과 정체성은 본토의 주민들과 많은 차이점을 지니고 있었다. 다양한 출신지역에 따라 재외독일인은 국내이주 후 현지의 상이한 생활문화로 사회소속감을 느끼지 못하며 낯선 이방인처럼 쉽게 적응할 수 없었다. 학자들은 실향민들이 타지의 환경에 적응하며 나타내는 정체성의 변화를 보았다. 이들이 창출하는 생활양식, 가치관 및 문화적 관습이 독일전통의 그것과 닮지 않았기에, 민속학은 이주민이 살면서 체화된 정체성의 변화를 규명하여야 했다.

튀빙겐 대학의 바우징거 교수는 재외이주민이 국내로 귀환하여 새롭게 정착한 마을과 이들의 민속양식을 실증적으로 고찰하였다. 구체적으로 루마니아 부코비나에서 국내 슈투트가르트로 이주 정착한 후 생성된 동시대의 역동적인 문화요소에 주목하였다. 옛 민속형태의 전승과 단절을 살피는 선행연구방식에서 벗어나 그는 새로운 문화양식으로 대체, 적응하는 현재의 변화과정을 중시하였다. 민속을 고정된 특정한 문화요소로 인식하기보다는 다양한 사회환경에 적응하면서 새로운 요소로 대체되며 발전하는 문화변용의 적층성에 접근한 것이다. 1959년 그는 브라운(M.Braun), 슈베트(H.Schwedt)와 함께 "新정착촌"(Neue Sidelungen)을 발표하였다. 바우징거는 민족성과 전승체에 집착하는 기존의 학술전통을 비판하고 현실적 문제의식에서 실향민의 생활세계를 규명할 수 있는 사회과학적 연구를 추구하고자 하였다. 그는 변화된 실향민의 사회를 분명히 인식할 연구방법론을 모색하는 데 커다란 자극을 주었다. "기술세계의 민속문화"를 1961년 발표하여 민속학이 현실적인 맥락에서 기존 연구의 틀을 확장하여 다양한 민중들의 일상적인 모습을 조명할 것을 역설했다.[19] 민속연구 속에 내재된 시간과 공간을 확대하고 민속문화의 주체를 다양한 구성원까지 포괄하여 이들의 삶을 이해해 보려고 하였다. 특히 전통은 현대문명에 깊이 영향을 받아서 해체되는 것이 아니라, 문화 환경이 변함에 따라 전통의 동력도 변화된다는 확장이론을 제시하였다.

프랑크푸르트 대학의 그레베루스는 "민속학의 향수적 회고적 방향성에 관하여"에서 '고향'과 같은 향수적 표상은 옛것의 '상실' 및 '열등감의 강박관념'에 의해 동기된 것으로 보상의 수단으로서 과거 게르만의 영광 신화로 회귀하도록 만든다고 경계하였다.[20] 따라서 고향이 갖는 낭만주의적 태도를 대신하여 인류학적, 자연과학적 방법론을 통하여 실향민의 구체적인 삶의 경험과 문화양식을 조명할 것을 주문한다. 마부르크 대학의 베버 켈러만은 루마니아 바나트지역에서 독어, 루마니아어, 헝가리어의 다중 언어마을을 중심으로 민족 간 상호문화관계성을 연구하였다. 장기간에 걸쳐서 앞선 시기의 문화가 새로운 문화요소와 조합되고 동적으로 변용되어서 현재 문화의 기초를 이루는 변증법적 확산과정을 주목하였다.[21] 쉔크는 지벤뷔르겐 마을공동체의 가족과 주거양식을 조사하면서, 다른 민족들과 섞여 사는 외적 상황과 마을의 내적 상황이 복합적으로 상호 융합된 과정을 추적하였다.[22] 그 외 이주에 따른 삶과 의식의 변화를 규명하거나 이주민의 문화다원성 및 정체성

---

19 Bausinger, Herman(1969). *Volkskultur in der technische Welt.*

20 Ina-Maria Greverus(1969), Zu einer nostalgisch-retrospektiven Bezugsrichtung der Volkskunde, *Hessische Blätter für Volkskunde* 60. pp. 11-26.

21 Ingeborg Weber-Kellermann u. Annemie Schenk(1973), *Interethnik und sozialer Wandel in einem mehrsprachigen Dorf des rumänischen Banats,* Marburg.

22 Annemie Schenk(1984), *Familie und Wohnen in Stolzenburg,* Köln/ Wien.

을 탐구하는 민속 연구들이 추진되었는데, 실향민의 고유한 특성을 인식하고 간문화적 이해역량을 키우기 위한 맥락에서 이루어지고 있음을 알 수 있다. 또한 1994-96년 체코와 독일 연구자가 팀을 이루어 뵈멘 독어권지역을 대상으로 한 주민정체성과 집단기억의 조사는 국제협력 연구의 한 선례를 제공하기도 하였다.[23]

2) 분단된 체제문화에서 통일의 민속문화로

전쟁 이후 독일은 서방진영과 공산체제로 갈라져서 양분되었고 동·서독은 각각 국가의 기본이념과 정책을 내세워 체제의 정당성을 우선시하였다. 이들은 독자적으로 상이한 정치, 사회, 경제 제도를 전개시켰고 사회문화적 간극을 만들어 일반주민의 생활양식 및 가치관까지 양분하였다. 민속문화에 대한 인식은 이념적 차이만큼 학문의 연구시각과 접근방식에 따라 매우 다르게 나타났다. 동독지도부는 민족적 관심보다는 프롤레타리아의 혁명성을 지향하는 패러다임을 주장하였다. 동독민속학은 전통적 관념론적 요소에 거리를 두었고 유물사관과 계급투쟁이론을 신봉하였다. 따라서 반파시즘과 마르크스-레닌주의이념을 토대로 역사에서 아래로부터 인민의 민주혁명적 전통과 진보적인 문화형성력을 증명하는 것을 내용으로 규정하였다.[24] 동독학자들은 과거에 매몰되어있던 노동계급의 저항정신을 재발견하는 것과 민속문화에 대한 노동자들의 기여를 평가하는 것[25]에 연구의 초점을 맞추었다. 반면에, 서독

23 Katharina Eisch(2007), Interethnik und interkulturelle Forschung Methodische Zugangsweisen der Europäischen Ethnologie, in: Methoden der Volkskunde. Silke Göttisch u. Albrecht Lehmann(eds.), p. 149.

24 Ingeborg Weber-Kellermann u. Annemie Schenk(1985),*Einführung in die Volkskunde/ Europäische Ethnologie,* Stuttgart, pp. 142-143.

민속학은 제3제국시절 민속연구의 활동을 민속학사의 전개과정에서 이탈한 시기로 간주했다. 전후 전통적인 학과모습을 재건하려는 움직임 속에서 농민층과 결부된 토속학적 향토양식을 연구하는 학술 흐름을 이끌어갔다. 동·서독민속학은 60년대 중반까지 이념 대결적 시각에서 탈피하지 못하고 민족통합적 조망이 사실상 어려웠다.

68혁명의 사회적 여파 속에서 서독민속학계는 보수주의적 이념성으로부터 벗어나게 된다. 엠머리히(W.Emmerlich)를 시발로 튀빙겐 학파는 민속학의 변혁이 필요하다고 주장하였다. 1969년 뎃몰트(Detmold)와 1970년 팔겐쉬타인(Falkenstein)에서 열린 학회에서 민속학의 명칭, 이론과 진로에 대한 갈등과 논쟁이 표출되었다. 민속학이 사회변화에 제대로 응대하지 못했기에 사변적 이론을 넘어서 사회적 책임성과 실질적 유용성을 지녀야 한다는 문제가 제기되었고, 민속학회는 동시대 사회비판적 연구로 학과를 재정립하는 계기를 맞게 되었다. 현대사회에서 형성되는 다양한 민중계층의 생활문화를 분석하는 방향성과 이를 통해 상이한 사회체제로 이질화된 문화적 층성을 분명히 인식하는 중대한 시각전환을 이루었다.

서독과 동독정부는 가능한 내독 간 문화교류를 국가주관의 공식적인 접촉으로 한정시키려 했다. 동·서독학계는 차별화된 민속연구를 취해야 했지만 분단된 정치상황에서도 제한적이나마 학술협력을 유지했다. 50년대 슈타이니츠 학술원 부원장과 욘 마이어 민속학협회연합 회장은 독일전역을 대상으로 광범위한 민요공동연구를 실시하였으며, 동독의 부르데 쉬나이데빈트와 서독의 포이케이트, 하일푸르트는 전국 전설집

25 Wolfgang Steinitz(1955), *Die volkskundliche Arbeit in der Deutschen Demokratischen Republik*, Berlin, pp. 42-47.

을 공동으로 목록화했다. 60년대엔 농업관련 물질민속 국제학술협력 및 자료교류가 이루어졌다. 80년대 동독 외무간부(Reisekader)인 야코바이트교수와 튀빙겐, 마부르크, 프라이부르크, 킬 대학교와의 학술교류를 볼 수 있다. 또한 그림(Grimm)독일어 사전의 공동출간 및 학술도서와 역사기록물의 교류도 확인할 수 있다. 이러한 문화교류는 이후 86년 5월 양독간의 공식적 문화협정을 이끌게 되었고 본격적인 대학 간 공동학술사업 및 학술지의 편찬, 학문후속세대의 연구여행지원, 박물관 교류, 문화행사의 방문운영 및 전통문화유산의 이전사업으로 귀결되었다. 1986년 10월엔 서독민속학회장인 게른트가 뮌헨에서 주최한 민속학 심포지엄에 동독학자들도 함께 참석 통합학술행사로 진행하여 제3제국 나치민속학의 이념성 문제를 조명하기도 했다.

서독학계는 동독과의 일정한 교류 속에서 노동자의 문화창조력 및 도시산업환경의 일상문화를 재인식하는 중요한 계기가 되었다. 민속학계는 전통적으로 민족의 고전양식에 집중하고 농경문화를 배경으로 선조들이 형성해 온 정신문화의 기원을 해명하여 왔으나, 구동독학계의 비판적 안목과 성과에 영향을 받아 그동안 이루어지지 않았던 산업생산을 배경으로 한 노동계층의 문화적 유산 및 동시대 민중들의 생활양식과 표현물을 살피도록 하였다. 방법론에선 물질민속 및 도시사회의 다양한 노동현상을 실증적으로 바라보도록 자극받기도 했다. 구동독에서는 정부가 동독체제에 미칠 파장을 우려하며 사회주의적 정책을 강조하면서 위계적으로 조직된 권력에 의해 학문의 제한성을 강요하기도 했다. 그러나 당국의 문화정책을 위한 보조적 기능만을 수행한 것이 아니라, 일부 민속학자는 서독과의 학술교류 속에 인민의 생활양식과 의식구조 및 일상성을 연구함으로써 당의 일차적인 관심사인 정치사, 당파성 및 노동운동사의 전통을 벗어나서 학문의 일정한 틈새공간을 확보하기도 하였다. 이처럼 동・서독학계는 차별화된 민속연구를 진행하면서도 내부에서는 일방적이고 대립된 모습이 아니라 분단 이후 형성된 이질성을 다양성으로 인정하고 받아들이고자 하였다. 이러한 민속학계의 활동은 학문교류와 협력 작업을 통해 서로 공존할 수 있는 민속문화를 지향하고자 했음을 확인할 수 있다.

1990년 10월 3일 독일은 통일되었다. 동독학술원은 폐지되었고 신연방주 대학교와 연구소는 개편되었다. 동・서민속학은 하나의 민속학이 되었고 더 이상 동독의 고유한 민속학을 찾기는 어려워졌다. 이후 독일 민속학은 분단시기 동・서간 이질성의 간극을 좁히고자 추진했던 연구 시각에서 통일을 계기로 파생된 사회 내 갈등위기의 해소와 내적 소통을 위한 인류학적 문화연구로 전환해 갔다.

통일 이후 사회제도적 측면과 경제적 통합은 신속히 이루어진 반면에 현실적 이해관계 속에서 사람 간의 사회 통합은 쉽게 이루어지지 않았다. 구동독주민들이 새로운 생활환경에 적응하는 문제는 내적 통일문제의 핵심이라고 할 수 있다. 그러나 자본주의 체제로 살게 된 동독주민들은 심각한 상대적 박탈감을 느끼게 되었고, 다른 국가체제, 두 이질적인 문화시스템으로 분단되어 사회화되어 온 이들은 냉혹해진 생활세계나 노동시장에서 문화적 갈등을 겪게 되었다. 동독인은 동유럽 사회주의국가들과 비교하여도 주눅이 들지 않고 나름대로 자신의 민족성에 자긍심을 보여 왔다. 이들은 통일 전에는 서독이 부유하고, 살기 편한 나라로 여겼기에, 통일된 나라가 되면 서독인처럼 풍요 속에 살 수 있을 것이라 생각했다. 동독인은 낭만주의적 민족관념에 의거하여 같은 핏줄의 민족구성원으로서 막연한 유대감으로 통일을 이루고자 하였다. 하지만 통일 이후 여러 정책적인 지원에도 불구하고 동등한 사회 일원으로 받아들여지기보다는 이등국민으로서 취급되며 차별을 경험하고, 새로운 작업환경에선 고용주와의 불편한 관계로 인해 과거 생활하였던 사회주의체제 내 평등한 인간관계를 기대하기 힘들었다. 동독시절 직장생활과 달리 서구식 경쟁과 자율적 업무추진은 이들에게 낯선 것으로 상당한 압박감을 느끼게 되었다. 과거에 지녔던 사회적 지위는 사장되고 자신들이 무능한 노동자로 획일적 분류되며 취약 계층으로 규정되면서 반감을 넘어 깊은 상실감을 경험한다. 이들은 일상의 도처에서 자본주의 생활환경이 낯선 노동자로서 타자의 정체성을 확인하게 된다. 서독인의 입장에서 본 동독인은 같은 민족이기는 해도 경쟁력이 없는 사회주의출신의 노동자일 뿐이다. 통일된 사회에서 고용의 불안감, 익숙지 않은 노동환경과 낮은 임금, 꺼려하는 허드렛일에 외국인 노동자와 함께 매달려야 하는 노동현실은 동독인의 타자화를 더욱 부추기게 된다.

오늘날 '오씨'(Ossi)와 '베씨'(Wessi)란 호칭은 심리적 장벽을 나타내는 부정적인 정서를 나타내고 있다. 서독 주민들은 통일비용의 과중한 부담을 불평하며 동독인을 게으르고 무능하다고 비난한다. 이러한 편향적 시각은 동독인에게 큰 환멸감으로 다가오고 동독에서 지켜왔던 민족적 자부심에 대한 의미는 사라진다. 현실에서 사회적 귀속감을 확인하기보다는 소외감을 느끼게 되고, 차별과 갈등을 겪으며 서독인과 하나가 아님을 깨닫는다. 동・서독민의 감정적 갈등은 같은 민족구성원이라는 환상이 깨짐으로써 동독인만의 종족성이 새로 만들어지도록 한다. 서독인의 심한 배타성이 이들을 객관화시키게 하고 새로운 관점으로 자신이 처한 현실을 재인식하게 한다. 상처받은 민심은 구동독 시절을 그리워하며 '오스탈기'라는 향수의 감정을 찾고 옛 동독 사람들끼리의 교류에 집착하게 된다. 사회에서 느낀 동독인의 위상에 대한 인식이 서독인과 구별된 동독인만의 종족정체성을 정립하도록 이끄는 것이다.

여러 민속연구는 통일이후 삶의 변화양상과 동서독 간 문화적 차이를 주목하였고, 학자들은 장기간에 걸쳐 형성된 이질적 문화양식을 분석하였다. 이러한 논의는 새로운 사회적 상황에 대한 이해와 인식을 넓혀서 상이한 사회집단 간 심리적 차이를 좁히고 정서적 화합력을 신장하려는 활동으로 볼 수 있다. 통일 이후 일상 변화를 추적하고 이를 관찰하고 분석하는 작업으로, 튀빙겐대의 코르프(G.Korff)는 변경된 거리명칭과 S-Bahn일상 및 주거공간을 고찰하였다. 브레멘대의 엠머리히(W.Emmerlich)는 '제3공간'이란 표현을 써서 '이동 없는 정적인 이주'로 비유하며 동독사회의 급격한 변화를 분석하였다. 분단으로 형성된 문화적 정체성과 가치체계를 다루는 작업을 살필 수 있다. 예나대의 그리스(R.Gries)는 일상의 식관습과 동독민의 정체성를 주목하고 기억문화와 고향의식을 다루었다. 마부르크대 메르켈(I. Merkel)과 베를린대의 카민스키(A. Kaminsky)는 소비문화가 갖는 사회적 의미와 차별화된 양식을 심층적으로 살폈고, 비쉬올렉(H. Wieschiolek)은 인사법과 같은 일상의례의 차이를 미시적 차원에서 분석했다. 포츠담의 뮐베르크(D. Mühlberg) 및 베스터(M. Vester)는 환경에 따른 상이한 문화적 갈등을 동서 간 심성사 측면에서 인식하였다. 겝하르트(W. Gebhard)는 통일 이후 두 마을을 구체적으로 관찰하면서 주민들이 겪은 사회변화의 간극을 비교했다. 아베(T. Ahbe)과 모일레만(H. Meulemann)는 사회학적 측면에서 동독민의 오스탈기(향수) 현상을 연구하였다.

〈표〉 독일 통일 후 동서독 간 이질적 문화양식 연구

연구자	주요 내용
코르프(G.Korff)	변경된 거리명칭과 S-Bahn 내 일상생활 및 주거공간 변화 고찰
엠머리히(W.Emmerlich)	'제3공간', '이동없는 정적인 이주'로 비유, 동독사회의 급격한 변화 분석
그리스(R.Gries)	일상의 식관습과 동독민의 정체성 주목, 기억문화와 고향의식을 고찰
메르켈(I.Merkel) & 카민스키(A.Kaminsky)	소비문화가 갖는 사회적 의미와 차별화된 양식을 심층적 분석
비쉬올렉(H.Wieschiolek)	인사법과 같은 일상의례의 차이를 미시적 차원에서 분석
뮐베르크(D.Mühlberg) 및 베스터(M.Vester)	환경에 따른 상이한 문화적 갈등을 동서 간 심성사 측면에서 인식
겝하르트(W.Gebhard)	통일이후 두 마을을 인류학적으로 고찰, 주민들이 겪은 사회변화의 간극을 비교
아베(T.Ahbe)과 모일레만(H.Meulemann)	사회학적 측면에서 동독민의 오스탈기(향수) 현상을 연구

여기서 주목할 연구로 비겔만 교수는 민속 문화를 사회 내 끊임없는 변화의 과정에 있는 하나의 체계(Systeme)로 보는 '시스템과 환경'이론을 제시하였다.[26] 그는 루만(Niklas Luhmann)의 시스템 이론을 도입하여 문화시스템이 사회의 외적인 환경 속에서 생산되고 기능한다고 보았다. 민중문화가 고정된 양식을 갖추고 정태적인 관계를 맺고 있는 것으로 보지 않고 사회변동 속에서 기존 문화와 다른 새로운 문화정체성을 창출하고 있다고 보는 것이다. "문화시스템과 환경" 이론은 문화의

26 Günter Wiegelmann(1991), *Theoretische Konzepte der europäischen Ethnologie; Diskussionen um Regeln und Modelle,* Münster, pp. 69-71.

외적인 부분들인 경제활동과 구조, 지역토대, 기술, 정치, 국가, 신앙, 소통구조, 학교, 이익단체 등 사회적 제도를 구성하고 있는 요소들이 상호간에 유기적인 영향을 미치면서 문화체계를 형성한다고 보았다. 사회구조 내 부분들과 체계요소가 각기 소통 구조를 이루고 문화를 생산하기에 문화는 사회로부터 분리할 수 없는 일련의 형성과정이라고 설명하였다. 사회 안에서 이미 존재하는 문화요소들과 새로이 도입된 문화는 상호 작용을 계속해 나가는 과정을 보이게 된다. 문화는 하나의 고정불변한 형태로 유지되지 않고, 변화되는 환경을 통해서 영향을 주고받는 역동적인 관계에 놓여있다는 것이다.

이러한 시각은 내적 통합을 위해 동독 고유의 문화적 가치를 인정하면서 공존하고 조화를 이루어가는 과정으로 인식하고 있다는 점에서 그 의미를 찾을 수 있다.

통일 이후 사회의 문화갈등

베를린 신호등이 보내온 문화통합의 시그널

▌구동독의 사랑, 암펠만

50여 년 전 독일이 동서로 분단되어있을 때, 동독 신호등체계가 자동차, 자전거와 보행자에 똑같이 적용되는 단점에서 안전체계를 효율적으로 개선하고자 교통심리학자 칼 페글라우(Karl Peglau)는 신호등 암펠만(Ampelmann)을 개발하여 1961년 10월 처음 설치하였다. 그는 보행자의 안전과 도시환경을 과학적인 여러 측면에서 고려하여 제작했다. 전체 인구의 10%가 빨강, 노랑, 녹색의 표준색상을 구별할 수 없는 점, 그리고 도심주변 광고조명이나 햇빛으로 인해서 아이들, 노인과 장애인들이 신호등의 색깔표식을 잘 식별하지 못한다는 점에서 새로운 신호등을 만들게 되었다.

암펠만 신호등은 세계 최초로 누구나 알기 쉽게 점등기호를 사람의 형상물로 바꾼 것이었다. 제작자 페글라우는 '멈춤' 신호로서 보행자가 기다리라는 표식을 두 팔을 뻗어 길을 막는 모습으로 나타내었는데 이는 바리케이드를 연상시켰다. 반면에 길을 건너는 신호는 앞으로 전진하는 역동적인 모습으로 디자인화하여 보행을 자연스럽게 유도하였다. 암펠만 신호등체계는 특히 주의력이 떨어지는 아이들과 보행 시 인지능력에 어려움을 겪는 노약자를 위한 배려 속에서 나온 것이었다. 다리는 짧고 머리와 모자가 유난히 큰 암펠만의 모습은 이웃집 아저씨 같은 친근한 인상을 주어 동독인들이 누구나 좋아하는 캐릭터로 사랑을 받게 되었다.

암펠만(Ampelmann) 신호등

- 교통심리학자 칼 페글라우 개발
- 1961년 10월 처음 도입
- 최초로 점등기호의 사람 형상화
- 어린이와 노약자를 위한 배려
- 친근한 이웃아저씨의 이미지화
- 만화캐릭터로도 등장

구동독사회의 부모와 교사들은 이해하기 쉽고 직관적으로 인지할 수 있는 이 신호등을 반기며 필수적인 교통안전장치로 받아들였다. 이후 암펠만은 방송에서 만화캐릭터로도 등장하게 되었고 동독의 최고 인기 작품인 '잔트만'(Sandmann)과 같이 대중의 마음속에 깊게 자리를 잡았고 동독의 국가적 이미지처럼 상징화 되었다.

▌독일통일 그리고 암펠만의 아련한 기억

동서독은 1990년 10월 통일이 되었다. 통일과 함께 동독의 모든 사회시스템은 제거되어야 할 공산주의 유산으로 평가되었고 모든 동독의 문화자산은 사라졌다. 더불어 구동독의 신호체계인 암펠만도 서독식 신호등으로 교체되었으며 동독인은 일상의 급격한 변화에 큰 충격을 받게 되었다.

동독인의 마음속에는 그리운 고향의 이미지와 같이 암펠만의 형상이

자리잡고 있었다. “고향이란 무엇일까?” 개념에 대하여 사회학사전(Karl Heinz Hillmann,1994)은 “개인적으로 사람이 인성을 키우며 처음 결정적으로 사회적 관계를 맺는 곳으로, 이후의 사회적 경험과 가치기준에 큰 영향을 준다.”고 정의하듯이, 동독인의 집단적인 기억 속에서 암펠만은 소속감을 상징하고 있었기에 이들의 상실감은 컸다.

1990년대 중반 서독 튀빙엔 출신의 그래픽 디자이너 핵하우젠(Heckhausen)은 암펠만을 램프의 디자인에 사용하여 잊혀졌던 캐릭터를 소생시키는 계기를 만들었고, 물컵, 가방, 티셔츠, 악세사리, 시계같은 다양한 생활용품이 상점에서 판매되기 시작하였다.

암펠만 상점

암펠만 레스토랑

암펠만은 단순한 캐릭터의 상징을 넘어서 구동독의 문화향수 ‘오스탈기’(Ostalgie)를 나타낸 것이었다. 결국 베를린의 서쪽지역에도 2005년 1월부터 암펠만 신호등이 부활되어 설치되었고, 드레스덴과 브레멘 등지에 암펠만의 여성모습을 한 ‘암펠프라우’가 등장하기도 했다.

▌암펠만이 전한 사람의 통일 이야기

최근 발생한 신호등논쟁으로 다시금 암펠만의 의미성이 재조명되었다. 실패한 사회 구동독의 잔존물이라고 할 수 있는 암펠만의 부활은 우리에게 통일과 공존의 문제를 생각하게 하는 계기를 제공하였다. 통일은 지리적, 정치적 체제통합만을 의미하는 것이 아니라, 사회문화적, 심리적인 통합이라는 토대를 마련하고 함께 살아갈 수 있는 삶의 공존을 이루는 것이다.

동서독의 주민들은 서로 다른 사회체제 안에서 자신들만의 가치관과 행동기준을 이념체계에 맞추고 살아왔기에, 서독 중심의 통일 이후 동독인들은 문화적 적응에 큰 문제를 안게 되었고 좌절감과 환멸감을 느끼게 되었다. 이를 통해 통일 이후, 다른 체제의 유산과 자산을 객관적으로 평가해 폐기할 부분과 활용할 부분을 지혜롭게 판단하고 살펴야 하는 타산지석의 사례로 받아들일 필요가 있는 것이다.

3) 다문화 사회의 갈등과 문화 소통문제

전후 독일은 1950년대 중반부터 심각한 인력난으로 경제발전에 필요한 노동력을 외부에서 충원하기 시작하였다. 1955년 이탈리아, 1960년 스페인과 그리스, 1961년 터키, 1963년 모로코, 1964년 포르투갈, 1965년 튀니지, 1968년 유고슬라비아와 노동력의 수입과 관련된 협정을 맺고 외국인노동자를 적극적으로 받아들였다. 이들을 필두로 오늘날 독일 사회에서 여러 다민족 이주민들이 공동체를 이루며 살고 있다. 2010년 통계수치상 독일에서 이민의 배경(Migrationshintergrund)을 가진 사람의 수는 전체 독일인구 8,170만 명 중 1,574만 6천 명으로 약 19.3%를 차지하고 있다. 전체 이민자 중 터키 출신이 15.8%로 가장 큰 집단을 형성하고 있음을 나타낸다.[27] 그러나 터키계 이주자들은 주류집단과 문화적 갈등을 경험하면서 외부와 경계를 쌓고 자신들의 독자적인 생활관습을 유지한 채 사회주변부에 모여 살고 있다.

독일 사회는 빠른 산업화 과정을 거치면서 다민족 사회를 경험하며 여러 이주구성원들에 대한 공존의 필요성을 깨닫고 소수그룹의 권리를 인정하는 다문화정책을 일찍이 도입하였다. 그러나 사회 내 이질적인 집단들은 서로 병존하였을 뿐이며 소통이 없었기 때문에 오히려 고립성이 심화되었다. 나아가 중심과 주변의 위계구도 속에서 주변부의 소수자들이 사회 중심부와 거리감을 두고 격리된 '평행사회'(Parallelgesellschaft)[28]로 후퇴하는 결과를 낳았다.[29] 이렇게 암묵적으로 시행되는 문화차별은 타자로서의 이미지를 강화하기에 사회통합을 위한 적절한 접근일 수 없다.

90년대 소련과 동구권이 붕괴되면서 독일계 주민들 수십만 명이 본국으로 이주하여 독일시민으로 정착하였다. 반면에 혈통주의에 입각한 독일 정부는 오랜 기간 비서구세계의 이주민들에게 배타적인 빗장정책을 유지하여 왔다. 2000년 국적법과 2005년 이민법의 개정은 이전 혈통중심에서 벗어나 속인주의 정책(Jus soli)으로 개선하는 움직임을 보인다고 할 수 있다. 일부 개선책에도 주류사회와 터키인 공동체 사이에는 여전히 보이지는 않는 사회적 장벽이 존재하고 있다. 독일 메르켈 총리는 2010년 10월에 다문화사회를 구축해 공존하자는 접근법이 실패했다고 인정하기도 했다. 다문화정책의 실패로 귀결된 것과 관련하여 베를

---

27 이종희, 다문화사회와 사회통합: 독일 사례를 중심으로, 『한독사회과학논총』 22권 2호, 2012, p. 62.

28 독일 내 주류사회로부터 터키 이주민 및 소수민족 집단들에 대한 사회적 배제 현상을 지칭하는 용어로 빌레펠트 사회학자 하이트마이어가 90년대 초 처음 도입하였다. 참조:Wilhelm Heitmeyer(1996), Für türkische Jugendliche in Deutschland spielt der Islam eine wichtige Rolle, *Die Zeit,* 35.

29 Wilhelm Heitmeyer(1996), 앞의 논문.

린 훔볼트대학교 카슈바(W.Kaschuba) 교수는 독일 내 배타성에 대하여 비판하였다.

> "독일에서 '이주자'와 '통합' 논쟁은 역사적으로 명백히 지나치도록, 거의 노이로제에 걸린 듯 문화적 통일성과 정신적 공동체를 반복적으로 찾고 있음을 보인다. 역으로 이질성을 심하게 거부하거나 심지어 끔찍해 한다. 과거 200년 동안 (...) 통일될 때까지 우리 주류문화는 민족공동체/혈연공동체를 전제로 했었다. 독일적인 것에 대한 국수주의적 생각이 오늘날까지도 깊게 문화적으로 각인되어 영향을 주고 있다. 이것은 이전과 같이 분명하게 인종적 이념이 실려 있는 것이다. 나이든 기성세대 상당수가 여전히 '인종'이 객관적인 유전적 기준이고 '혈통'이 결정적인 문화적 가치라고 오늘날에도 믿고 있다."[30]

독일민속학계는 다문화의 현실을 인정하고 이민족을 포함한 사회 내 다양한 구성원에 대한 이해와 소통능력을 함양하는 것에 관심을 기울이게 되었다. 사회갈등을 극복하기 위해서는 좁은 안목의 자폐적 인식으로부터 벗어나 타문화와 진정성 있는 소통과 열린 자세를 지향할 필요가 있다고 본 것이다. 라우터바흐(B.Lauterbach) 교수는 독일민속학이 다양한 구성원들을 연구대상으로 포괄할 것을 주문하였다. 구체적인 연구대상으로 '독일로 일자리를 찾아온 터키인 혹은 한국 노동자', '프랑스어를 쓰는 스위스서부에 정착한 독일계 스위스인', '러시아에 살다가 이주한 독일계 주민', '북아메리카로 이민을 간 독일인들'도 다루어야 한다는 것이다.[31] 사회통합을 위한 민속학을 정립하기 위해서는 단일한

30 Wolfgang Kaschuba(2007), Ethnische Parallelgesellschaften?, Zur kulturellen Konstruktion des Fremden in der europäischen Migration, *Zeitschrift für Volkskunde,* Heft.1, p. 72.

맥락의 문화형태를 추구하기보다 실증적 연구를 기반으로 다양한 구성원의 일상생활과 정체성 변화를 탐구하는 비교문화연구들이 시도되었다.

확장된 민속연구는 고전적 학술흐름에 큰 변화를 가져왔다. 관련 연구테마를 보면 다음과 같다. 이주 터키인들의 정체성과 생활문화, 외국으로의 독일인 이주와 독일 내 이주민 비교, 유럽 무슬림과 문화 충돌, 이주민집단의 문화적응연구, 갈등의 형태와 통합문제, 상호문화성과 소통, 초문화주의 담론, 이주민정책과 유럽시민권, 주도문화와 병행사회, 이주민의 이중정체성, 직업이주현상과 노동시장, 다문화주의와 소수자정책, 유럽동남부 사회주의체제 주민들의 이데올로기 변천, 민속의 전통과 혁신 등을 볼 수 있다. 사회 내 다양한 종족집단 간 문화접변과 다양한 외래문화가 공존하는 복합적인 현상에 대한 폭넓은 연구들이 추진된 것이다.

민속학이 과거 보여 왔던 내셔널리즘의 지향성을 극복하고 자기 문화권 내에서 '다른 존재'와 '낯선 것'을 인지하고 국경에 국한되지 않는 새로운 시각을 갖추게 되었다. 다른 문화에 대해 시선을 전환한 배경은 과거 민속학이 정치적인 이용을 경험하였기에 민족주의의 편협한 시야의 위험을 벗어나서 과거사의 오류를 다시 겪지 않으려는 학계 내부의 자성이 영향을 주었던 것으로 볼 수 있다. 자기민족만을 연구하면 자신의 특성을 분명히 볼 수 없기에 민속학은 민족적이면서도 국제적인 학문으로 고찰되어야 한다는 적절한 담론 생산의 필요성이 학술적 개방성에 반영되었음을 확인할 수 있다.

---

31 Burkhart Lauterbach(2000). Von der Heimatkunde zur Europäischen Ethnologie, Volkskunde als vergleichende Alltagkulturforschung, *Augusburger Volkskundliche Nachrichten,* 6. Jahrgnag, Heft 1. p. 16.

4) 독일 사회통합과 민속학의 지평확대

오늘날 국제환경의 변화로 독일은 유럽연합의 한 국가로서 국경을 초월한 공동체관계에 기초하게 되었다. 이전과 다른 국가연합의 체제는 독일민속학과에 초민족적 가치기준을 가져왔고 국경을 넘어 새로운 정체성을 추구하고 있다. 민속의 연구방향성과 교수법에서 주변국가와 학제 간 연구가 활발해지는 자극을 받게 되었다. 구체적인 협력 사례로 프랑스의 심성학, 미국의 도시사회학 및 영국의 문화학과 함께 유럽인류학으로서 공동연구의 필요성을 대두시켰다. 다른 유럽지역으로 범주를 확대하면서 이전에 다루지 않던 소재가 학문영역에 들어왔다. 서로 공유할 만한 요소가 없는 외래문화도 이해하는 연구들이 추진되었고 다른 피부색, 낯선 언어, 타 종교에 대해 가졌던 편견을 극복하고 포용하려는 학문적 경향을 띠게 되었다. 오늘날 민속학은 독일 국경 및 학과경계에 제한되어 있지 않고 유럽의 틀 안에서 통섭적 교류를 통해 이질적 문화를 함께 연구하는 민속학의 시각 변화를 가져온 것이다.

과거 단일성의 개념에 집중했던 연구보다는 타문화에 대한 이해와 소통능력을 함양하고 현대사회의 문화변용 과정에 대한 폭넓은 이해를 도모하는 학과로 변모하였다고 볼 수 있다. 민속학의 대상을 확장시킨 변화는 상호문화 비교분석을 통해 인류보편적인 학문의 지평을 열고자하는 학술적 대응으로 이해된다. 현재 독일어권 민속학회 소속 28개 대학교 중 많은 학과가 '폭스쿤데'(Volkskunde)라는 대표적인 이름을 내세우지만, 학문의 명칭을 통일하고 있지는 않다. 13개 대학에서 '유럽인류학'(Europäische Ethnologie)이란 이름을 민속학과의 간판으로 쓰고 있다.[32] 이러한 추세는 현재 학과교육이 지닌 성격과 연구

32 Harm-Peer Zimmermann(2005), *Empirische Kulturwissenschat, - Europäische Ethnologie -*

성향을 나타내고 있다고 볼 수 있다. 변화된 학과정체성은 유럽 내 다민족 커뮤니티를 함께 주목하면서 이들의 문화적 정체성과 낯선 생활양식을 고찰하는 비교민속학으로 넓은 시야를 갖추는 협력연구를 보다 촉진하게 되었다.

현재 전국 민속학과의 주요한 연구 테마에서 유럽지역과 관련하여 두 가지 발전상을 보이고 있는데, 하나는 고전적인 테마를 새로운 확장된 시각으로 조명하는 것으로, 예를 들어 '고향-정체성-이주', '유럽 내 다양한 민족의 축제풍습', '유럽의 정체성', '유럽 민담의 어제와 오늘', '일상의례의 차이', '현재 풍속의 형태와 기능', '현대사회의 미신 형태', '글로벌시대의 마을생활', '이산가족에 관한 구술조사', '유럽의 일상문화와 생활세계', '여가의 문화; 헌당식에서 팝콘서트까지', '노동세계와 직업문화' 연구 등을 주제로 삼는다. 그리고 또 다른 방향은 현대 민속학적 새로운 테마의 접목을 볼 수 있다. 예를 들어, '다문화사회: 유럽의 소수민족', '매체문화'(문화 간 커뮤니케이션), '초국적 관계와 글로벌화한 문화과정', '문화생산과 문화전달'(문화정책, 박물관학, 관광학)', '문화학 학술이론', '유럽사회 내 현대적 갈등', '초민족주의와 디아스포라', '영상인류학', 'EU 문화정책', '동시대 민속문화의 변용'과 '도시인류학'등이 그것이다.

독일민속학은 민족과 국가에 중심을 둔 과거의 관습적 전통에서 벗어나 연구범주의 틀을 유럽지역으로 넓혀서 새로운 패러다임과 정체성을 구축하고 있다.[33] 동일문화에 국한하지 않고 그 대상을 유럽 내 주민들로 다양화하고 학제 간 연구와 상호문화성 고찰을 통해 다문화적 시

Kulturanthropologie - Volkskunde: Leitfaden für das Studium einer Kulturwissenschaft an deutschsprachigen Universitäten, Marburg, p. 5.

33 Wolfgang Kaschuba(1999), *Einführung in die Europäische Ethnologie,* München, pp. 96-97.

민성을 확대시키는 발전적인 변화를 이루고 있다. 배타적인 민족주의 중심의 사회체제는 많은 갈등과 희생을 불러왔었다. 하지만 현재 다원적 가치가 서로 대립하지 않고 공존할 수 있는 문화 형성을 위하여 다양한 집단들의 고유문화를 존중하면서 상호이해를 확대하는 노력을 하고 있다.

"통과의례"의 저자인 반 게넵(A.v.Gennep)는 민속학이 민족 간 연관성과 차이를 깊이 있게 이해할 수 있도록 하여서 복합적인 민족문제의 해결에 기여할 수 있음을 제시하였다. 또한 민속학자 크라우스(F. S. Krauß)는 이미 한 세기 전 "민속학에 대한 명언"에서 학자의 자세에 대하여 다음과 같이 언급하였다. "언제나 명심할 것은 민속학자로서 모든 문화민족의 전문가를 위해 준비하며, 진리를 탐구하고자 노력해야 한다는 점이다. 종교적, 미학적인 입장을 고려치 말며, 네 노력에 대해 평하는 칭찬이나 비판에 흔들리지 말아야 한다. 왜냐하면 민속연구가는 언제나 세계시민으로서 생각하고 서술해야만 한다."[34] 나아가 그는 "민속학은 유대인, 크리스트교인, 무슬림, 불교신자, 독일인, 슬로바키아인, 영국인, 중국인에 속하는 것이 아니라, 사람의 학문이다."라며 민속학의 의미를 설정하기도 하였다. 국경을 넘어서 인류보편적인 인문학을 지향하는 학술적 시각과 특정한 민족성에 얽매이지 않아야 한다는 자세는 오늘날 후세 민속학자들에게도 여전히 유용한 지침으로 평가될 수 있을 것이다.

독일 사회의 문화적 갈등문제를 진단해 보면서 과거 폐쇄적 단일민족성의 편향성을 탈피하며 다양한 유형의 이주민과 함께 공존하는 방

34 Annemie Schenk,(2001),Interethnische Forschung, *Grundriss der Volkskunde: Einführung in die Forschungsfelder der Europäischen Ethnologie.* Rolf W Brednich(eds.), p. 367.

식을 찾고자 한 독일민속학의 흐름을 살펴보았다. 종전 이후 시대의 변화에 따라 이주민의 형태는 많이 달라져 왔다. 연구자는 독일 내 문화적 이질성으로 인한 사회갈등을 고찰하면서 상황에 따라 민속학이 민속문화의 담론을 어떻게 확장시켜 왔고 정체성의 변화를 겪어왔는지 알아보고자 하였다.

시기별로 독일사회는 문화적 충돌과 문화갈등의 특징적 성향을 다르게 보여 왔다. 따라서 본문에서 크게 세 가지의 범주로 정리해 보았고 공존과 통합의 길을 모색하기 위한 민속학의 전개 양상을 포괄적으로 조망하였다.

전후 동유럽지역에 살던 독일계 주민들이 독일 사회로 이주정착 하면서 거주민과 생활문화 및 문화적 갈등을 경험하였다. 이들은 민족구성원이면서도 타국의 구성원이었기에, 정체성의 혼란을 겪어야 했다. 이들에 대한 사회적 통합과 관련한 전후 민속학의 학술적 대응을 살펴보았으며, 냉전 체제에서 동·서독민속학의 전개과정을 좇아 분단된 이념의 틀에서 달라져온 민속학 학술형태와 상호이해의 폭을 넓혀가는 과정을 검토하였다. 또한 통일 이후에 구동독 주민과의 갈등과 내적 통합을 고민하는 연구 활동 또한 고찰하였다. 다음 장에서는 터키 이주민을 중심으로 한 외국인공동체와 주류사회에서 보이는 문화적 이질성의 갈등과 사회적 배제의 문제를 분석하였다. 오늘날 다문화현상과 탈전통의 민족담론에 대한 논의를 살펴보고 다양한 이주민의 문화가치에 대한 수용성을 넓혀가는 민속학의 학문적 전개상을 다루어 보았다.

다양한 문화적 주체들과 내적통합을 지향했던 독일민속학의 전개과정과 논의들은 이 분야의 학문적 접근이 쉽지 않은 상황에서 민속학의 흐름을 이해하는 데 조그만 보탬이 될 수 있을 것이다. 또한 과거 민족적 동질성에 집착해 왔던 독일의 역사적 경험사례는 여전히 순혈주의와 단일민족의식을 고집하는 우리에게 문화갈등과 통합논의의 현장을 살펴볼 수 있는 의미 있는 시사점을 제시해 준다고 볼 수 있다.

5장
민속학 패러다임의 전환모색; 문화통합과 민속문화의 담론 확장

5장

민속학 패러다임의 전환 모색;

문화통합과 민속문화의 담론 확장

현재 한국 사회는 사회통합을 위해 여러 이주민들에 대한 문화적 개방성이 요구되고 있으며 다양한 유형의 문화공존을 준비하고 있다. 재외동포들의 이문화(異文化)로 인한 국내 갈등문제는 비(非)동포 외국인 문제와 달리 민족공동체 내부 간 상호소통 능력을 신장시키는 방법으로 대응하는 것이 필요하다고 본다. 이들에 대해서 동질적 문화토양을 기반으로 정서적 접근이 용이할 수 있고, 민속학이 갈등해소 및 이해증진에서 중요한 역할을 할 수 있을 것이다.

이 장에서는 민속학을 중심으로 사회 안에서 주변과 중심으로 위계질서화 되어있는 민족 내부의 차별과 갈등문제를 극복하는 방향을 제시해 보고자 한다.

1. 비교민족학과 연구지평의 확대

재외동포들은 과거 한반도 고향의 주거지를 상실한 피난민이거나 일본식민지 시절 여러 이유로 조국을 떠나야 했던 사람들의 후손이다. 이주지의 척박한 환경을 이겨내면서 고유한 문화정서를 잊지 않은 채 자신들의 생활양식을 만들어 왔다. 조선족, 고려인과 재일조선인, 이들 삶의 양식은 분단이 남긴 체제와 냉전문화 속에서 제각기 달라져 갔다. 우리는 대한민국을 중심으로 한민족의 정체성을 확립하였기에, 사회주의권 지역에 살던 한인들은 같은 민족이면서도 이념과 체제의 차이로 민속전통의 범주에서 배제되어 왔다.

세계대전 이후 자본주의와 사회주의 체제간의 대결은 전 세계를 이분화 하였다. 두 체제 간 대립은 인류전체의 문제일 뿐만 아니라, 하나의 민족을 둘로 나누면서 우리 민족의 존속에 위기를 가져왔다. 민족은 본래 체제를 초월하는 것이고 체제에 관계없이 과거 조선에서 이주한 백성들은 한민족인 것에는 변함이 없다. 한 민족의 기본 성격이란 자본주의든 공산주의든 체제를 초월하여 수세기에 걸쳐 기본적으로 커다란 변화 없이 보존되어 가는 것이고 그런 뜻에서 민족은 체제를 뛰어넘는 성격을 지니고 있다. 조선족, 고려인과 재일조선인, 이들은 같은 핏줄을 나눈 민족 구성원들로서 낯설고 먼 타국에 머물게 되었지만 그곳의 환경에 적응하여 살아오면서도 동질적 전통의 맥락을 지녀왔다.

수천 년의 역사를 뒤돌아보면 민족의 문화양식은 역사의 변화를 떠나서 영구히 불변하는 것은 아니다. 한 민족의 관습, 언어, 음식과 결혼풍속도 수백 년에 걸쳐 기본적으로는 변화하지 않으면서도 결국 시대와 더불어 변화한다는 것은 다시 말할 필요가 없을 것이다. 이런 이유로 민족공동체의 현실적인 존재양태나 생활방식에 관해서는 그 민족이

처해 있는 현실적 시대상과 사회를 제외하고 이해될 수는 없다. 민족의 문화정체성은 끊임없이 변화와 적용의 과정을 겪으면서 그 명맥을 유지한다고 할 수 있다.

한인 디아스포라는 한인들이 중국과 소련, 일본 지역에서 이주 정착하는 새로운 과정에서 그 곳의 사회적 환경과 정치적 강도에 따라 전통적인 민속문화는 영향을 받아 그 지역사회의 토착문화를 모방하는 등 여러 반응이 나타난다.

이주지의 국가는 행정기관 또는 마을 내 대리인들을 통해 끊임없이 새로이 유입된 한인들을 통제하며 다양한 방식으로 관주도의 정책을 관철시킨다. 지역관리나 경찰 혹은 마을지도자 등을 통해 공적인 정책을 선전홍보하거나 생활양식을 검열 규제하며 우리의 전통적 문화요소는 소멸되고 새로운 문화 환경에 따라 대체되는 양상을 확인할 수 있다. 통제방법은 주민들에게 형벌을 공지하거나 강제적인 제재의 형태를 통해서 이루어지기도 하고, 포상약속 등의 구체적 보상으로 참여를 유도하는 형식을 띨 수 있다. 국가주도 아래 제도적인 정책집행에 대해 한인들은 적극적으로 반발 또는 수동적인 저항의사를 보이기도 한다. 때론 정치적 무관심을 표현하거나 기꺼이 복종하는 태도를 보이기도 한다.

그림은 이주국의 공식적 제도 및 사회 환경의 압력강도와 한인 민속문화의 변용 간 관련성을 고찰할 수 있다.

(a) 외부세계의 사회통제와 환경영향이 강한 반면에 정착한인들이 전통문화를 보전하려는 수요가 상대적으로 작은 경우를 볼 수 있다. 국가의 외적인 사회압력과 전통문화를 유지하려는 한인의 수요 사이에서 강제력에 의하여 크게 영향을 받아 민속문화가 실제 크게 변용된다.

(b) 이주지의 제도적 통제가 약하고 한인들이 전통문화를 보존하려는 의지와 수요가 클 경우를 보인다. 한인들이 전통을 보존하려는 내적인 힘이 이주국의 통제력보다 클 경우 실제 문화형성은 조상들이 살아온 전통을 유지하는 경향이 두드러진다.

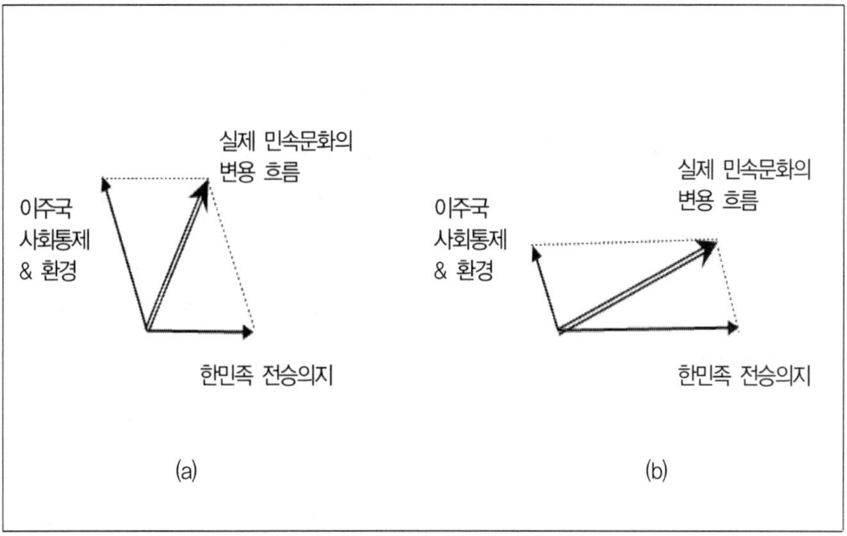

민속문화의 변용과정은 외적 사회 환경 및 정치압력과 한인의 전통문화를 유지하려는 욕구 사이에서 갈등 및 타협의 결과를 반영한 것이라고 해석된다. 그 반응으로서 실제 민속문화가 형성 및 변용되는 움직임이 결정된다고 보며 그 향방은 일종의 평형사변형의 형태로 나타난다고 묘사할 수 있다.

이질성의 진입을 견제해 온 우리사회는 동질성에 집착하였고 국내로 이주한 귀환동포들의 다른 상이한 측면이 드러나면서 이들을 수용하기보다는 전통질서를 파괴하는 것으로 폄하하기도 하였다.

학문흐름을 되돌아 볼 때, 변화하는 사회현실에 대한 인식이 결여된

점이 문제점으로 지적되었다. 민속학이 범주를 국한시켜 국경 너머 살고 있는 이들의 생활양식과 고유한 특성이 무엇인지 볼 수 없었다. 조선족, 고려인과 재일조선인, 이들과의 문화적 소통을 이루기 위해서라도 민속학 연구는 한국 사회에 맞춘 단일문화를 지향할 것이 아니라 새로운 문화토양에 적응하면서 변화를 이룬 한인들의 삶과 문화적 실체를 포착하고 연구할 필요가 있다. 체제는 하나의 민족을 나누고 주민들을 대립케 하는 한편, 민족을 형성 자존하게 하는 힘도 지녔다. 민족 내부에서 위계서열을 만들어 우리의 잣대로 다른 삶을 재단하기보다는 다양한 민족구성원이 만들어내는 새로운 형태의 문화자산을 가치 있게 인정해야 할 것이다.

우리보다 빠른 산업화 과정을 거치면서 다인종, 다민족 사회를 경험했던 프랑스, 영국, 독일과 같은 서구 사회는 여러 구성원들에 대한 공존의 필요성으로 소수그룹의 권리를 인정하는 다문화정책을 일찍이 도입하였다. 그러나 사회구성원 내 이질적인 집단들은 서로 병존하였을 뿐이며 소통이 없었기 때문에 오히려 고립성이 심화되었다. 나아가 중심과 주변의 위계구도 속에서 주변부의 소수자들이 사회 중심부와 거리감을 두고 격리된 '평행사회'로 후퇴하는 결과를 낳았다. 이렇게 암묵적으로 시행되는 문화차별은 타자로서의 이미지를 강화하고 사회통합을 위한 적절한 접근일 수 없을 것이다. 순종주의적 정서가 강한 우리 사회는 대내적으로 민족을 하나의 동질적인 단위체로 취급하였고 대외적으로 민족단결을 주창하였다. 이제 문화적 이질성에 대한 인식전환을 통해 배타적인 태도로부터 벗어나서 민족 내에 다양하게 분화된 동포들의 지역별 문화들과 진정성 있는 소통과 열린 자세를 지향할 필요가 있다.

크라머(D.Kramer)는 문화적 차이를 존중하고 평화롭게 공존할 수 있는 자세의 형성을 강조한다.

> "첫째, 문화다양성은 보편적이며 불가결한 원칙이다. 평화를 이루는 역량은 다양성을 축소시킴으로써 얻는 것이 아니다. 둘째, 한 영토 내 문화다양성은 역사적으로 보면 정상적인 것이다. 문화와 분리되어 있는 정치권력 혹은 경제적인 측면의 목적을 위해 문화적 특수성이 악용되지 않으면, 다양성은 보다 용이하게 대처되고 전쟁을 부르는 갈등 없이 살 수 있다. 셋째, 세계적으로 보면 문화다양성은 평화를 위한 기회를 향상시킬 수 있다. 문화다양성은 미래역량과 지속가능성을 위한 의미 있는 자원이기 때문이다."[1]

우리 민족 내 구성원들은 여러 지역으로 이산되어서 다양하고 차별적인 문화양식을 형성하여 왔다. 정착지에서 오랫동안 형성된 다소 낯선 생활문화는 우리민족의 창조력을 보여준다고 할 수 있다. 민속문화 연구에 있어서 주변 인접국에 정주하는 한인 커뮤니티와 이들 촌락을 주목하여 이들의 문화적 정체성과 함께 변용된 생활실체를 함께 기록하는 비교민족학으로 넓은 시야를 갖추는 협력연구를 촉진해야 할 것이다. 이주해 간 지역 환경에서 모국의 복제된 민속양식을 확인하는 조사보다 민속문화 내 다양성을 인지하는 자세가 한국 사회에 새로운 문화생태학적 풍성함의 가능성을 제공해 줄 수 있을 것이다. 어떤 민족도 홀로 그리고 단독으로 존재할 수 없으며 한 민족은 다른 민속문화와 함께 그리고 이들과의 접촉을 통해서 존재의미성을 찾을 수 있는 것이다. 따라서 민속학은 민족적이면서도 국제적인 학문으로 평가되어

---

1 Dieter Kramer(1999), kulturelle Vielfalt ist eine notwendige Struktur menschlicher Vergemeinschaftung, *Osnabrücker Jahrbuch Frieden und Wissenschaft VI,* p. 143.

야 한다.

국내 거주 이주민들의 문화소통을 위해서 지역별로 뿌리내린 문화적 변용을 이해하는 상호문화적 교류의 패러다임이 요구된다고 할 수 있다. 코리안 디아스포라의 미래를 위한 민속학을 정립하기 위해 단일한 맥락의 유사한 형태를 추구하기보다 실증적 연구를 기반으로 다양한 지역의 한인 일상생활과 보편적 정체성을 탐구하는 비교민속학연구가 활성화되어야 할 것으로 보인다.

2. 탈전통성과 민속문화의 이해

전통적인 민속학은 민속문화를 언급하면서 사회변동과 상관없이 '과거학'이라는 시간적 틀로 고정시켰다. 민속학은 오랜 기간 민족공동체가 소유하고 체화한 전통문화와 근원적인 정서를 연구하는 것으로 널리 인식되어 왔으며, 풍습과 전승된 고전양식에 절대적인 의미를 부여하였다. 선조들이 만들어 향유하던 옛 문명이 산업화로 인해 점차 사라져버리는 것에 대해 민속학은 거부감을 표하였고, 민속문화를 연구하면서 유구한 세월 전승되어 온 전통영역인 마을풍속, 농촌축제, 민속음악, 민속춤, 세시행사에 주요한 관심을 보여 왔다. 공동체사회가 점차 약화되는 현실에서도 민속학의 시각은 근대화로 훼손되지 않은 농촌이 민족공동체의 원형과 진정한 민속문화를 보존하고 있다고 보았고 낭만주의적 절대화를 추구하였다. 이렇듯 민속학의 관행은 기억 속의 소멸된 문화에 집중했고 민속을 내부에서 불변되지 않고 과거로부터 전해 내려온 단일한 전통문화로 규정하였다.

그러나 민중은 사회로부터 고립해서 생활할 수는 없다. 인간은 사회적 존재이고 민중 개개인은 좋든 싫든 공동체에 결속되어 정치, 경제, 문화가 소용돌이치는 국가 활동의 수레바퀴에 휩싸이거나 또는 국제적인 세계동향의 영향을 받지 않을 수 없다. 이주한 한인들은 정착한 지역의 풍토와 체제상황에 따라서 이질적인 문화를 발전시켜 나갔다. 그러나 민속학은 변화하는 사회현실에 대한 인식이 결여되어 있는 문제점을 나타냈다.

재외 한인의 문화통합을 위한 적절한 접근방안을 찾기 위해서 시간개념을 초월한 민속 원형을 찾아다니는 과거지향적 연구는 한계가 있다. 물론 오늘날에도 중국 동북3성 및 연해주와 중앙아시아 문화권에는 주변 환경과 달리 고유전통의 풍속과 우리말을 지키고 있는 언어섬의 한인촌락이 있다. 이 지역에서 때로는 대한민국에서 이미 사라졌거나 찾기 힘든 전통유산을 옛 형태 그대로 찾아 볼 수도 있다. 생활양식을 살펴보면 이들도 민속을 갖고 있지만 우리보다는 전통과 귀속의식이 약화되어있다고 평가할 수 있다. 민속학계에서 잔존된 고풍적 민속을 통해 근원적인 민족성을 발견할 수 있다며 그 의미성을 두기도 하고 분명 국내 민속양식의 온전한 전승형태를 주목할 필요도 있을 것이다. 전통문화가 점차 소멸되어가는 가운데 고풍적 전통문화가 어떻게 외적 환경에서 지속될 수 있는지, 얼마나 원형에서 변형되어 남아있는지를 밝히는 연구는 민족의 자아가치를 고양시키는 결과를 가져올 수는 있다. 그러나 실용적 측면에서 문화충돌이나 사회갈등 같은 문제들에 대해 제대로 된 통합의 해법을 찾는 데 기여하기는 힘들다고 볼 수 있다.

예를 들어 8월 15일 연변지역에 어르신들을 기리는 '노인절'을 시행하는 것에 주목할 필요가 있다. 노인절은 1981년 '노인협회'의 성립을 기념하여 출발했는데 전통적인 효행과 미덕의 의미와 가치를 계승, 발전시킨 기념일이다. 이날 마을노인들에게 식사를 대접하고 감사의 선물도 드리며, 노인공경에 대해서 모범가정과 효자, 효부에 대한 표창이 있다. 마을주민들은 민속대잔치를 준비하고 노인운동회, 문예대회 및 오락과 같은 여러 축하활동이 펼쳐진다. 가정에서는 집집마다 명절음식을 준비하고 이웃끼리 모여 노인들의 건강과 장수를 기원한다. 현재 노인절은 "조선족문화의 구심점"으로 평가된다. 시대적인 축제의 성격을 덧붙이며 연변지역의 중요한 민속 문화관광의 코스로도 자리 잡으며,[2] 사회적으로도 영향을 미쳤다. 도덕적 분위기를 확산시키는 점이 높이 평가되어 중국 정부가 '중국 노인절'을 공식적으로 제정하기도 했다. 분명 우리세시와 낯선 요소들을 포함하고 있지만, 연변을 중심으로 시대에 맞게 새로이 발전시킨 '창조된 전통'으로 볼 수 있다.

연변조선족 사회에서는 다양한 민속놀이들이 연행되고 있다. 민요양식에는 구전양식 그대로 전승되기도 하고 새로이 이주한 삶의 환경과 고단한 이주사의 흔적을 반영 각색하여서 민요를 부르기도 한다. 그 중에는 '풍구타령', '시집살이', '농부가', '담바구타령', '박연폭포', '어부의 노래', '개성난봉가'와 같이 원형을 유지하면서 부르는 것도 있고, '백산아리랑', '남포소리', '말몰이 군타령', '상여소리', '굿거리'같이 전래민요인지, 새로운 창작인지 불분명한 것도 있다. '청주아리랑'과 같이 충청도에서 이미 사라진 양식이 연변 땅에서 하나의 전통으로 보존되어있기도 하다.[3] 민속춤과 관련하여 '강강수월래', '천지꽃놀이', '탈춤', '아박춤'은 내용과 형식이 많이 변화되었고, '단풍놀이', '돌물레놀이'는 낯선 환경에서 새롭게 창출된 것들이다.[4] 이처럼 연변지역에는 한반도

2 한룡길(2012), 조선민족의 전통미덕을 토대로 한 '연변조선족자치주 노인절', 『비교민속학』 제47집, p. 252.

3 김성희(2010), 조선족 전통예술의 전승 기반, 『통일인문학』 제49집, p. 55.

고향의 양식을 잃지 않은 전통가락의 노래와 춤이 있기도 하고, 지역사정에 맞게 새롭게 발전시켜 뿌리내린 민요와 춤이 있기도 하다. 오랜 시간 새로운 환경조건에 따라 변형시킨 살아있는 민속양식을 확인할 수 있는 것이다.

전통의 발명과 관련한 논쟁은 독일 민속학계에서도 있어 왔다. 전후 동부유럽에서 이주해온 실향민들이 새로운 모국환경 속에서 정착하면서 변화된 정체성에 따라 민속축제를 재창조한 사례가 언급되기도 한다. 또한 독일 남부지역에서 관광객을 위하여 옛 향수를 자극하는 민속공연을 다시 복원하여 공연하는 예를 찾을 수 있다.[5] 모저(H. Moser)는 새로이 만들어진 전통양식에 대하여 비판했다. 그는 민속의 재창조에 대하여 '간접적인 중재'로 규정하면서 '포크로리즘(Folklorismus)'이란 용어를 썼다. 그는 이와 관련하여 '민속원형적 맥락으로부터 멀어진 문화양식', '다른 계층에서 민중적 모티브를 유희적으로 모방하는 것', '알려진 전승과 다른 목적으로 민속을 발명, 재창조하는 것'과 같이 3가지 유형으로 분석했다. 미국의 도슨(R.Dorson)은 본래의 담당자나 시공간의 영역을 벗어나 다른 형태로 바뀌어져 새로운 맥락에서 재현된 것이고 근원적인 것과 차이를 보이기에 원형에서 벗어난 '허구민속'(fakelore)으로 해석했다.

반면에 바우징거(H.Bausinger)는 '포크로리즘의 비판에 대하여'란 논고에서 포크로리즘을 과거풍속의 원형이 현재의 삶과 혼융되어 재창조된 '어제의 응용민속학'이라고 의미를 부여하기도 했다. 러시아의 구제프(V.Gusev)는 포크로리즘을 민속의 적응, 재생산과 변형의 과정으로

---

4 김정훈(2010), 『중국 조선족 민속춤과 민속놀이』, 민족출판사, 중국북경, p. 4.

5 이상현(2004), 「안동문화의 변화와 민속의 재창조」, 『비교민속학』 제26집, pp. 530-531.

폭넓게 정의를 내린다.

> “민속학은 사회의 진보적 발전 속에서 살아남은 무형적 문화요소를 보전하는 것이 아니라, 과거유적이 혁신과 함께 공존하는 동적인 구조를 이해하는 것이다. 주민의 일상생활의 새로운 조건의 영향 하에 잔존물은 동시대적 삶에 맞는 새로운 의미를 취하는 것이다.”[6]

민속학자 비겔만 교수는 “문화시스템과 환경”이론을 통하여 민속문화를 사회 내 끊임없는 변화의 과정에 있는 하나의 체계(Systeme)로 보는 시각을 제시하였다.[7] 그는 루만(N. Luhmann)의 시스템 이론을 도입하여 문화시스템이 외적인 조건 즉, 사회의 구체적인 환경 속에서 생산되고 기능한다고 보았다. 그의 이론은 문화의 외적인 부분들인 경제활동과 구조, 지역토대, 기술, 정치, 국가, 신앙, 소통구조, 학교, 이익단체 등 사회적 제도를 구성하고 있는 요소들이 상호간에 유기적인 영향을 미치면서 문화체계를 형성한다는 것이다. 사회 안에서 이미 존재하는 문화유산들과 새로이 도입된 문화요소는 상호 작용을 계속해 나가는 과정을 보이게 된다. 문화체계는 하나의 고정불변한 형태로 유지되지 않고, 변화되는 환경을 통해서 영향을 주고받는 역동적인 관계에 놓여 있다는 것이다.

사회 안에서 이미 존재하는 문화요소들과 새로이 도입된 문화는 상호 작용을 계속해 나가는 과정을 보이며, 또한 문화는 외부의 다른 문

---

6 Guntis Šmidchens(1999), Folklrism Revisited, *Journal of Folklore Research,* Vol.36, No.1, p. 52.

7 Günter Wiegelmann(1991), *Theoretische Konzepte der europäischen Ethnologie; Diskussionen um Regeln und Modelle,* Münster, p. 70.

화에 속한 문화요소와 접촉하고 변화를 겪기도 한다. 그리고 전통구조 문화는 하층구조로 영향을 미치고 또한 역으로 하층구조로부터 영향을 받게 되기도 한다. 이렇게 사회의 문화부분들이 상호간 관련성을 맺고 종합되어서 총체적인 복합체계를 이룬다고 인식하였다. 문화체계는 하나의 고정불변한 형태로 유지되지 않고, 변화되는 환경을 통해서 영향을 주고받는 역동적인 관계에 놓여있다는 것이다.

재외 한인은 집성촌을 중심으로 주변 민족들과 자연스러운 교류를 통해 문화접변과 상호작용이 일어났다. 이들 한인생활이 정착지역에서 어떻게 변용되고 재구성되어 왔는가를 경험적으로 살피는 시각은 민족 정체성의 다양한 측면을 살피는 활동이 될 수 있다. 이들 고유의 문화를 이해하기 위해서는 현대적 사회 환경에서 생성된 문화현상을 구체적으로 살펴보는 '경험학'(Erfahrungswissenschaft)으로서 학술적 접근을 이루어 나아가야 한다. 민속학은 정태적인 이념성의 틀로부터 벗어나서 동시대 사회라는 조건 속에서 현재의 관점으로 '전통' 개념에 대한 이해를 확장하고 그것에 새로운 의미를 부여하는 계기를 갖는 것이 보다 의미가 있을 것이다. 기억 속의 박제화된 표상에 따라 재단하여 조선족, 고려인과 재일조선인의 복합적 문화양식을 왜곡된 민속양식이라고 할 수는 없을 것이다. 과거의 삶으로 되돌리고자 하거나 불변된 문화현상을 고집하기보다는 새로운 동시대 환경에 맞게 생성, 대체하고 끊임없이 지속하는 민속문화의 전승력을 주목할 필요가 있다. 보수적인 것으로 간주되었던 전통을 오늘날의 사회적 맥락 속에서 새로운 문화구조로 자리매김하는 통시적인 역동성으로 보는 시각의 전환이 생산적일 것이다.

3. 민족정체성의 재해석과 대상 확장

'민족이란 무엇인가'라는 문제에 대해 학계에서 다양한 논의를 거쳐 왔다. 민족은 체제와 계급과 마찬가지로 사회의 인간집단 속에서 가장 기본적인 것이다. 민족은 피와 피가 결합된 특정집단이 일정한 땅 위에 세운 공동체이기 때문에 아주 자연스럽고 기본적인 집단 구성요소라고 할 수 있다. 이는 독립적인 삶을 가진 가족이 피와 가계를 기반으로 하여 성립한 것과 비슷하다고 볼 수 있다. 가족, 특히 부모나 형제의 관계는 피와 살붙이의 관계여서 부모와 불화가 생기고 형제끼리 사이가 틀어져도 부모형제의 혈육관계는 죽을 때까지는 물론 죽어서도 소멸되지 않는다. 가족은 횡적으로는 부모형제로, 종적으로는 가계로 이어져 대대로 영적 혼과 혈연이 연결된다. 민족은 이와 같이 가족관계를 확대한 것으로 이해할 수 있다. 가족에게 집이 필요하듯이 토지가 있어야 하기에, 민족이란 어떤 국토 위에 혈연을 기반으로 하여 결합한 인간의 문화공동체인 것이다. 그러나 민족이란 결코 고정적이지만은 않다. 역사에 따라서 민속문화, 민족의식도 변한다. 시간에 따라서 민족에 대한 사고나 행동양식도 변이된다. 고정된 영구불변의 것은 아닌 것이다. 민족성도 시대와 더불어 계속 조금씩 변하고 그 성질이 바뀌어 간다. 이것은 개개인의 체질이나 가족의 성격 등이 변하는 것과 같다.[8]

한민족이나 민족의식이 어떻게 역사적으로 형성되고 변해왔는가를 살펴볼 때, 근대 민족의식의 싹은 고려시대 이래로 외세의 침략과 지배를 받으면서 크게 고양되었고 조선시대에 들어와 한글의 창제로 민족적 자각을 실질적으로 드러낸다고 볼 수 있다. 특히 민족의식의 자각은

8 송건호 외(1988), 『사회란 무엇인가』, 참한, pp. 124-125.

한 민족과 다른 민족이 갑자기 접촉한 경우, 즉 민족과 민족 사이의 전쟁이나 갈등상태에서 자연스럽게 발생한다. 다른 나라에 대한 대항의식은 피지배민족을 위한 해방의 무기가 되기도 한다. 과거 우리의 민족의식은 일본제국주의에 대한 해방의 무기였다. 선각자들의 민족연구는 일본에 맞서는 저항으로, 한민족의 정체성을 찾고 강력한 연대감정을 고취하고자 하는 것이었다. 일제강점기 상황에서 민족주의는 일본병합정책에 맞서는 가장 강력한 이데올로기로서 역할을 하였다. 당시 우리는 낭만주의이념의 영향으로 민족적 열등감을 극복하고자 단일민족의 신화 및 순혈주의적 민족주의를 강조하고 민족의식이 표현되는 잔존물에 집중하였다. 단일민족과 순혈주의는 우리 민족의 불편하지 않은 확고한 대상과 범주였다.

이제 시대상황의 변화 속에서 문화를 창조하는 담당자인 '민'에 대한 개념변화를 시도할 필요가 있다. 카슈바교수는 "에트노스(Ethnos)의 문제는 희미한 역사에서가 아니라, 현재의 위치에 자리하고 있는 것"[9]이라고 언급했듯이, 당면한 시대적 흐름에 맞추어 이질적 문화배경을 지닌 민족구성원들을 민속의 주체로서 포괄하려는 학술적 시각을 보여주어야 한다.

조선족, 고려인과 재일조선인은 정착지역을 배경으로 살아오면서 몸에 체질화된 행동과 사고방식이 우리와 많은 차이가 나타난다. 새로운 환경에 적응하며 나타내는 정체성의 변화를 볼 수 있는데, 이들의 민속현상은 우리의 그것과 닮지 않았다. 이들 사회집단이 새로이 창출하는 가치규범, 생활양식 및 인적관계는 이전에 존재치 않은 것이었다. 특히 한인들이 지닌 이중적 문화정체성은 새로이 창출된 생활양식이며 우리

---

9 Wolfgang Kaschuba(1999). *Einführung in die Europäische Ethnologie,* München, p. 147.

와 다른 가치관과 낯선 관습을 보이고 있다. 민속학에서는 이들을 민족 범주에서 벗어난 것으로 보았고 이들의 복합적인 생활환경을 비민속적으로 평가했었다. 재외 한인은 중국과 독립국가연합, 사할린, 일본의 사회적 환경에서 강한 집단적 민족의식으로 독자적인 민속문화를 형성하였다. 반면에 국내에서는 한국인과 관계를 맺기보다는 익숙한 이중문화 양식을 함께 즐기는 동포 타운에 머물게 된다. 이러한 귀환동포의 초국가적인 문화양식은 전통적인 귀속의식이 약화되어있는 것으로 새로운 형태의 역동적인 민속문화를 전개시키고 있다고 할 수 있다.

민속학이 이주의 시대에 맞추어 한민족의 디아스포라 문화와 공존을 위해서는 새로운 '민'(民)의 개념접근이 필요하고 현실적으로 단일문화에 대한 재성찰이 요구된다고 본다. 현대 민속학의 새로운 기틀을 마련한 바우징거 교수는 "정체성의 특별한 매력은 경직된 의미를 전하는 것이 아니라, 바뀌는 상황에서 변치 않는 것을 포착하는 것"[10]으로 언급하였다. 민속학계는 우리문화 속에 유입된 이주민들의 문화에 대해 혁신적으로 그 의미성을 진단하고 새로운 맥락에서 기존 '전통'인식의 틀을 확장하여 변화된 이중정체성에 접근하여야 하는 것이다.

귀환동포의 다문화적 정체성에 대한 관심은 문화통합을 위한 민속학 연구의 시발점이 된다는 점에서 긍정적인 의미를 갖는다. 이들이 지닌 이중적 문화정체성은 국경을 가로지르며 한 사회의 문화가 아닌, 두 사회의 문화 속에서 활동할 수 있는 폭넓은 활동반경을 갖추게 한다.[11] 동포들의 이중 문화환경은 세계화되는 국제 환경 속에서 모국과 한국, 두 문화를 연결시키는 문화매개자로서도 일정한 역할을 할 수 있다. 전 세

10 H. Bausinger(1993), Identität, *Grundzüge der Volkskunde,* Darmstadt, p. 204.

11 장남혁(2012), 이주로 형성된 이중문화 환경을 자원화하는 방안 연구-한필 다문화 가족을 중심으로, 『선교와 신학』 제29집, p. 104.

계 흩어져 있는 화교공동체가 중국의 인적 네트워크가 되는 것처럼, 전 지구적인 한인디아스포라는 사회문화적으로 매우 소중한 역사적 자원이다.[12] 따라서 동포들의 이중문화성이 한국 사회의 미래적 자산이 될 수 있다는 인식의 전환이 필요한 것이다.

민속학의 대상에 대한 시각 변화는 그동안 보여 왔던 국민국가의 배타적 속성을 벗어나서 상호문화 비교연구를 통해 인류보편적인 학문의 지평을 여는 기틀로서 역할을 할 수 있다. 민속주체의 개념을 확장하여 민속학이 보여 왔던 내셔널리즘의 지향성이 강한 전통을 극복할 필요가 있는 것이다. 모국에서 이식된 민속의 원형성에 집착하기보다는 지역마다 서로 다른 독자성을 지닌 한인들의 다채로운 문화다양성을 주목하고 이들이 갖춘 트랜스내셔널한 문화정체성을 포괄해야 한다. 민족의 이념적 특수성과 민족주의의 굴레에 묶이지 않는 민속학의 열림은 다양한 민족구성원들과 소통하고 공존할 수 있는 문화통합으로 변화 발전할 수 있을 것으로 본다.

12 박명규, 김병로 외(2011), 『노스코리안 디아스포라』, 서울대 통일평화연구원, p. 24.

6장
결론

6장

결론

본 저서는 한국인과 재외동포의 문화적 소통과 내적인 통합문제를 통해 현재 재외동포들의 정체성과 생활문화의 성격을 조사하고 문화적 이질감 해소와 문화통합의 방법을 살펴보았다. 우선 재외동포의 민속개념을 고찰하면서 이들이 다른 환경에서 형성해 온 문화양식과 변화된 정체성의 양상을 인식하고, 구체적으로 한인공동체의 형성과정과 집거지의 특징이 무엇인지를 살폈다. 그리고 동포들의 민속실태를 통해 전통이 어떻게 전수되고 변화되는지를 고찰하면서, 모국과 한국에 걸쳐 있는 이들의 이중정체성의 문제를 집중적으로 다루었다.

재외 한인들은 언어와 전통풍속을 이어온 민족구성원이면서도, 현지 주민으로서 단일성의 전통을 벗어나 새로운 문화정체성을 소유하고 있다. 귀환 이주민 문제를 고찰할 때 3세대 및 4세대와 같은 후속세대들의 문제는 1세대들의 문제의 성격과 양상이 분명히 다르다. 이주 1세대들은 민족이나 고향 개념이 비교적 뚜렷하고, 이들은 자신들의 정체성을 바탕으로 태어난 고향인 한반도를 떠나 다른 문화권으로 이주해 조국과 정착지와의 차이를 인식하면서 새로운 사회에 적응하고자 했다. 따라서 고국을 떠나온 1세대들이나 1.5세대들은 자신들이 완전히 이주사회에 동화되었다고 느끼지 않고 스스로를 중국인, 소련인 혹은 일본인으로 인식하지 않는다. 반면에 새로운 고향에서 자란 후속세대들은 국내 입국 후 한국을 경험하며 낯선 이방인으로 차별적인 시선을 받으면서 민족정체성을 고민하게 된다.

다음으로 재외동포와 한국인의 정체성과 생활문화의 격차를 해소하기 위한 연구방법을 모색해 보고자 하였다. 우선 민속문화연구의 지평확대를 통해 동포들의 문화적 이질성과 정체성의 문제들을 문화창조력으로 인정하고 상호이해의 폭을 넓혀가는 과정이 필요할 것이다. 과거 단일민족의 기준이었던 4S, '거주지', '언어', '풍속'이나 '혈통'이란 순수성 테제에 맞추어 재외동포들을 우리민족에 속하지 않는 이방인으로 배제하고 고립시키는 것은 심각하게 성찰되어야할 문제인 것이다.

전통성의 개념을 벗어나 과거 민속원형에 집중하기보다는 현대 환경에서 새로이 변용된 이들의 복합문화적 성격을 인식하고 민속문화의 전승력으로 보는 시각의 전환을 제안해 본다. 동질성의 개념을 기반으로 재외동포들을 타자로 평가하는 것은 불행한 과거의 유산을 국경선으로 설정하여 타자화된 낯선 존재로 만드는 것이기 때문이다.

끝으로 민속주체의 새로운 개념정립을 통해 민속연구의 대상으로 한인동포들의 이중정체성의 실체를 인정하고 풍부한 민속문화의 자산으로 만들기 위한 기존 인식의 틀을 확장할 것을 주장하였다.

재외 한인동포들은 문화적 경계선을 넘나들며 불안정한 이중정체성을 지니고 있음을 부인하기 힘들다. 이들은 우리와 민속문화를 공유하는 내적인 관계임에도 다른 문화권에 속한 외적인 관계처럼 살고 있다. 이들에게 '부모의 조국'과 현재 '거주국' 사이에서 어느 하나를 택할 것이냐를 강요할 것이 아니라, 이들 한인동포들과의 문화공존을 위해 그들이 처한 복잡하고 서로 연결된 관계를 수용하고 인정할 필요가 있는 것이다. 열린 민속문화연구를 통해서 재외 한인의 다양한 정체성과 복잡한 소속감을 포용하고 문화적 간극과 정서적 이질감을 극복하여 상호이해의 폭을 넓혀갈 것을 제안하고자 하였다.

참고문헌

강재식(2001), CIS체제 이후 중앙아시아 지역 고려인의 생활 문화와 민족정체성: 현지 설문조사의 분석을 중심으로, 『아태연구』, 제8권 제1호.

강정희(2004), 재일 한국인의 한국어에 대한 언어태도 조사: 오사카 지역사회를 중심으로, 『어문학』, 제86호.

강해순(2012), 중국 조선족 민족통혼 연구, 『가족법연구』, 26권 2호.

곽재석(2015), 재외동포의 사회통합 및 내국인의 인식, 『이민정책』, Vol.02.

곽진오, 김면(2006), 『북한체제 형성과 발전과정 구술자료 일본·독일』, 통일연구원.

권숙인(2008), 디아스포라 재일한인의 '귀환', 『국제지역연구』, 제17권 4호.

권주영(2006), 『중앙아시아 고려인 콜호즈의 구조와 운영 (1924-1950): 카자흐스탄 알마-아타 주 카라탈 구를 중심으로』, 한국외국어대 석사학위논문.

권준희(2002), 『재일조선인 3세의 '민족' 정체성에 관한 연구: 조선학교 출신 '조선적'을 중심으로』, 연세대 석사학위논문.

권태환·박광성(2004), 중국 조선족 대이동과 공동체의 변화-현지조사 자료를 중심으로-, 『한국인구학』, 27권 2호.

권혁태(2007), '재일조선인'과 한국 사회 : 한국 사회는 재일조선인을 어떻게 '표상'해왔는가, 『역사비평』, 통권78호.

권향숙(2012), 조선족의 일본 이주와 에스닉 커뮤니티; 초국가화와 주변의 심화사이의 실천, 『역사문화연구』 44집.

김경일 외(2004), 『동아시아의 민족이산과 도시: 20세기전반 만주의 조선인』, 역사비평사.

김경학(2014), 중앙아시아 고려인의 한국이주와 정착: 광주 고려인마을을 중심으로, 『국제지역연구』, 제17권 제4호.

김게르만(2001), 알마티시 고려인들의 민족간 결혼 문제, 『역사문화연구』, 제14집.

김 나탈리아(2004), 『연해주지역의 고려인 디아스포라 사회특성에 관한 연구: 독일인 디아스포라와의 비교적 관점에서』, 서울대 석사학위논문.

김면(2013), 민족이데올로기의 검토와 통일민속학 모색, 『카프카연구』, 제30집.

김면(2014), 국내 거주 조선족의 정체성 변용과 생활민속의 타자성 연구, 『통일인문학』, 58집.

김면(2015), 조선족을 통해 본 문화통합과 민족문화의 현대성 담론, 『통일인문학』, 61집.

김병로 외(2013), 『한반도 분단과 평화부재의 삶』, 아카넷.

김성우(2013), 재일교포 사회 3～4세의 정체성에 관한 연구, 『동북아시아문화학회 국제학술대회 발표자료집』.

김성희(2010), 조선족 전통예술의 전승 기반, 『통일인문학』 제49집.

김영경(2008), 한국 내 조선족 청년들의 사회문화 적응력 향상을 위한 요구 분석, 『한국기독교상담학회지』, Vol.15.

김영로(2011), 중국동포 집단적 거주지에 나타난 지역사회에 대한 중국동포의 인식변화에 관한 연구, 『한국 사회복지학』, Vol.63(3).

김영술, 홍인화(2013), 중앙아시아 고려인의 광주지역 이주와 문화변용에 관한 연구, 『디아스포라』, 제7권 1호.

김재기(2014), 광주광역시 광산구 지역 귀환 고려인의 이주배경과 특성, 『재외 한인연구』 제32호.

김정훈(2010), 『중국 조선족 민속춤과 민속놀이』, 민족출판사, 중국 북경.

김지연(2006), 『국가정책이 민족정체성에 미치는 영향에 관한 연구: 구소련의 중앙아시아 고려인에 대한 정책을 중심으로』, 동국대 석사학위논문.

김현선(2010), 한국 체류 조선족의 밀집거주 지역과 정주의식-서울시 구로·영등포구를 중심으로, 『사회와 역사』, 87집.

김현선(2007), 재일 코리안의 축제와 민족 정체성, 『일본연구논총』, 제26호.

김혜진(2010), 러시아 사료로 본 한인 이주민들의 생활 : 19세기 후반~20세기 초 자료를 중심으로, 『한민족연구』, 제9호.

노고운(2001), 『기대와 현실 사이에서: 한국 내 조선족 노동자의 삶과 적응전략』, 서울대 석사논문.

노성환(2003), 재일한인의 세시풍속에 관한 연구, 『한국문학논총』, 제34집.

노성환(2011), 한일 중추절에 대한 비교연구: 한국의 秋夕과 일본의 月見, 『일어일문학』, 제50집.

문재원(2013), 초국가적 상상력과 옌볜거리의 재현, 『한국민족문화』, 47.

문재원, 박수경(2011), '이카이노(猪飼野)'의 재현을 통해 본 재일코리안 디아스포라 공간의 로컬리티, 『로컬리티 인문학』, 제5호.

박경주(2011), 1990년대 이후 조선족 문학에 나타난 이중정체성의 갈등 탐구, 『문학치료연구』, 18집.
박광성(2011), 세계화 시대 조선족을 이해할 수 있는 핵심적 키워드, 『미드리』, 제6호.
박명규(1996), 중앙아시아 한인의 집합적 정체성과 그 변화, 『사회와 역사』, 제48권.
박명규, 김병로 외(2011), 『노스코리안 디아스포라』, 서울대 통일 평화연구원.
박명진(2005), 중앙아시아 고려인 문학에 나타난 민족 정체성 : 희곡텍스트를 중심으로, 영남대, 『인문연구』, 제48호.
박명진(2012), 중앙아시아 고려인 희곡에 나타난 정체성과 언어의 특징, 『국제어문』, 제55집.
박명희(2010), "中華民族多元一體"로 보는 중국조선족의 정체성 문제, 『新亞細亞』, 17권 3호.
박우(2013), 한국 체류 조선족노동자의 희망체류기간 결정요인분석, 『재외 한인연구』, 30호.
박선영(2007), 중화인민공화국 동북지역에 거주하는 조선족의 역사적 정체성, 『고구려연구』, 29집.
박정군·황승연·김중백(2011), 중국 조선족 정체성의 결정요인: 사회인구학적 특성을 중심으로, 『조선대 동북아연구소』, Vol.26(1).
박용구(2008), 재일코리안의 문화적 갈등과 분화하는 정체성, 『일어일문학연구』, 제64집 2권.
방일권(2000), 상트-페테르부르그 고려인 3-4 세대의 의식과 생활문화, 『역사문화연구』, 제13집.
배영동(2010), 「연변 조선족자치주 안동촌 주생활의 생태민속학적 접근」, 『비교민속학』, 41집.
배은경(2003), 소련 고려인 사회의 문화생활 : 1920~1930년대, 『대동문화연구』, 제43권.
변화영(2011), 재일조선인 여성들과 이카이노의 생활공간: 원수일의『이카이노 이야기』를 중심으로,『한국문학이론과 비평』, 15권 2호 제51집.
서규환,이완종(2007), 사회주의와 민족문제- 소련의 민족정책을 중심으로-, 『슬라브연구』, 23권1호.
선봉규(2011), 근,현대 재일한인 디아스포라의 이주와 재영토화 연구, 『한국동북아논총』, 제60호.
설동훈(2007), 혼혈인의 사회학: 한국인의 위계적 민족성, 영남대 『인문연구』, 52권.
송건호 외(1988), 『사회란 무엇인가』, 참한.
송명희, 이상갑(2012), CIS 지역 고려인 소설의 정체성과 언어, 『현대문학이론연구』, 제50집.
신동준(2012), 다문화사회 범죄문제의 사회적 맥락: 외국인 노동자에 대한 차별을 중심으로, 『형사정책연구』, 제23권 4호.
신명직(2014), 다(多)공화국 인민에서 "다(多)국가 시민"으로- 소비에트 공화국 연방의 해체와 고려인, 『석당논총』, 59권.

신현준 외 (2013), 『귀환 혹은 순환』, 그린비.

안미정(2008), 오사카 재일(在日) 제주인 여성의 이주와 귀향, 『탐라문화』, 제32호.

안상경, 이병조(2013), 독립국가연합 고려인 공동체의 한민족 민속문화 전승 연구: 우즈베키스탄 타시켄트 주 고려인 콜호즈의 민속문화를 중심으로, 『슬라브연구』, 제29권 1호.

안여경(2012), 우즈베키스탄 한국어교육의 역사와 현황, 『한어문교육』, 제26집.

안재섭(2009), 서울시 거주 중국 조선족의 사회·공간적 연결망: 기술적 분석을 중심으로, 『한국사진지리학회지』, 19권 4호.

양은경(2010), 민족의 역이주와 위계적 민족성의 담론 구성- 조선일보의 조선족 담론 분석, 『한국방송학보』, 24-5.

오명석(1998), 1960-70년대의 문화정책과 민족문화담론, 『비교문화연구』, 4호.

오세종, 이한결(2014), 국민문학의 경계지대 '조선부락': 1940~50년대의 문학작품을 중심으로, 『통일과 평화』, 6집 1호.

오스타노바 폴리나(2011), 『중앙아시아 고려인 문학의 고향의식 고찰』, 경희대 석사학위논문.

엄경희 (2008), 러시아 이주 고려인의 노래에 담긴 서정성, 『동방학』, 제14호.

엄 안토니나, 이병조(2010), 사마르칸트에서 살아온 소비에트 고려인의 다문화적인 삶의 이야기, 『재외 한인연구』, 제22호.

염 나탈리아 (2014), 1970~80년대 카자흐스탄 고려인의 타민족과의 결혼현상을 통한 다민족 관계 발전 연구, 『슬라브연구』, 제30권 1호.

예동근(2011), 한국의 지역 다문화공간에 대한 비판적 접근, 『동북아문화연구』, 27집.

예동근(2010), 종족성의 자원화와 도시 에스닉 커뮤니티의 재구성, 『동북아문화연구』, 25집.

예동근(2009), 공생을 만드는 주체로서의 조선족: '제3의 정체성' 형성에 대한 논의, 『재외한인연구』, 제19호.

유동식(1982), 해외 한국인의 동화문제와 그 문화사적 의미-재일교포를 중심으로, 『정신문화연구』, 12.

유명기(2002), 민족과 국민 사이에서: 한국 체류 조선족들의 정체성 인식에 관하여, 『한국문화인류학』, 35-1.

윤건차(1991), 일본땅의 조선인,그 학대와 차별의 역사; 해외동포 이민애사, 그 유랑의 세월, 『역사비평』, 14.

윤병석(2005), 소비에트 건설기의 고려인 수난과 강제이주, 『중앙사론』, 제21집.

윤성학 외(2011), 중앙아시아에서 한국의 국가이미지와 정책대응, 『지역경제 포커스』, Vol.5(34).

윤영도(2007), 냉전기 국민화 프로젝트와 전통문화담론, 『중국어문학논집』, 43호.
윤인진(2014), 독립국가연합 고려인의 사회 정체성과 언어 사용 실태, 『재외 한인연구』, 제33호.
윤인진(1998), 중앙아시아 韓人의 言語와 民族正體性, 『재외 한인연구』, 제7호.
윤해동(2000), 한국 민족주의 근대성 비판, 『역사문제연구』, 4호.
이길용(2012), 영화 속 재일한국인의 한국어의 기능 및 이미지, 『일어일문학연구』, 제83집 1권.
이광규(1997), 『재외 한인의 인류학적 연구』, 집문당.
이 나탈리아(2009), 『카자흐스탄 고려말과 러시아어와의 상호간섭에 대한 연구: 타라즈주 메르케지역에서 나타나는 언어변이의 세대별, 사회적 변화 추이에 대하여』, 연세대 석사학위논문.
이명자(2014), 동시대 한국범죄영화에 재현된 연변/조선족의 로컬리티, 『영상예술연구』, 제24호.
이민주(2007), 『재중동포의 상업활동과 정체성 형성-가리봉동 현장연구를 중심으로』, 연세대 석사논문.
이상현(2004), 안동문화의 변화와 민속의 재창조, 『비교민속학』, 제26집.
이소희(2001), 호미 바바의 "제3의 영역"에 대한 고찰: 탈식민 페미니즘의 관점에서, 『영미문학페미니즘』, 제9권 1호.
이영민·이용균·이현욱(2012), 중국조선족의 트랜스이주와 로컬리티의 변화 연구: 서울 자양동 중국음식문화거리를 사례로, 『한국도시지리학회지』, 15권 2호.
이옥희(2011), 이주민이 경험하는 민속문화 소통의 현주소와 전망, 『남도민속연구』, 제23집.
이은영(2005), 『이름과 언어를 통해 본 재일한국인의 아이덴티티』, 중앙대 석사학위논문.
이은주(2015), 우즈베키스탄 고려인의 귀환이주, 『지방사와 지방문화』, 제18권 제1호.
이상갑, 김게르만(2013), CIS지역 한인문학에 나타난 차별의 서사, 『한어문교육』 제29집.
이상봉(2012), 디아스포라적 空間으로서의 오사카(大阪) 코리안타운의 로컬리티, 『한일민족문제연구』, 제22호.
이상봉(2010), 디아스포라와 로컬리티 연구: 재일코리안을 보는 새로운 시각, 『한일민족문제연구』, 제18호.
이상봉 (2008), 탈근대, 공간의 재영역화와 로컬·로컬리티, 『한국민족문화』, 32권.
이장섭·정소영(2011), 재한조선족의 이주와 집거지 형성: 서울시 가리봉동을 중심으로, 『전남대 세계한상문화연구단 국내학술회의』, 1.
이장섭·김해란·양양(2011), 한국 다문화시대 조선족 이주노동자들의 사회적 지위에 관한 고찰,

『전남대 세계한상문화연구단 국내학술회의』, 5.
이정은(2011), 재중동포 사회의 차이와 소통의 문화정치: 한국내 조선족 커뮤니티의 구성과 교류, 『민주주의와 인권』, 11권 제3호.
이정은(2010), 국가와 종족의 상호작용을 통해 본 조선족의 종족정체성, 『비교문화연구』 16집 2호.
이정재(2002), 북한 민속학연구의 경향과 특징 연구, 『한국문화연구』, 6집.
이종구·임선일(2010), 재한 중국동포의 에스니시티 변용에 관한 연구-서울 서남부 지역을 중심으로, 『산업노동연구』, 16권 1호.
이종희(2012), 다문화사회와 사회통합: 독일 사례를 중심으로, 『한독사회과학논총』, 22권2호.
이지은(2006), 『중앙아시아 고려인 사회 연구, 1938-1953: 「레닌기치」의 기사를 중심으로』, 한국외국어대 석사학위논문.
이채문(2014), 아랄해의 환경문제와 고려인의 이주·정착 및 지역성 변화: 우즈베키스탄 카라칼팍스탄 공화국의 사례를 중심으로, 『한국동북아논총』, 제19권 제1호 통권70집.
이채문, 박규택(2003), 중앙아시아 고려인의 러시아 극동지역 귀환이주, 『한국지역지리학회지』, 제9권 4호.
이토 다카시(1997), 『사할린 아리랑, 카레이스키의 증언』, 눈빛.
이현욱(2013), 20~30대 조선족의 초국가적 이주의 특성: 화이트칼라를 중심으로, 『디아스포라연구』, 제7권 1호.
이현정(2011), 조선족의 종족 정체성 형성 과정에 관한 연구, 『비교문화연구』, 7집2호.
이호규(2008), 타자로서의 발견, '우리'로서의 자각과 확인, 『현대문학의 연구』, 제36집.
임선일(2011), 『한국 사회 이주노동자의 문화변용』, 이담북스.
임성숙(2004), 『한국 내 조선족 노동자의 민족정체성 재형성과정』, 한양대 석사논문.
임승연(2010), 『재일한인타운의 사회-공간적 재구성과 정체성의 정치: 오사카 이쿠노쿠를 사례로』, 이화여자대 석사학위논문.
임승연, 이영민(2011), 오사카 한인타운의 장소성과 재일한인 정체성의 관계적 특성 연구, 『로컬리티 인문학』, 제5호.
임영상(2012), 동북의 조선족 학교와 조선족 문화관-민족문화예술교육의 협력, 『백산학보』, 94호.
임영상(2010), 우즈베키스탄 고려인사회와 단오명절, 『한민족공동체』, 제17호.
임영상(2009), 우즈베키스탄 고려인의 전통명절과 문화콘텐츠—'단오'축제를 중심으로, 『재외 한인연구』, 제20호.
임영철(2013), 국외 동포 언어 실태 조사를 위한 기초 연구: 재일 한국인의 언어생활에 대한 실태 조사를 중심으로, 『동북아문화연구』, 제34집.
임재해(2012), 다문화사회의 재인식과 민속문화의 다문화주의 기능, 『비교민속학』, 제47집.
임채완(2002), 러시아 연해주 고려인의 민족정체성 조사연구, 『통일문제연구』, 제14권 제2호 통권38호.
임채완(1999), 중앙아시아 고려인의 언어적 정체성과 민족의식, 『국제정치논총』, 39.2.
임형모(2012), 고려인문학에 나타난 다문화 수용 양상: CIS 지역을 중심으로, 『어문연구』, 40권 1호 통권153호.
장동훈(2013), 『고려인 결혼이주여성의 한국생활적응에 관한 연구: 내러티브연구방법으로』, 평택대 석사학위논문.
장윤수(2004), 재일한인 집거지역 사회적 실태조사: 신주쿠와 이쿠노를 중심으로, 한국동북아논총 제9권 제2호 통권31집.
장준희(2012), 우즈베키스탄 한인의 전통명절과 공동묘지의 에스니시티, 비교민속학 제49집.
전미영(2006), 북한사회의 전통문화의 인식, 『한국민족문화』, 27호.
전미영(2003), 통일담론에 나타난 남북한 민족주의 비교연구: 통일이념의 모색, 『국제정치논총』, 43집 1호.
전신욱(2007), 중앙아시아 고려인의 재이주 요인과 정착현황: 연해주 지역을 중심으로, 『한국정책과학회보』, 제11권 3호.
전영선(2005), 『북한 민족문화정책의 이론과 현장』, 역락.
정영숙, 박영선(2009), 우즈베키스탄 고려인의 한국 전통 음식에 대한 인식과 민족 정체성과의 관계, 『동아시아식생활학회지』, 제19권 제5호.
정근재(2005), 『그 많던 조선족은 어디로 갔을까?』, 북인.
정병호(2002), 언어생활과 민족교육, 한국문화인류학회 편, 『일본관서지역 한인동포의 생활문화』, 국립민속박물관.
정유진(2012), 박정희 정부기 문화재정책과 민속신앙, 『역사민속학』, 39집.
정이리나(2013), 『키르기즈스탄 고려인들의 문화 정체성 변화에 관한 연구』, 한국외국어대 석사학위논문.
정재윤(2015), 우즈베키스탄 고려인의 음식문화 연구, 『재외 한인연구』, 제35호.
정재훈(2015), 사기사와 메구무 문학 연구 -'통명', '고향', '이방인 의식' 문제, 『국제한인문학연구』, 제15호.
정태헌 외(2013), 『민족공동문화자산 교류협력 추진방안』, 고려대학교 한국사연구소 남북역사학자협의회.
정현수 외(2006), 『중국조선족 증언으로 본 한국전쟁』, 선인.

주성화(2003), 『중국 조선인 이주사』, 서울; 한국학술정보.

중국조선족 청년학회수집·정리(1992), 『중국조선족 이민실론』, 연변인민출판사.

지은숙(2011), 디아스포라 관점에서 본 재일조선인 여성의 결혼문제, 『재외 한인연구』, 제25호.

최병두(2011), 일본 외국인 이주자의 다규모적 정체성과 정체성의 정치, 『공간과 사회』, 35권.

최병우(2012), 한중수교 이후 조선족 소설에 나타난 삶과 의식, 『한중인문학연구』, 제37집.

최영표(2002), 러시아 연해주 고려인 민족교육의 실태와 지원방향, 『교포정책자료』, 통권 제109호.

최진욱 외(2004), 『동북아 한민족 사회의 역사적 형성과정 및 실태』, 통일연구원.

최진욱(2007), 『남북한 재외동포정책과 통일과정에서 재외동포의 역할』, 통일연구원.

최한우(1996), 구소련 해체 후 중앙아시아 현상과 한인 정체성 문제, 『사회와 역사』, 제48권.

최현덕(2009), 경계와 상호문화성. 상호문화 철학의 기본 과제, 『코기토』, 제66호.

한룡길(2012), 조선민족의 전통미덕을 토대로 한 '연변조선족자치주 노인절', 『비교민속학』, 제47집.

한양명(2004), 축제정치의 두 풍경: 국풍과 대학대동제, 『비교민속학』, 26집.

황혜경(2010), 재일코리안에 있어서 민족축제의미와 호스트사회와의 관계: 오사카시(大阪市)와 가와사키시(川崎市)를 중심으로, 『일본문화학보』, 제46집.

허승철(1996), 구소련 지역 한인의 언어 동화와 이중언어 사용에 대한 사회언어학적 연구, 『재외 한인연구』, 제6호.

허휘훈(2005), 중국 조선족 풍속과 한국인 풍속의 상이성 및 그 력사 문화적 원인에 대한 연구, 『강원민속학』, 19권.

Bausinger, Herman(1969), *Volkskultur in der technische Welt.*

Bausinger, Herman(1993), Identität, *Grundzüge der Volkskunde,* Darmstadt.

Eisch, Katharina(2007), Interethnik und interkulturelle Forschung Methodische Zugangsweisen der Europäischen Ethnologie, *Methoden der Volkskunde.* Silke Göttisch u. Albrecht Lehmann(eds.).

Glück, Helmut(2000), *Metzler-Lexikon Sprache,* Stuttgart, Weimar.

Greverus, Ina-Maria(1969), Zu einer nostalgisch-retrospektiven Bezugsrichtung der Volkskunde, *Hessische Blätter für Volkskunde* 60.

Heitmeyer, Wilhelm(1996), Für türkische Jugendliche in Deutschland spielt der Islam eine wichtige Rolle, *Die Zeit,* 35.

Heitmeyer, Wilhelm(1996), Für türkische Jugendliche in Deutschland spielt der Islam eine wichtige

Rolle, *Die Zeit, Online,* Nr.35 (URL: http://www.zeit.de/1996/35/ heitmey.txt.19960823.xml?page=5).

Hillmann, Karl-Heinz(1994), *Wörterbuch der Soziologie,* Aufl.4, Stuttgart: Kröner.

Kaschuba, Wolfgang(2007), Ethnische Parallelgesellschaften?, Zur kulturellen Konstruktion des Fremden in der europäischen Migration, *Zeitschrift für Volkskunde,* Heft.1.

Kaschuba, Wolfgang(1999), *Einführung in die Europäische Ethnologie,* München.

Kramer, Dieter(1999), kulturelle Vielfalt ist eine notwendige Struktur menschlicher Vergemeinschaftung, *Osnabrücker Jahrbuch Frieden und Wissenschaft VI.*

Lauterbach, Burkhart(2000), Von der Heimatkunde zur Europäischen Ethnologie, Volkskunde als vergleichende Alltagkulturforschung, *Augusburger Volkskundliche Nachrichten,* 6.Jahrgnag, Heft 1.

Schenk, Annemie(2001), Interethnische Forschung, *Grundriss der Volkskunde: Einführung in die Forschungsfelder der Europäischen Ethnologie,* Rolf W Brednich(eds.).

Schenk, Annemie(1984), *Familie und Wohnen in Stolzenburg,* Köln/ Wien.

Stgeinitz, Wolfgang(1955), *Die volkskundliche Arbeit in der Deutschen Demokratischen Republik,* Berlin.

Šmidchens, Guntis(1999), Folklrism Revisited, *Journal of Folklore Research, Vol.36, No.1.*

Voigt, Vilmos(2000/2001), Bedeutung und Beleuchtung der Sprachinsel, *Acta Ethnologica Danubiana.*

Weber-Kellermann, Ingeborg u. Bimmer, Andreas(1985), *Einführung in die Volkskunde/ Europäische Ethnologie,* Stuttgart.

Weber-Kellermann, Ingeborg u. Schenk, Annemie(1973), *Interethnik und sozialer Wandel in einem mehrsprachigen Dorf des rumänischen Banats,* Marburg.

Wiegelmann, Günter(1991), *Theoretische Konzepte der europäischen Ethnologie; Diskussionen um Regeln und Modelle,* Münster.

구술자 명단

강O남(식당일, 59세)
김O순(서비스업, 63세)
김O흠(사업, 30세)
동O용(사업, 29세)
리O태(대학생, 26세)
이O매(사업, 25세)
장O진(직장인, 27세)
허O봉(대학원생, 28세)
김O숙(식당일, 56세)
김O자(식당일, 52세)
동O성(직장인, 59세)
량O호(건축사, 30세)
오O화(서비스업, 36세)
이O철(대학생, 26세)
최O의(대학생, 25세)

찾아보기